基于交易费用视角的农户农业生产性服务行为与契约选择研究

——以东北玉米生产为例

薛　莹　吕　杰　韩晓燕　刘洪彬　著

中国农业出版社

北　京

本专著得到以下课题资助

国家自然科学基金青年项目"嵌入性视角下农民与农业生产性服务契约稳定性及其对农业减量化行为研究——以东北黑土地粮食生产为例"（72103143）

国家自然科学基金面上项目"基于交易费用的农户农业生产性服务行为与契约选择研究"（71873090）

国家自然科学基金面上项目"东北黑土区新型农业经营主体保护性耕作技术采纳行为研究：决策机制、影响评价与政策模拟"（72074153）

国家重点研发计划课题"东北一熟区种植模式资源效率与生态经济评价"（2016YFD03002－4）

2022年辽宁省社会科学规划基金重点项目"横向分工视角下服务规模化推动辽宁省农业生产性服务高质量发展路径研究"（L22AGL017）

2022年辽宁省哲学社会科学青年人才培养对象委托课题"辽宁省农业生产性服务推动高质量发展路径研究"（2022lslqnrcwtkt－51）

2021年辽宁省教育厅科学研究经费项目"补贴与监管对农业生产性服务中减量化行为的影响研究——基于契约稳定性视角"（LJKR0239）

前　言

　　农业生产性服务是推动乡村产业振兴、促进小农户与现代农业发展有机衔接的重要路径，是现代农业发展的重要支撑。目前，农业生产性服务的发展正处在升级的关键时期，多元市场服务主体错位发展和分工协作格局逐渐显现，特别是新兴的全程托管服务逐渐占据市场，使农业经营格局逐渐从土地规模经营向服务规模经营过渡。然而，农业生产性服务内含较高的交易费用，潜在地抑制了农业生产性服务市场，同时农业生产性服务契约发展规范程度不一，使农户与农业生产性服务之间没有长期稳定的关系，如何推动农业生产性服务的发展、建立长期稳定的契约关系成为亟须解决的关键问题。

　　为此，党的十九大提出，健全农业社会化服务体系。农业部办公厅在2017年发布的《关于大力推进农业生产托管的指导意见》明确提出，各级农村管理部门要引导服务组织与农户签订规范的服务合同，对服务质量不符合要求、群众不满意的服务组织要及时通报并督促整改。2020年，农业农村部发布《新型农业经营主体高质量发展规划（2020—2022年）》，再次强调要不断增强农业生产性服务主体的发展实力、经营活力和带动能力。农业生产性服务业是服务业与农业的融合体，是农业生产环节可分离状态下的劳动力替代式服务。该产业的发展有利于破解城乡劳动力不平衡的难题，更可助力于农业生产效率和资源利用效率的提升，是推动农业可持续的重要动力。然而，在实地调研中发现，农业生产性服务采纳情况虽逐年增加，但是契约关系并不稳定。农业生产性服务契约不稳定和不规范不仅产生高额的交易成本，而且不利于服务主体长期投入和规模经营，是制约我国农业生产性服务组织高质量发展的关键因素。因此，如何在维护农民利益、匹配农民需求和意愿的基础上，鼓励农民积极采用农业生产性服务，并愿意达成长期合作的意愿，促进农业生产性服务契约稳定性，是推进农业生产性服务高质量、高效率发展的重点和难点。

目前，国内外学者关于农业生产性服务的研究主要集中于对农业生产性服务内涵的界定、农户采纳农业生产性服务的个人和家庭特征、外部影响因素（如交易价格、交易方式和合同样式、制度政策）、信任和风险认知、收入分配、效率提升等，对农业生产性服务产生的机理，特别是全程托管服务的研究以及契约关系稳定性的研究较少。同时，以往的研究更多将构建农户模型作为研究农户行为的常规思路，而行为选择可以视为一种新型农业制度安排，可以运用新制度经济学理论进行研究。因此，本书基于新制度经济学理论，构建"分工深化—交易费用—契约匹配"的分析框架，以东北三省玉米种植户为研究对象，采用一对一的农户调研数据，探究农业生产性服务产生的本质及动因，解释农户选择农业生产性服务不同契约类型的原因，构建农户与农业生产性服务主体之间稳定性契约关系的条件，并分析农业生产性服务对农户福利的影响，最终为农业生产性服务高质量发展提供对策建议，真正实现小农户与现代化有机衔接。

很幸运的是，在对本书相关问题的探索过程中，得到了国家自然科学基金青年项目"嵌入性视角下农民与农业生产性服务契约稳定性及其对农业减量化行为研究——以东北黑土地粮食生产为例"（72103143）、国家自然科学基金面上项目"基于交易费用的农户农业生产性服务行为与契约选择研究"（71873090）、国家自然科学基金面上项目"东北黑土区新型农业经营主体保护性耕作技术采纳行为研究：决策机制、影响评价与政策模拟"（72074153）、国家重点研发计划课题"东北一熟区种植模式资源效率与生态经济评价"(2016YFD03002-4)、2022 年辽宁省社会科学规划基金重点项目"横向分工视角下服务规模化推动辽宁省农业生产性服务高质量发展路径研究"(L22AGL017)、2022 年辽宁省哲学社会科学青年人才培养对象委托课题（2022lslqnrcwtkt-51）、2021 年辽宁省教育厅科学研究经费项目"补贴与监管对农业生产性服务中减量化行为的影响研究——基于契约稳定性视角"（LJKR0239）等的资助。本书的形成离不开团队集体的力量和智慧，特别感谢团队老师们对本书的建议和指导，感谢学院为作者提供的经费与科研支持，同时特别感谢辽宁省万赢土地托管公司总经理、吉林省长春市宏杰专业合作社李凤艳女士，长春市德惠市惠泽专业合作社刘明先生，四平市梨树县万发镇惠民专业合作社李站长，四平市公主岭万欣专业合作社薛耀辉先生，黑龙江省哈尔滨道外区永源众鑫合作社曹经理，绥化市肇东市力为农业科技有限公司苏仲华先生，齐齐哈尔市龙江县超越合作社魏刚先生，在调研数据收集路上的一路支持，他们都是农业生产性服务的实践者，是具有农业情怀的创业者，一路上的交流与访谈让本研究充满了意义。本书在编写过程中也得到了诸多前辈的指点和同行师友的帮助，还参考了诸多学者的研究资料，在此一并表示感谢。

　　当然，基于交易费用视角的农户农业生产性服务行为与契约选择相关研究仍处于起步和探索阶段，对于许多问题的研究还需要进一步深化，由于著者水平有限，书中的疏漏之处在所难免，恳请同行专家和读者不吝赐教。

著　者

2022 年 10 月

摘　　要

本书以农业生产性服务需求方农户作为研究对象，通过东北三省 8 个地区的实地调研，在新制度经济学基础上，以交易费用为中心，采用"分工深化—交易费用—契约匹配"的框架，探究农业生产性服务产生的本质及动因，解释农户选择农业生产性服务不同契约类型的原因，构建农户与农业生产性服务主体之间稳定性契约关系的条件，并分析农业生产性服务对农户福利的影响，最终为农业生产性服务健康、快速、稳定发展提供对策建议。本书的主要研究内容及相关结论具体如下：

第一，理论分析。首先，基于分工与专业化理论，从理论和现实方面，探究农业生产性服务产生的本质，并运用超边际分析进行数理推导；其次，基于交易费用理论，运用效用最大化分析方法，探究交易费用对农户农业生产性服务行为内在机理；最后，基于"交易费用—契约匹配"理论框架，构建农户模型和博弈模型分析交易费用对农户农业生产性服务契约类型选择的影响，探究其内在机理，同时构建不完全契约博弈模型，深入分析交易费用对农户农业生产性服务契约稳定性的影响。

第二，交易费用对农户农业生产性服务选择行为影响。运用 Mlogit 模型分析威廉姆森分析范式下交易特性对农户不同类型农业生产性服务选择行为的影响，并运用倾向得分匹配（PSM）方法进行稳健性检验，同时对不同规模农户的农业生产性服务选择行为进行异质性讨论。结果表明：交易特性对农户选择不同类型农业生产性服务行为具有显著影响，且对不同规模农户选择农业生产性服务行为表现出显著差异。首先，农户选择不同类型农业生产性服务行为主要受地形特征、老龄化程度和养殖规模差异的影响，其中农户选择全程托管服务比选择部分环节服务的影响更加显著。其次，资产专用性中，土地细碎化程度、土地地形特征以及老龄化程度对不同规模农户农业生产性服务选择行为均有显著差异影响。土地细碎化程度对规模逐渐变大的农户影响农业生产性服务选择行为呈现先上升后下降的趋势，地形特征和老龄化程度对不同规模农户选择农业生产性服务均呈现正向影响，其中对大规模农户影响最大，对中规模和小规模农户影响不明显。风险特性方面，经营风险对中规模和小规模农户农业生产性服务选择行为具有显著的阻碍作用，对大规模农户影响不明显；而交易风险对不同规模农户选择农业生产性服务行为没有差异，均具有抑制影响。规模性对不同规模农户选择农业生产性服务行为的实证结果显示，养殖规模仅对小规模农户农业全程托管服务选择具有促进作用。

第三，交易费用对农户农业生产性服务契约类型选择影响。考虑到样本选择性偏误的问题，采用 Heckman 两步法模型分析交易特性中风险性、规模性和契约过程产生的搜寻信息成本对农户农业生产性服务契约类型选择的影响，并进一步探究个人信任水平在其中的调节机制。通过替换计量模型法对实证估计相关结论进行稳健性检验。结果表明：交易特性中风险性、规模性和契约过程中的搜寻信息成本对农户农业生产性服务契约类型选择行为具有显著影响，同时个人信任水平在交易费用对农户农业生产性服务契约类型选择中起到调节作用。在修正样本选择偏差后，具体得到以下四点结论。其一，风险性中尤其是交易风险在农户农业生产性服务契约类型选择影响中仍然是关键因素，当在交易过程中面临较大的道德风险时，选择正式契约优于口头契约。其二，规模越大的农户，其在交易中面临的交易风险越大，选择正式契约的概率更高。其三，较高的搜寻信息成本会阻碍农户选择正式契约。其四，个人信任水平越高的农户，越倾向选择口头契约。同时，个人信任水平在信息成本对农户选择正式契约负向影响中有正向调节作用，在风险性和规模性对农户选择农业生产性服务正式契约正向影响中有抑制性调节作用。

第四，交易费用对农户农业生产性服务契约稳定性影响。本部分契约稳定性影响从契约续约意愿和长期合作意愿进行衡量。首先，运用 Mvprobit 模型对交易费用影响农户农业生产性服务契约稳定性进行实证分析，并验证服务满意度在交易费用对农业生产性服务契约稳定性中的调节效应；其次，进行交易费用对农业生产性不同服务类型契约稳定性异质性讨论；最后，通过结构方程模型对实证分析内容进一步进行稳健性检验。结果表明：一是契约过程中产生的交易成本对农户农业生产性服务契约稳定性有显著影响，其中信息成本影响最大，谈判成本次之，执行成本最小。二是服务满意度在交易成本对农户农业生产性服务契约稳定性影响中具有显著调节效应。三是交易成本对不同类型农业生产性服务契约稳定性影响具有显著差异，特别是谈判成本和执行成本在对不同类型农业生产性服务续约意愿及长期合作意愿中表现出差异影响。四是老龄化程度高的农户更偏向于全程托管服务的续约行为。风险性的自然灾害和交易风险对农户部分环节服务长期合作意愿抑制影响较大，对农户全程托管服务长期合作意愿影响不大。

第五，农业生产性服务对农户福利效应的影响。首先，基于收益最大化理论，通过构建福利效应模型，对参与农业生产性服务的农户福利效应进行理论分析；其次，运用 ESR 模型，在反事实框架下分析农业生产性服务对农户福利效应的影响，同时，进一步分析农业生产性服务不同服务类型对农户福利效应的影响；最后，从要素禀赋视角探讨农户福利效应差异。结论表明：一方面，劳动力要素、资本要素和土地要素对农户福利效应均有显著影响。同时，农户基本特征中风险偏好、社会网络、受教育程度和信贷状况对农户福利均有稳健影响，其中风险偏好型、社会网络强、受教育程度高、有借贷经验的农户对福利效应具有促进作用，提高家庭收入的可能性更大。另一方面，农业生产性服务能够改善农户福利，且通过增加非农就业收入或其他经营性收入，增加农户整体福利。同时，农户参与不同类型农业生产性服务的福利效应存在差异，且均能有效改善农户福利，其中农户参与全程托管服务福利效应最高，参与部分环节服务次之。此外，农户参与部分环节服务和全程托管服务对玉米种植收入均有抑制影响，具体来看，农户参与部分环节服务比全程托管服务在玉米种植收入上损失更小。

根据上述分析，提出以下政策建议：

第一，规范部分环节服务市场，加强全程托管服务市场建设。一方面对农业生产性服务者加强技术培训，努力培养高素质的专业技术服务者；另一方面可以有针对性地对农业生产性服务者提供服务补贴。第二，健全风险保障机制，降低农户农业生产性服务交易风险和经营风险。农业生产性服务组织可以与保险机构合作，制定并完善保险制度。同时，农业生产性服务组织可以通过构建以熟人为依托的农业生产性服务中介机构，为农户提供完备的信息和沟通渠道。第三，政府应积极推广正式契约，提高农业生产性服务合同规范。可以针对每个地区不同特点设计合同内容、服务价格及保障范围，公开透明，防止信息不对称等机会主义行为。第四，减少契约过程产生的交易成本，增强农户与农业生产性服务者契约关系的稳定性。第五，强化农业生产性服务质量，提高农户服务满意度。

本书可能的创新之处：

第一，研究对象创新。研究重点探讨交易费用、契约选择与农户农业生产性服务选择行为之间的关系。研究突破了过往只分析部分生产环节服务的范畴，重点研究全程托管服务。全程托管服务是新生事物，处于发展初期，属于制度安排的探索阶段，其作为研究对象不仅是新颖的，而且非常具有实际意义，可为新型农业生产性服务进一步发展提供指导性建议。

第二，研究视角创新。研究突破采用农户模型进行农户行为研究的常规思路，将其行为选择视为一种新型农业制度安排，利用新制度经济学原理进行研究。围绕农户展开，以交易费用分析为基础，合理运用交易费用理论、契约理论对农业生产性服务行为选择原因、选择差异、契约选择及选择效果进行探究。交易费用分析和测度国内定量研究较少，分析一种新生制度安排的交易费用，可回答制度设立问题，为农业生产性服务提供前瞻性的建议，使结论和建议更贴近实际。

第三，研究思路创新。在已有研究中，农业生产性服务契约选择并未引起太多关注，本书在揭示交易费用对农户农业生产性服务行为选择机制基础上，进一步探究交易费用对农户与农业生产性服务契约关系内在影响机理，在目前已有的研究上，做了进一步的推进。

关键词：农业生产性服务，交易费用，契约选择，契约稳定性

目　　录

1 绪论

1.1 研究背景和意义

1.1.1 研究背景

小农户与农业现代化衔接是党的十九大报告中乡村振兴战略的重点内容，是推动农业现代化和四化同步发展的关键。在工业化和城镇化步伐加快背景下，农业劳动力外流，农户兼业成为普遍现象，且愈演愈烈，农村的空心化、农业的老龄化等问题日益严重（张克俊等，2013）。小农户土地规模小，资金、劳动力、农机、技术等要素禀赋有限，种种不利因素导致小农户成为农业现代化推进过程中的短板（温锐等，2013）。

实现小农户与农业现代化的衔接首先需要弥合其在农业装备、生产技术、经营手段等方面的差距。即使留在农村继续从事农业的农户，在农产品市场和劳动力市场的作用下，农业经营内容、经营目标、知识结构、风险态度等方面也表现出了一定差异，农户出现分化现象（赵玉姝，2014），其农业生产也从传统的生产方式转变为以市场需求为导向的农业生产经营（李宪宝等，2013）。农业生产中出现新的分工和合作（罗必良，2016），一些农户、合作社或企业开始从事某一生产环节或生产全过程的作业服务，农业生产性服务迎势而生。

农业生产性服务是实现小农户与农业现代化衔接的新型农业技术推广形式和组织制度安排，是现代农业发展的重要支撑（庄丽娟等，2011）。中共中央、国务院在《关于1991年农业和农村工作的通知》中就提出建立健全农业社会化服务体系，并具体说明：农业社会化服务体系包括合作经济组织内部的服务，国家经济技术部门和其他各种服务性经济实体为农业提供的服务。2014年《国务院关于加快发展生产性服务业促进产业结构调整升级的指导意见》指出："加快生产性服务业创新发展，实现服务业与农业更高水平上有机融合。"2019年中央1号文件也明确提出，要加快发展农业生产性服务业，大力培育新型服务主体，支持面向小农户的生产性服务。当前宏观上经济形态亦存在"工业化为主导"向"服务业为主导"的转变趋势。罗必良（2017）指出，中国农村家庭经营正在从土地规模经营向服务规模经营转变。

在农业生产性服务深化发展的过程中，相继出现不同类型的服务组织和服务形式，多样性特征显著。2017年农业部《加快发展农业生产性服务业的指导意见》肯定了农业托管的现实意义，提出大力推进农业生产托管，要总结推广一些地方探索形成的"土地托管""农业公营制"等形式，把发展农业生产托管作为推进农业生产性服务、发展适度规模经营的主推服务方式。

2017 年 7 月课题组在辽宁省昌图县的预调查中发现，现有的农业生产性服务中，既有新型的全程托管服务，又有产中不同环节的部分环节服务。此类农业生产性服务解放了农户的劳动力，利用规模效益，又保留农户的经营权，尤其新型农业全程托管服务发展受到各方的重视。

然而新型的农业全程托管服务需求意愿较高，但农户实际采纳的程度较低。在预调查的 164 户中，对新型全程托管服务有需求意愿的有 36 户，对部分环节服务有需求意愿的有 74 户，但实际生产中，选择全程托管的仅 11 户，选择部分环节服务的有 72 户，分别占有意愿农户的 30.5% 和 97.3%。陈思羽等（2014）认为农户实际外包比需求意愿低，说明潜在的农业生产性服务市场被抑制了。

调查发现农业生产性服务发展存在的另一个问题是契约发展的规范化程度不一，且利益联结不稳定。新型全程农业生产性服务多数有详细的书面合同，部分生产环节的农业生产性服务多数没有合同，以口头约定为主。同时，发现其合同均为一年一签，且农户长期签约的意愿并不高，这样就导致无论是农户还是服务主体每年都要花费大量的交易费用来寻找合作对象，如何提高农户与农业生产性服务主体之间契约稳定性成为亟须解决的问题。

东北地区粮食产量占全国粮食产量的 20.3%（2018 年），是我国商品粮主产区，粮食外调量占全国的 60% 以上，平均粮食商品率达 70% 以上；同时，东北地区特别是玉米种植业农业生产性服务对农业产出具有较高的弹性（陈郁青，2015），而且发展较好，在全国的农业生产性服务业发展中具有代表性和典型性，为研究农业生产性服务创造了条件，为此本研究以东北玉米生产为例。

不同形式和不同程度的农业生产性服务，通过农户和农业生产性服务主体之间的契约关系，形成了不同的农业制度安排。为什么农业生产性服务会出现不同形式、不同发展程度？如何促进农业生产性服务向全面深入发展，提高农业生产性服务发展的稳定性呢？回答这些问题首先需要从服务的需求方入手，弄清楚农户在选择农业生产性服务时是如何进行行为选择的，哪些原因促成或阻碍其选择不同的服务类型。这又或多或少归因于农户与服务主体的契约约定、不同农业生产性服务形式的效果，以及对农业生产、农户经营和服务主体带来的影响。

因此，本研究在新制度经济学基础上，以交易费用为中心，采用"分工深化—交易费用—契约匹配"的框架，探究农业生产性服务产生的本质及动因，解释农户选择农业生产性服务不同契约类型的原因，构建农户与农业生产性服务主体之间稳定性契约关系的条件，并分析农业生产性服务对提高农户福利的效果，最终为农业生产性服务健康、快速、稳定发展提供对策建议。

1.1.2 研究意义

本书拟研究的科学问题是：农户选择农业生产性服务并与服务主体达成合作契约的行为选择机理是怎样的？具体而言，什么因素会影响农户选择农业生产性服务行为？何种因素影响农户与农业生产性服务契约不同类型的选择，以及影响农户与农业生产性服务主体契约关系的稳定性？交易费用在其中发生了怎样的作用？本研究具有重要的理论价值和实践意义：

从理论意义方面来说，本研究在新制度经济学基础上，以交易费用为中心，采用"分工深化—交易费用—契约匹配"的框架，围绕交易费用深入分析解释农户和农业生产性服务主体的行为选择和契约关系，丰富了交易费用理论在农业生产性服务发展方面的理论应用，有助于推动交易费用内容和衡量方法的研究；对农业生产性服务契约与组织形式的研究，有助于推动和丰富农业制度安排的研究，为农业改革深化提供理论基础，为分析如何推动小农户实现农业现代化提供新的视角和思路。

从现实意义来说，农业生产性服务效果的分析、农户与农业生产性服务主体契约关系及稳定性研究，有助于识别不同形式和不同程度的农业生产性服务，为农业生产性服务的推广和发展提供指向明确的对策建议，为相关农业支持政策提供现实依据，从而为推动农业生产方式转变、推动小农户与农业现代化衔接作出贡献。

1.2 研究思路和方法

1.2.1 研究思路

本书基于"分工深化—交易费用—契约匹配"的分析框架，从交易费用视角对农户农业生产性服务行为与契约选择进行研究，遵循"理论分析—实证检验—政策讨论"的布局思路，对农户农业生产性服务选择行为、契约类型选择及契约稳定性进行深入分析，具体如下：

首先，在理论分析方面，其一，基于分工与专业化理论探究农业生产性服务产生的本质，并围绕交易费用理论，对交易费用影响农户农业生产性服务行为建立效用函数进行理论分析；其二，进一步基于契约理论，在探究交易费用对农户农业生产性服务契约类型选择中构建农户模型并进行博弈分析，以分析其内在影响机理，同时构建不完全契约静态博弈模型探究交易费用对农户农业生产性服务契约稳定性的影响；其三，构建福利效应模型，从要素匹配视角对农户参与农业生产性服务福利效应进行研究。

其次，在理论分析的基础上进行实证检验，利用实际调研数据和测量工具对威廉姆森分析范式交易特性和契约过程中产生的交易成本进行量化及描述，进一步建立计量模型分析交易费用对农户农业生产性服务选择行为、农业生产性服务契约类型选择及契约稳定性关系，分析何种因素对不同类型契约产生影响，并影响农户对契约关系稳定性的选择。之后，对比农户参与农业生产性服务和未参与农业生产性服务的福利效应，并从土地、资本、劳动力三大要素对农户选择农业生产性服务福利效应的影响进行分析。

最后，在政策建议方面，基于主要研究结论，从农业生产性服务组织和政府两个角度提出相关建议。

1.2.2 研究方法

本书在对农业生产性服务行为选择及契约选择的具体分析过程中，综合运用了文献研究法、问卷调查法、规范研究方法、统计分析与对比分析法，以及多种计量联合检验研究等方法。

1. 文献研究和实地调查相结合的方法

文献研究法。对我国农业生产性服务相关研究进行认真梳理和总结，明确当前研究在内容和方法上的不足，确定本研究的视角和重点。在此基础上，有针对性地设计调查问卷。

问卷调查法。本研究以东北三省玉米生产种植户为调研对象，以东北三省8个地级市为调研地点。在调研前首先对调研员进行系统培训，调查按照农业生产性服务的发展程度进行系统抽样，采用调研员一对一访谈形式填写问卷。最后调研完成后及时对数据进行整理，若发现问题或缺失，则再由调研员进行电话问询，保证了数据的真实性，从而为本研究提供了可靠的数据支撑。

2. 规范研究方法

本书以分工与专业化理论、交易费用以及契约理论等为理论基础，在此基础上构建"分工深化—交易费用—契约匹配"理论框架，以"交易费用—契约匹配"为研究中心，运用经济学和博弈论的分析方法，探究农业生产性服务选择行为的内在机理及构建农业生产性服务契约稳定性，并对农业生产性服务效果进行评价。

3. 统计分析与对比分析法

根据研究设计，本书将农业生产性服务类型进行部分环节服务和全程托管服务的划分，分别对其行为及契约稳定性进行统计和对比分析。为了对样本数据特征进行更详细的分析，在描述性统计分析的基础上，文中多处按照规模经营指标对所检验的变量进行统计分组，然后通过分组对比不同组别农业生产性服务选择行为的差异，以揭示农业生产性服务选择行为的内在规律。

4. 多种计量联合检验研究方法

本书综合运用多种计量联合检验方法，包括 Mlogit 模型方法、Heckman 模型方法、倾向值得分匹配方法、结构方程模型、Mvprobit 模型以及内生转换回归（ESR）模型等，对农户农业生产性服务选择行为、契约选择和效果研究进行分析。首先，运用 Mlogit 模型方法对农户农业生产性服务选择行为进行研究，并用倾向值得分匹配法进行稳健性检验；其次，运用 Heckman 模型方法对农业生产性服务契约类型选择差异进行研究；再次，运用 Mvprobit 模型方法对农户农业生产性服务契约关系稳定性进行研究；最后，进一步分析农业生产性服务效果，运用内生转换回归模型等方法对参与农业生产性服务的农户福利效应进行分析，并对影响因素差异进行比较。研究注重分析各个组成部分的互动关系和结构优化，做到了规范与实证相结合，多种方法联合检验农业生产性服务行为与契约选择的影响因素。

1.3　可能的创新点

本书在理论上从农户生产经营权细分入手，立足于"分工深化—交易费用—契约匹配"分析框架，是继土地经营权研究之后，对农户家庭经营分析的新视角，是农业改革和农业组织制度创新研究的新案例。本研究的特色和创新具体还表现在：

研究对象创新。研究重点探讨交易费用、契约选择与农户对农业生产性服务选择行为之间的关系。研究突破了过往只分析部分生产环节服务的范畴，重点研究全程托管服务。全程托管服务是新生事物，处于发展初期，属于制度安排的探索阶段，其作为研究对象不仅是新颖的，而且非常具有实际意义，可为新型农业生产性服务进一步发展提供指导性建议。

研究视角创新。研究突破采用农户模型进行农户行为研究的常规思路，将其行为选择视为一种新型农业制度安排，利用新制度经济学原理进行研究。围绕农户展开，以交易费用分析为基础，合理运用交易费用理论、契约理论对农业生产性服务行为选择原因、选择差异、契约选择及选择效果进行探究。交易费用分析和测度国内定量研究较少，分析一种新生制度安排的交易费用，可回答制度设立问题，为农业生产性服务提供前瞻性的建议，并使结论和建议更贴近实际。

研究思路创新。在已有研究中，农业生产性服务契约选择并未引起太多关注，本书在揭示交易费用对农户选择农业生产性服务行为机制基础上，进一步探究交易费用对农户与农业生产性服务契约关系内在影响机理，在目前已有的研究上，做了进一步的推进。

1.4 本书的章节安排

本书共由九章构成,具体如下:

第一章是绪论部分,主要对研究背景、研究意义、研究思路及方法等作了简单阐述。

第二章是综述部分,首先对农业生产性服务的研究热点和前沿变迁进行分析;其次从农户农业生产性服务行为影响研究、交易费用与农户农业生产性服务行为研究、契约选择研究以及农业生产性服务选择效果研究方面展开综述;最后总结分析,进行文献评述。

第三章是理论分析框架的构建。首先,明确界定农业生产性服务、交易费用、契约选择等基本概念;其次,基于分工与专业化理论,运用超边际分析,探究农业生产性服务产生的本质,基于交易费用理论,运用效用最大化分析方法,探究交易费用对农户农业生产性服务选择行为内在机理;最后,基于"交易费用—契约匹配"理论框架,构建农户模型和博弈模型分析交易费用对农户农业生产性服务契约类型选择及契约稳定性的影响,探究其内在机理。

第四章是农户农业生产性服务行为选择差异研究。首先,对研究区域农业生产性服务发展现状进行分析;其次,介绍调查问卷设计的基本思路、主要内容以及数据来源和样本特征;最后,对农户农业生产性服务行为选择差异进行分析,其中包括农户参与农业生产性服务行为选择的描述性分析,以及交易费用与农户农业生产性服务行为及契约选择的相关性分析。

第五章是交易费用对农户农业生产性服务行为影响研究。根据威廉姆森分析范式定义交易费用,从资产专用性、风险性和规模性三方面对农业生产性服务选择行为进行分析,并运用倾向值匹配进行稳健性检验,最后讨论不同规模农户对农业生产性服务选择行为的影响。

第六章是交易费用对农户农业生产性服务契约类型选择研究。将农业生产性服务契约类型分为正式契约和口头契约,从风险性、规模性和搜寻信息成本对农户农业生产性服务契约类型选择影响进行分析,并讨论了个人信任水平在交易费用对农户农业生产性服务契约类型选择中的调节作用,最后进行稳健性检验。

第七章是交易费用对农户农业生产性服务契约稳定性影响研究。运用Mvprobit模型,重点从契约过程产生的交易费用视角,将交易费用分为信息成本、谈判成本和执行成本,对农业生产性服务契约续约意愿和契约期限进行分析,同时对不同类型农业生产性服务契约关系稳定性进行差异比较,并讨论服务满意度在交易费用对农户农业生产性服务契约稳定性影响中的调节作用,最后运用结构方程模型进行稳健性检验。

　　第八章是农业生产性服务对农户福利效应的影响研究。首先运用内生转换回归模型对农户参与农业生产性服务与未参与农业生产性服务的福利效应进行比较，其次从要素匹配视角对农业生产性服务福利效应影响因素进行分析，最后进行分组比较。

　　第九章是研究结论与政策建议。总结本研究的主要结论，并在所得相关结论的基础上，从农业生产性服务组织和政府两个层面提出相关政策建议。

2 农业生产性服务行为与契约选择研究综述

随着农业现代化的不断推进，农业生产性服务成为我国"大国小农"现实国情下，实现"让小农户与现代农业发展相衔接"的重要路径，促进农业生产性服务快速、持续发展是众多学者关注的关键问题。本章分别从我国农业生产性服务研究热点及前沿变迁、农户农业生产性服务决策行为研究、交易费用与农户农业生产性服务行为研究以及契约选择行为研究等方面进行相关研究综述，并对其进行述评。在已有文献基础上，分析其研究存在的不足，提出本书的研究思路。

2.1 我国农业生产性服务研究热点与前沿变迁

2.1.1 我国农业生产性服务研究热点分析

本研究选取 2008—2020 年收录在 CNKI 数据库中的学术期刊论文为研究样本，将 CiteSpace 可视化软件作为主要科学知识图谱应用工具，通过文献计量学的方法对农业生产性服务的研究现状进行讨论，从整体上窥探该领域的发展全貌，为今后我国农业生产性服务的研究与发展提供借鉴与指导。

文献的研究焦点可以由它的关键词高度概括，通过对一段时期内文献关键词的总结分析，可以考察出关于农业生产性服务近10 年左右的研究热点。在剔除无效文献及无效节点后，图 2-1 中共包含 CNKI 数据库关于农业生产性服务下 133 篇文献中 430 个关键词。在此基础上通过 CiteSpace

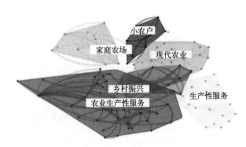

图 2-1 农业生产性服务聚类图

的关键词共线分析功能以及关键词聚类得到 47 个聚类，并采用大聚类筛选得到 6 个关键词主要聚类。以农业生产性服务为核心向外分枝，下属聚类包括生产性服务、现代农业、家庭农场、小农户及乡村振兴 5 个部分。

图 2-2 中共包含 CNKI 数据库关于生产环节外包 78 篇文献中 313 个关键词。在此基础上通过 CiteSpace 软件分析得到 19 个聚类，大聚类筛选得到 5 个关键词主要聚类。以生产环节外包为核心向外分枝，下属聚类由生产环节、粮食种植户、现状及特征以及服务质量 4 个部分构成。

图 2-2 生产环节外包聚类图

2.1.2 我国农业生产性服务前沿变迁分析

（1）关于农业生产性服务前沿变迁分析

通过对关键词研究前沿的识别与研究热点解读可以发现关键词的交互关系及所研究领域的年代演化动态发展脉络，预测该领域的发展方向与未来一段时期内需要解决和关注的问题。因此，本书在 CiteSpace 关键词共现分析的基础上，将结果以"timezone"的方式呈现，如图 2-3 所示。参考关键词分布时区图并结合 CNKI 数据库中的典型文献，将我国农业生产性服务的研究分为 3 个阶段。

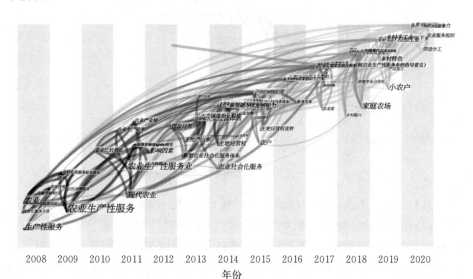

图 2-3 2008—2020 年农业生产性服务研究关键词时区图

2008—2011 年为研究的初始阶段，主要围绕生产性服务、农业生产性服务、农业生产性服务业三大关键词。这与政策指导息息相关。2008 年中央 1 号文件指出"支持发展农业生产经营服务组织，为农民提供代耕代种、用水管理和仓储运输等服务。鼓励发展农村综合服务组织，具备条件的地方可建立便民利民的农村社区服务中心和公益服务站"。

2012—2018 年，主要讨论农业生产性服务与现代农业发展的关系，如何通过拓展农业生产性服务业促进乡村振兴。2016 年中共中央、国务院发布的《关于扎实推进社会主义新农村建设的若干意见》提出积极发展现代农业，研究热点也紧随中央文件要点向现代农业方向转变。

2019 年至今，研究热点转向农业生产性服务与小农户，2019 年关于小农户的文献大幅增加。

(2) 关于生产环节外包前沿变迁分析

农业生产性服务在文献中多以广义的概念呈现，而本书重点关注的是狭义上农业生产性服务，在这方面学术论文上学者最开始关注的是生产环节外包服务。因此，运用 CiteSpace 软件，对生产环节外包进行近 10 年的关键词搜索，结果如图 2-4 所示，生产环节外包可以分为 3 个阶段。

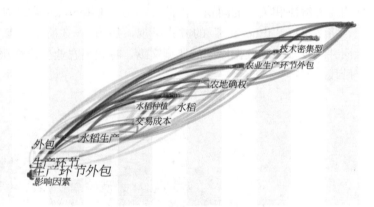

图 2-4 2008—2020 年生产环节外包研究关键词时区图

2011—2012 年为研究的初始阶段，国内学者的研究热点集中在外包与生产环节外包的概念、理论及影响因素上。王志刚等（2011）基于全国 8 个省份 24 个县（市、区）2 381 户不同规模稻农的调查数据与实证模型分析结果，认为从劳动力密集型生产环节外包到技术密集型生产环节外包是推进中国农业规模经营的路径之一。除此之外，另有众多学者将外包理念与中国农业实际结合起来，将生产环节外包与农业规模化经营联系起来。

2013—2015 年研究热点开始偏向农业生产环节外包理论方面，与我国的重要农作物水稻联系起来，研究焦点主要集中在水稻生产过程中的外包服务行为以及成本问题。胡宜挺等（2014）研究发现农户性别、农户健康状况及户主年龄特征显著影响农户农业生产环节外包行为；且土地质量、农业劳动力数量、兼业化程度、耕地细碎化程度以及土地规模显著影响外包行为。陈思羽等（2014）则从交易行为的角度出发，运用威廉姆森分析范式对农户生产环节外包中交易费用所产生影响因素进行分析，研究发现物资资产专用性、地理资产专用性和风险性对生产环节外包产生负向影响，而人力资产专用性和规模性会促进外包行为产生。

2016 年至今是我国生产环节外包研究的第三个阶段，从理论基础到初步结合农业生产实际情况，再到现在将农业生产环节进行纵向分析。刘爱珍等（2019）从外包生产环节视角出发，考察外包对水稻生产技术效率的影响机制，研究发现农户的老龄化和外出务工情况显著地影响了稻农的外包决策，并提出要依靠市场力量，建立健全农业社会化服务体系，降低稻农外包服务的搜寻成本和外包过程中的交易成本等政策建议。杨志海（2019）利用四川、湖北、湖南、江西、安徽、江苏 6 个长江流域粮食主产省份 1 027 户农户的实地调查数据分析了生产环节外包对农户福利的影响效应，研究发现田间管理环节外包的福利效应高于其他生产环节，而且从群组差异性来看，生产环节外包的福利效应受农户学历程度、家庭劳动力数量及种植面积的影响较大。

从上述关键词聚类热点和前沿变迁分析可以发现，农业生产性服务研究热点在广义上紧紧围绕政策导向，从聚焦社会化服务体系内涵界定到结合现代农业、乡村振兴、家庭农场等，在研究上有了重大的改变和立意，尤其近几年紧紧围绕小农户展开研究；从狭义上，农业生产性服务主要聚焦在生产环节外包及行为的研究。综上所述，下文分别从农户农业生产性服务选择行为研究、交易费用与农户农业生产性服务行为研究、契约选择行为研究以及农业生产性服务效果分析这几方面内容展开综述。

2.1.3　我国农业生产性服务发展的政策背景与现状分析

（1）我国农业生产性服务发展的政策背景

改革开放以来，政府一直高度重视农业生产性服务体系（早期叫"社会化服务体系"）的建设工作，将其作为稳定和完善农村基本经营制度的重要途径。在农业生产性服务体系形成的过程中，离不开政府的高度重视与循序渐进地引导。根据政策实践的演变过程（详见附录），大致可以分为 3 个阶段。

第一阶段（1978—1989 年），社会化服务政策的起步阶段。从 1978 年以后，根据我国现实国情开始推行家庭联产承包责任制的农村集体用地政策，这也是有效解决"三农"问题的基本政策保障，解放了生产力和商品的发展。在 1983 年，中央 1 号文件首次提出"社会化服务"这个概念。同年，一些地区成立了"农业服务公司"，《人民日报》评论员文章首次使用了"农业专业化服务"的概念。之后几年政策中一些相关概念频频出现，中共中央提出"发展农业社会化服务，促进农村商品发展"的口号，并提出"科研推广单位、大专院校及城市企业，可以接受农村委托的研究项目，提供技术咨询服务"。这一阶段，迫切需要社会化服务作为解放和发展农村生产力的重要手段，以进一步推动农村改革。此时，虽然提出农业社会化服务的概念，但是对农业社会化服务的内涵并未作出科学的界定。

第二阶段（1990—2009 年），社会化服务体系逐步发展阶段。中共中央、国务院在《关于一九九一年农业和农村工作的通知》中首次界定"农业社会化服务体系"的内涵，确立了农业社会化服务体系的基本框架。之后的几年里，不断提到加快农业技术推广体系建设，并开辟了公益性农业技术推广的道路。同时，政府积极鼓励农民自发成立合作社，引导农工商联合体和龙头企业的建立，使其为农户提供销售等服务。2004 年之后，中央提出进一步补充、完善、健全农业服务体系建设。2006—2009 年中央 1 号文件主要围绕社会主义新农村的建设，并提出了发展现代农业、建设社会主义新农村、农村城镇化等目标，强调"加强农业科技和服务体系建设是加快发展现代农业的客观需要"。此阶段，我国农业生产性服务业从试点到推广，由尝试到明确，从支持到保障，逐渐明确方向，道路清晰，实行公益性服务与经营性服务相结合、专项服务和综合服务相协调的服务方式。

第三阶段（2010 年至今），"新型农业生产性服务"快速发展阶段。这一阶段关于社会化服务体系的概念逐步向农业生产性服务概念过渡。2010—2013年中央 1 号文件对农业生产性服务业的发展作了补充和完善，并强调着力构建新型农业经营体系；2014—2016 年，中央 1 号文件大力强调培育新型经营主体的重要性，并强化农业科技创新的驱动作用，同时在 2014 年首次将农业"托管式"写入中央 1 号文件，2017 年农业部提出把发展农业生产托管作为推进农业生产性服务、发展适度规模经营的主推服务方式。2018 年提出乡村振兴战略目标，并促进小农户与现代农业发展有机衔接，强调推进农业生产全程社会化服务，达到小农户节本增效的目的。2019 年进一步进行了解读，并进行了健全和完善。此阶段，到 2020 年农业生产性服务的内涵不断延伸，纵向服务也由最初的单一服务拓展到全程生产环节的服务，服务多样且适应多种地区发展。

从上述政策发展可以看出，农业生产性服务的发展正在被不断完善和补充，在农业生产现代化的建设中起到越来越重要的作用。尤其我国国情处在"人均一亩三分，户均不过十亩"的农业小生产经营格局，虽然经过多年土地流转，但我国小规模农户经验状况并没有得到根本性变化（孔祥智，2018）。如何在不改变土地性质的情况下，提高农民收入，达到规模经营，是一个重要课题。虽然这些年来农民土地流转逐步增加，但由于农民"安土重迁"的文化传统和土地流转集中机制不畅导致流转面积增速在明显下降（芦千文，2019）。这些现象和政策的不断完善使农业生产性服务迅速崛起，成为土地集中规模经营和服务链接型规模经营的纽带，为小农户与农业现代化有机衔接提供了更多的制度选择。

（2）我国农业生产性服务发展现状分析

我国目前正处于一个由传统农业向现代化农业转型过渡的重要时期，而传统农业向现代化农业的转变过程离不开尖端的农业生产机械、农业科学生产技术、先进的生产理念以及精密准确的市场信息，而这些都需要一套完善的先进的农业社会化服务体系来实现。总体上看，我国农业生产性服务已经有相当大的产业规模，呈现出传统服务迅速升级、新兴服务迅速发展并存的格局，而且进一步发展的空间很大（芦千文等，2020）。如图2-5所示，我国农业生产性服务的总支出从2000年的789.8亿元快速增长至2018年的7 885.8亿元，由不足1 000亿元上升至近8 000亿元，增长了8.98倍。

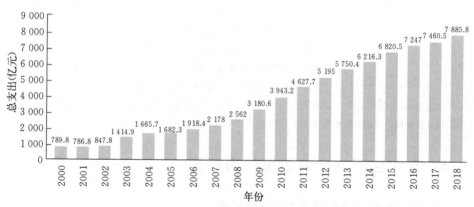

图2-5　2000—2018年我国农业生产性服务发展状况
资料来源：2001—2019年《中国农村统计年鉴》。

同时，部分环节服务正在趋于饱和，传统的农机作业开始进入业态创新、优化升级阶段。从图2-6可以看出，农机经营利润、乡村农机从业人员在2000—2009年处于一个快速发展的阶段，在2009—2015年处于一个缓慢上升时期，2015年达到了一个峰值，只有农机作业组织处于一个平缓增长的态势。这可以反映出，我国农业生产性服务业正处在转型的过渡时期，新主体、新业态、新模式正在大量涌现，冲击着传统的生产性服务方式。截至2018年底，全国农业生产托管面积为13.57亿亩，从事农业生产托管服务的组织共有36.9万个（冀名峰等，2019）。然而在农业生产性服务快速发展的同时也暴露了一些问题，农业生产性服务特别是全程托管服务发展不均衡、农户与农业生产性服务契约关系不够紧密，交易费用太高，影响农户无法维持长期的合作关系等，本研究在中国农业生产性服务发展的大背景下，以农户为研究对象，对目前存在的问题进行深入研究，以求能够提出一些可供参考的建议。

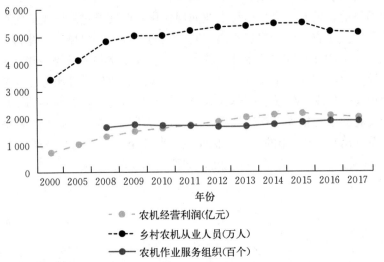

图 2-6　2000—2017 年我国农机经营服务业发展状况

数据来源：2000—2016 年数据根据《中国农业机械工业年鉴》整理得到，2017 年数据根据《全国农机社会化服务提档升级关键在五个"围绕"》整理得到。

2.2　农业生产性服务决策行为研究

2.2.1　关于农业生产性服务发展动因研究

国内学者关于农业生产性服务业发展动因研究主要是从宏观和微观两个角度出发。从宏观上来说，分工与专业化是我国生产性服务业发展的关键动因，农业生产性服务业的产生也有众多理论的支持，如专业分工理论、产权理论、服务效率理论和工业化理论，并且从宏观的视角已经验证（韩德超等，2008）。

从微观角度，大多数学者从农户的角度研究农业生产性服务的动因。实证表明，农户分化、交易费用、决策者的资源禀赋对农业生产性服务的需求意愿呈显著影响（张晓敏等，2015）；服务价格、种植特点（种植面积、地貌特征）、户主特征、家庭特征等对农机社会化服务的选择有显著影响（宋海英等，2015）；而对于农业技术服务的需求研究中，农户特征的影响有正有负（黄武，2010；庄丽娟等，2010）。

2.2.2 关于农户农业生产性服务行为意愿研究

农业生产性服务的供给和需求情况是研究农业服务问题的前提和基础（纪月清等，2013；黄武，2010；Yang，2001）。Griliches（1958）、Akino 等（1975）发现农业科技服务、农业信息服务和农业金融保险服务是农户主要需要的农业生产性服务类型；Postner 等（1978）以加拿大农户为研究对象，发现加拿大的农户对农业生产性服务的需求量持续增加；庄丽娟等（2011）通过对广东省荔枝种植户的调查发现，农业技术服务、销售服务与农资购买服务是荔枝种植户急切需求的服务类型；王丽萍等（2015）基于广东肇庆蔬菜种植户的调查数据，发现技术服务、资金服务、销售服务和保险服务是蔬菜种植户对农业生产性服务主要需求点。

农户选择农业生产性服务受很多因素的影响。Feder 等（1985）发现农户的受教育程度与农户是否选择农业生产性服务呈正相关关系；Kaliba 等（1997）基于坦桑尼亚奶牛的农户调查发现，农户的性别、年龄、农户耕地规模以及家庭劳动力人数都会影响农户选择奶牛养殖服务行为；谈存峰等（2010）在对甘肃省的农户调查中发现，农户的家庭特征、生产经营方式、地理位置、市场体系以及交通通信等都会影响农户的农业服务需求；李显戈等（2015）也发现农户的个人特征是影响其选择农业生产性服务的主要因素。

2.2.3 农业生产性服务效果研究

农业生产性服务是农业社会化服务的重要组成部分，是实现土地规模经营的关键（陈锡文等，2002）。农业领域引进农业生产性服务这一现代生产要素，有利于缓解农村劳动力数量和劳动力技能不足的现状（王志刚等，2011），并可以克服传统家庭经营模式的缺点（董欢等，2014）。农业生产性服务的普及，可以聚集资源要素，提高农业产业化和专业化水平，加快农业实现现代化大规模生产经营模式的进程（罗必良，2014；姜长云，2011；薛亮，2008）。农业生产性服务为农户生产经营决策提供了新的选择，并且改变了土地规模经营行为（刘承芳等，2002；刘荣茂等，2006）。在理性人假设的前提下，农户在选择是否扩大土地经营规模，应同时考虑土地和农业生产性服务的供给情况。一方面，农业生产性服务的充分供给可改变农户原有资源禀赋的缺陷，农户利用获取的信息、资金、技术和农资，可在自有生产要素与外部生产之间进行自由选择，从而合理配置生产要素、减少生产成本、提高农户的收入水平以及扩大土地生产经营规模（龚道广，2000；郝爱民，2013）。另一方面，农业生产性服务的发展提高了劳动分工水平，给农户提供了更多的非农就业机会，加快了土地流转速度，从而促进了土地的规模经营（钟甫宁等，2009；廖西元等，2011）。

另外，刘强等（2017）从农户行为的视角，发现产中和产后的农业生产性服务显著影响土地的规模经营。郝爱民（2015）运用分工与专业化理论并运用宏观数据分别验证了农业生产性服务外溢效应和对技术进步贡献的影响。刘强等（2016）运用随机前沿成本函数模型测算农业生产性服务业对我国粮食生产成本的效率并分析其影响因素，得出结论：当前我国水稻生产性服务在生产环节发展上差异明显，金融保险服务、技术服务、机械服务和加工销售服务等水稻生产性服务对于提高成本效率、节约生产成本具有显著作用。

农业生产性服务的目标不仅仅是为小农户提供生产服务，还包括促进小农户增产增收。孙项强等（2016）认为家庭劳动力可以被生产环节外包替代，并且可以为农户提供更多的非农就业机会，但是，伴随着生产环节外包程度的提高，农户购买外包服务的成本也随之上涨。因此，关于生产环节外包是否能促进农业增产，学术界仍然存在广泛争议。杨志海（2019）通过构建生产环节外包对农户福利影响的理论模型，利用四川、湖北、湖南、江西、安徽、江苏6个长江流域粮食主产省份 1 027 户农户的实地调查数据，采用内生转换回归模型，在反事实框架下分析了生产环节外包对农户福利的影响效应，发现生产环节外包能够通过资源配置与专业分工机制改善农户福利，并且决策者的受教育水平、家庭劳动数量以及种植面积显著影响生产环节外包的福利效应。陈宏伟等（2019）基于专业化分工理论，利用环渤海设施蔬菜主产区的调研数据，运用内生转换模型，分析农业生产性服务对设施蔬菜种植户收入的影响，研究发现种植规模越大、有本地蔬菜品牌的农户，使用劳务、农机或技术服务的增收效果越好，农户受教育程度越高，其使用技术的增收效应越显著，年龄越大不利于劳务服务使用农户的收入提高；另外，农户使用农机服务带来的收入提升效果最好，其次是技术服务和劳务服务。

2.3　交易费用与农户农业生产性服务行为研究

2.3.1　关于交易费用的测度研究

科斯在提出"交易费用"概念以后，长达 30 年的时间，"交易费用"概念并未引起学术界的关注，原因是"交易费用"概念比较宏观、难以量化。Williamson（1987）进一步发展了交易费用的概念，将交易费用拓展为资产专用性、交易频率和不确定性三个维度。张五常从广义的角度论述了哪些成本不属于交易费用，但是并未回答哪些成本是交易费用（汪丁丁，1995）。刘向东（2004）认为现有关于交易费用的界定被无限泛化，这种概念泛化将会阻碍马克思主义流通理论的研究与发展。

部分学者从实证的角度对交易费用进行了测度。Hobbs（1997）将交易费用细分为信息费用、谈判费用和监督费用三大类，并采用英国肉牛养殖农户的调查数据论证了交易费用对农户选择活体拍卖肉牛还是直接将肉牛拍卖给肉类加工企业的作用。Williamson（2005）将交易费用量化为资产专用性、交易频率和不确定性程度，在此基础上，进一步将交易费用划分为交易前的信息费用、交易时的谈判费用以及交易后的执行成本。卢现祥等（2006）认为应从两个层次来测度交易费用：首先，应从制度或体制层面来测量交易费用，因为交易费用在不同制度下存在差异；其次，在既定体制下测量每笔交易费用，交易费用一般情况下是在制度或体制已定的情况下产生。

2.3.2 交易费用理论的应用研究

关于交易费用理论的应用多数集中在产权、土地流转等领域。交易是界定产权的前提，且交易费用直接受产权的明晰程度影响。邓宏图等（2008）从不同角度论证了契约结构与组织形态是由产权的多元属性决定的。交易费用在农地流转市场中的应用很早就引起学术界的关注。Dong（1996）较早发现交易费用是限制农地流转的主要因素之一。农地流转过程中需要交易双方就交易合约进行谈判与讨价还价，从而形成交易费用，在这一层面，意味着交易费用等同于土地流转价格（邓大才，2007；陈曜等，2004）。由于信息不对称和交易成本高等因素导致部分有需求的农户没有选择土地流转（钱文荣，2003）。"间流式"流转即农地使用权由拥有者通过"中间人"流转给受让者，其比直接流转给受让者能更好地降低交易成本，但政府干预下的土地流转可能会为部分政府干部提供权力寻租的机会，损害农户的利益（邹伟等，2006）。此外，农地转入的面积大小易受需求和供给不足双重有限约束下的交易费用的影响。

2.3.3 交易费用在农户农业生产性服务行为方面的研究

目前，新制度经济学视角在农业生产环节外包服务的应用备受学者的青睐，特别是在交易费用视角引起了广泛的关注。陈思雨等（2014）在威廉姆森分析范式的基础上，拓展了交易费用对农业生产环节外包的影响。之后，张晓敏等（2015）基于10个省份的调查数据，发现农业生产性服务的需求受农户分化、交易费用和农户禀赋的影响。陈文浩等（2015）和曹峥林等（2017）分别运用不同的实证方法从行为能力、交易成本两个层面讨论对农业生产环节外包服务的影响，研究表明：地理和物资资产专用性、经营风险和市场风险反向抑制农户环节外包，此外，各条件变量与农户外包选择呈现不同的关系属性。而陈昭玖等（2016）在运用威廉姆森分析范式探究交易装置对农业生产环节外包的决定机理中发现，推动规模经营需要扩大市场范围、降低交易费用、促进农业生产迂回与专业分工。罗必良（2017）、胡新艳等（2015a）从农业纵向分工的角度与新制度经济学理论相结合，讨论农业生产环节外包行为机理。

随着全程托管服务的发展，农业生产性服务的研究边界逐渐拓宽。许多学者从定性层面探究全程托管服务发展模式、形成机制以及对全程托管利益分配进行比较分析（张克俊等，2013；于海龙等，2018；王玉斌等，2019）。同时，在微观层面，部分学者也取得了一些突破，如孙晓燕等（2012）在研究中发现，土地托管服务可以帮助兼业农户提高种粮收益的同时，增加外出务工时间。庄晋财等（2018）通过与土地流转行为的对比，发现风险偏好程度越高的农户越有可能选择土地托管模式。然而，关于交易费用与农户全程托管服务选择行为的研究并不多见，农户农业全程托管服务和部分环节服务选择在交易费用比较上存在差异，这为本书的研究提供了方向。

2.4 契约选择行为研究

2.4.1 关于契约选择行为前沿变迁

运用 CiteSpace 软件参考关键词分布时区图并结合 CNKI 数据库中的典型文献，将我国契约选择的研究分为 3 个阶段（图 2-7）。

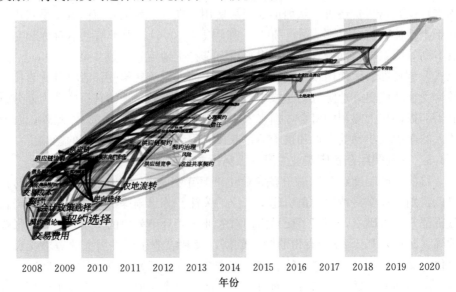

图 2-7 2008—2020 年契约选择研究关键词时区图

2008—2010 年为关键词契约选择的初始研究阶段，这一阶段多从契约理论出发，以案例分析为主，探讨专用性投资以及交易费用与契约选择的关系（万俊毅，2008）。刘洁等（2009）以"公司＋农户"这一组织形式中的契约关系为研究对象，运用交易成本理论来探讨影响企业与农户对契约选择的因素，研究发现交易的不确定性、治理成本和双方的权力安排等对企业与农户间契约选择起决定性作用。

在第二个阶段（2011—2016 年）的发展过程中，契约行为与农业生产效率、土地流转等行为建立联系，并开始广泛地运用计量经济学方法分析问题

（孟召将，2012）。同时，在这一阶段，不少研究开始讨论选择口头契约、书面契约的影响因素（安海燕等，2015），契约期限的决定机理（邹宝玲等，2016）以及契约稳定性（胡新艳等，2015b）等问题。

2017年至今为研究发展的第三个阶段，学者们对契约选择的研究更为深入，且在研究内容上逐渐拓展，形成交叉分析，在土地流转、交易费用、产权等领域都有进一步的发现（陈军民等，2019；王祥玉等，2020）。同时，契约行为研究也逐渐多样化，出现了对续约、固定契约、分成契约等的研究。如刘灵辉（2020）剖析了家庭农场土地流转中合同期满续约中的博弈分析，何一鸣等（2019）运用广东20个地级市2 759个农户问卷数据，从农业交易特性、组织行为能力角度探究固定契约与分成契约之间的匹配逻辑。

综上所述，我国契约选择近10年主要体现在以下几个方面的变化：一是研究方法逐渐深化，定性的理论分析、案例分析逐步发展到定量分析。二是在研究视角方面主要围绕经典理论展开，在探究契约选择行为的视角上从交易费用理论、产权理论到空间声誉机制、机会主义行为（洪名勇，2018；骆亚卓等，2018），分析逐渐进行细化。三是研究方向逐渐多元，从"公司＋农户"模式分析到集中土地流转、家庭农场、合作组织以及新型服务主体等方向，逐渐延伸。四是在研究内容上边界逐渐扩展，从契约类型选择、契约期限到契约续约意愿、固定契约与分成契约的匹配逻辑（罗必良等，2015；马彦丽，2019）。值得注意的是，许多学者一直关注到契约稳定性的研究。然而，关于契约稳定性的研究一直集中在定性方面，运用博弈模型等方法探究交易费用、社会资本对"公司＋农户"契约关系的稳定性的影响（涂国平等，2010；韩振国等，2014；刘丽等，2017）；定量方面研究只是从续约意愿、契约期限等方面分别进行讨论（钟文晶等，2014；黄思梦等，2018；兰勇等，2020）。

遗憾的是目前关于农业生产性服务与契约选择的研究少之又少，其中赵玉姝等（2013）从委托代理理论出发阐述农业生产服务外包选择的机理，罗明忠等（2020）从风险偏好角度探究农机社会化服务契约选择决策及形式，得到风险偏好程度高的农户签约可能性小的结论。然而，这些研究都没有系统全面地探究交易费用与农业生产性服务契约选择及稳定性的关系，这为本书的研究创造了空间。

国外文献多从农户偏好的角度研究其对契约属性安排和农户契约选择的影响，研究发现农户在农产品价格、销售和支付方式、质量水平以及前期投资需要等方面都有明显的偏好（Abebe et al.，2013；HungAnh et al.，2019；Bergtold et al.，2017）。Vassalos 等（2016）基于对番茄种植者的邮件调查，证实了交易成本的假设以及农户偏好的异质性，并且种植者的风险规避水平显著影响其对契约的选择。Gelaw 等（2016）以埃塞俄比亚咖啡市场为研究对象，发现对咖啡农户来说，交易者的个人特征比交易者提供的价格更为重要，即社会关系已嵌入经济关系中，但是这种基于个人关系的交易将导致农户没有足够的动力来维持或改善咖啡的质量。Raes 等（2017）对厄瓜多尔南部洛哈市附近的农户进行两阶段抽样调查，在对农户选择生态林牧系统（SPS）的付费服务契约的相关因素进行分析中发现，农田面积、农户收入以及农户对生态环境的认知对农户契约选择产生影响。

同时，一些学者研究发现，合同属性、契约数量、信贷机会的增加以及契约期限等因素对契约选择均有显著的影响。Greiner（2016）运用澳大利亚北部地区牧民的样本数据，进行离散选择实验，发现在合同属性中，保护要求、管理费、合同期限和合同条件的灵活性显著影响了牧民的契约选择意愿。Das 等（2019）基于委托—代理模型，通过调研孟加拉国 237 个村庄 4 301 个家庭的样本数据，在随机试验方法下，对影响土地租赁契约选择的流动性约束因素作用机制展开分析，结果表明从契约数量以及契约范围角度看，信贷机会的增加对固定租金而非股份租金契约的选择有积极影响。Han 等（2018）基于 2015 年 7—11 月在承德市抽样选取的 353 份农户农地流转合同实地调查数据，对契约选择及其决定因素进行实证分析，发现长期资产投入的家庭特征变量、契约期限、转换方式和确权因素对契约选择有显著影响。

此外，既有研究发现，农户对某些契约特征的偏好存在较大异质性。以往研究主要从社会人口统计学特征、农业经验、农场规模、基础设施等方面解释异质性（Abebe et al.，2013；Ochieng et al.，2017）。

2.4.2 交易费用与契约匹配的应用研究

Williamson（1985）根据交易具有的主要特征对其进行了分类：资产专业性、不确定性和交易频率。其中最为关键的是不确定性，它与交易发生的频率和投资特性程度相关。同时，学者们也对契约签订过程中产生的交易成本（信息成本、谈判成本、监督或执行成本）进行指标量化（Hobbs，1997；Bailey et al.，2002；Vakis et al.，2003；Lu Hualiang，2006）。张静（2009）根据交易频率和投资结构，将治理结构分为四种，即市场治理（古典契约）、三边治理（新古典合约）、双边治理（关系性合约）、一体化治理（企业）。根据不同的治理结构，通过节约交易费用，进而选择不同的交易方式。

国内关于交易费用与契约匹配的研究并未得到更多的关注。我国的农产品市场组织形式在市场经济不断完善的过程中主要有三种形式，和传统农产品与市场直接交易方式相对应，"公司＋农户""公司＋合作社＋农户""专业合作社"三种组织形式中农户与市场不发生直接作用，而代之以公司或合作社（蔡荣等，2007）。生秀东（2007）运用广义交易费用概念，把交易费用区分为契约签订之前的事前交易费用和契约签订之后的事后交易费用。另外，合作社可以同时减少农户面临的事前交易费用和事后交易费用，进而减少农户的总交易费用，也可以减少公司所面临的交易费用。刘洁等（2009）研究发现交易的不确定性、治理成本和双方的权力安排等对企业与农户间契约选择起决定性作用，认为应建立契约的保障机制来降低交易中的不确定性，并通过建立长期的信誉与合作，使农户和企业保持利益上的协调一致。

2.5　文献评述

通过文献梳理有如下发现：

一是研究内容方面。农业生产性服务研究涵盖农业生产性服务的内涵、模式、需求意愿、行为决策、效果等方面，研究较为全面。但由于广义的农业生产性服务的内容包含太多，又造成研究分散、不够具体。故本研究对农业生产性服务进行狭义的界定，将农业生产性服务划分为部分环节服务和全程托管服务，文献对于部分环节服务研究较多，对全程托管服务的研究在定性层面的较多，在微观视角方面的研究较少。因此本研究以农业生产性服务，特别是全程托管服务作为重点，将农业生产性服务的内容更加具体化，进行更系统的研究。

二是研究视角方面。宏观视角通过结合现实理论和宏观数据探讨农业生产性服务发展的模式以及对城镇化、技术进步贡献等问题的影响；微观视角运用微观调研数据对农户农业生产性服务的需求意愿及效率研究较多，很多文献已关注到新制度经济学在农业生产性服务方面的应用，不过关注对象集中于部分环节服务选择行为，在全程托管服务和契约选择方面研究较少。因此本研究从交易费用视角，基于"分工深化—交易费用—契约匹配"框架对农户农业生产性服务行为与契约选择进行较为系统全面的探讨，是对农业生产性服务研究的一种补充、完善。

三是农业生产性服务行为选择方面。国内较多文献探讨农户对农业生产性服务需求意愿，对农业生产性服务行为选择，多从实证入手研究是否选择农业生产性服务及影响因素。故本研究涵盖农业生产性服务产生本质、选择差异、契约类型选择与契约稳定性、选择效果逻辑思路，系统全面地探究农户对农业生产性服务的行为选择。关于契约选择文献多数针对土地流转和市场组织形式研究，对农业生产性服务的研究几乎处于空白。"交易费用—契约匹配"是较为成熟的理论框架，本研究基于此并融入契约理论，对农业生产性服务行为与契约选择进行研究，力求全面，从而呈现农业生产性服务发展中交易费用和契约选择的全貌及相互关系，深入解释农业生产性服务行为决策问题。

3 理论分析框架的构建

理论分析框架的构建是研究的核心。本章首先对本书的相关概念进行界定；其次，基于分工与专业化理论，从理论和现实方面，探究农业生产性服务产生的本质，并运用超边际分析进行数理推导；再次，基于交易费用理论，运用效用最大化分析方法，探究交易费用对农户选择农业生产性服务行为内在机理；最后，基于"交易费用—契约匹配"理论框架，构建农户模型和博弈模型分析交易费用对农户农业生产性服务契约类型选择与契约稳定性的影响，探究其内在机理，为下文的研究提供有力的理论支撑。

3.1 相关概念界定

3.1.1 农业生产性服务

（1）农业生产性服务的概念界定

农业生产性服务有不同表述，如农业服务业、农业生产性服务业、农业社会化服务体系、农业现代服务业、服务农业的生产性服务业、现代农业服务业等，最常见的是农业生产性服务业和农业社会化服务体系。

农业社会化服务体系是指在家庭承包经营的基础上，为农业产前、产中、产后各个环节提供服务的各类机构和个人所形成的网络与组织系统，包括物资供应、生产服务、技术服务、信息服务、金融服务、保险服务，以及农产品的包装、运输、加工、贮藏、销售等内容（孔祥智等，2009；芦千文等，2017）。

生产性服务即被其他产品或服务的生产过程用作中间投入的服务，主要表现为两种形态：一是内部化、非市场化的非独立形态，如农户或家庭农场自我提供农机服务；二是外部化、市场化的独立形态，如农机服务公司向农户或家庭农场提供市场化农机服务（姜长云，2016）。

农业生产性服务业与农业社会化服务体系极易混淆，也很难从文字上看到内部差异。姜长云（2016）辨析了二者的关系，并且受到一致性的认可，认为农业生产性服务业和农业社会化服务体系内容大致相同，只是着重点不同。农业社会化服务体系强调服务的系统性、配套性，更专注公益性服务，而农业生产性服务业强调农业服务供给的市场化和产业化，强调服务创造价值。

农业生产性服务主要包括农资配送服务、农技推广服务、农业信息服务、农机作业服务、农产品质量与安全服务、疫病防控服务、农产品营销服务、基础设施管护服务、劳动力转移服务及金融保险服务等（郝爱民，2011；刘强等，2016）。农业生产性服务在产业链上包括产前、产中、产后三个环节，产前主要是农用物资的生产供应等服务，产中包括植保货物防疫服务、新技术推广和应用服务、信息咨询服务等，产后包括农产品供求信息、质量评价、收购运输和销售等服务（吴宏伟等，2011）。

　　本研究将农业生产性服务界定为：以营利为目的，在农业（仅指种植业）生产环节中提供的所有产前、产中、产后的要素供给服务、生产经营服务和粮食销售服务（赵玉姝，2013），具有经营性、专业性、全程性等特点的市场化、产业化服务。

　　（2）农业生产性服务类型界定

　　目前关于农业生产性服务的分类有很多，从服务主体上分类可以分为四种：政府带动型、农业专业组织带动型、企业带动型和市场带动型（肖卫东等，2012；姜长云，2011；杜志雄，2013）。

　　其中市场带动型主要表现为：一是加强农产品综合贸易市场建设，以农产品批发市场为平台，通过合同契约的方式，批发市场与小农户、大农户或者农业合作组织进行合作，批发市场提供产销一体化经营的服务；二是新型的农业服务公司市场化运作模式，这就是在家庭联产承包制的不变前提下，由目前的"家庭式经营"转变为"企业式经营"，通过企业运作模式，实现农业种植或生产的标准化和体系化（肖卫东等，2012）。本研究重点研究市场化运作模式下的农业生产性服务。

　　本研究从农业生产性服务业的经营性服务方面进行分类，按照服务环节的不同，将农业生产性服务分成两种类型（图3-1）：一种是部分生产环节托管服务（简称部分环节服务），也称为服务外包或生产环节外包，是指在农户生产过程中提供耕、种、防、收某一环节的服务；另一种是全程生产环节托管服

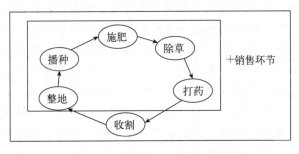

图3-1　农业生产性服务不同服务类型示意

务（简称全程托管服务），是指在不流转土地的情况下，将农业生产的耕、种、防、收的全部环节委托给服务组织进行统一管理的一种农业生产经营方式（孙晓燕等，2012）。

全程托管服务是本研究的重点。这是一种新型的服务类型，目前市场上通常叫作土地托管服务等，其服务内容多样，包含了产前、产中、产后的众多服务，是目前新型的农业生产性服务业中典型的服务形式。其中全程托管服务包括整地、播种、施肥、除草、打药、收割环节，根据实际情况，这里并不必然包括收割环节。

值得注意的是，本研究以玉米生产为例，目前农业生产性服务特别是全程托管服务主要针对玉米种植作物，因为玉米种植作物生产环节简单，如图 3-1 所示，其生产环节可以达到全程机械化的标准，可进行标准化生产，因此目前农业生产性服务在玉米生产服务经营方面发展迅速，具有实际研究意义。

3.1.2 交易费用

广义的交易费用发生在存在利益冲突的人与人之间的社会关系中，并受到制度框架的约束，是无处不在的。而本研究基于交易费用理论，结合研究的实际问题，主要关注影响交易费用存在的因素以及契约过程中产生的"交易费用"，为在文字上加以区分，本研究的交易费用分别从威廉姆森分析范式下的"交易特性"和契约过程产生的"交易成本"两个方面进行刻画。

（1）威廉姆森分析范式下的"交易特性"

在研究交易费用概念前，首先要了解什么是交易。交易发生意味着某种物质从一种技术边界转移到另一种技术边界，标志着一个行为阶段的终止与另一个行为阶段的开始（Williamson，1985）。

威廉姆森从交易的维度进一步将交易细分为资产专用性、不确定性程度以及交易频率。其中，资产专用性指的是对某项特殊交易进行耐久性投资，且这种投资很难转移到其他交易上；不确定性指的是环境不确定性与交易双边行为的不确定性，环境不确定性主要指未来市场的不确定性，行为的不确定性是指由于策略性的隐瞒或信息的扭曲导致机会主义行为产生而引起的现象，且行为的不确定性是威廉姆森主要强调的交易维度；交易频率指的是交易在时间轴上可分为一次、数次及经常三类情况，交易频率不仅影响交易成本与收益，还影响组织制度的选择。威廉姆森认为在完全竞争环境下，现实世界中的交易很难进行，且交易行为会受资产专用性程度、不确定性程度及交易频率独立或组合的影响。由于威廉姆森分析范式来源于"工厂化"企业的运作情景之中，其对受自然力影响和存在生命现象的交易活动并不适用（胡新艳等，2015a）。同时，交易特性在农业活动与工业活动中存在明显差异，且劳动分工与交易的多样性体现在农业内部活动之中（Brouthers et al.，2003；David et al.，2004）。

因此，本研究结合农业特性，在威廉姆森分析范式的基础上，将交易特性修正为资产专用性、风险性和规模性（何一鸣等，2019；何一鸣等，2011）。农户面临交易特性的不同会限制其交易行为，交易特性的定义在本研究第五章和第六章中具有重要意义。

（2）契约过程的交易费用即"交易成本"

交易费用概念是科斯在"市场交易成本"概念的基础上拓展而来，他认为交易费用是由度量、界定、保障排他性权利、发现交易对象和交易价格、签订交易合同以及监督契约条款履行等产生的费用组合而成，即交易费用是指谈判、签约和履行合同的费用。另外，科斯认为交易架构应包含契约，也可将契约问题等同于组织制度问题，从而可以从契约的角度来阐述交易费用。

威廉姆森在科斯的观点上提出交易费用按照契约的标准可分为"事前的"和"事后的"两类。签订契约、规定双方权利与责任所产生的费用定义为事前的交易费用；签订契约后，为解决契约本身的问题而产生的费用定义为事后的交易费用。

之后，多数相关研究从契约的角度来解释交易费用概念。达尔曼（Dahlman，1979）认为交易费用是由寻求信息成本、讨价还价和决策费用、契约成本以及监督和执行成本组合而成；马修斯（Matthews，1986）将交易费用定义为事前准备合同费用和事后监督及执行费用；考特认为狭义的交易费用指一场市场交易在完成过程中所需花费的成本，广义的交易费用指制定谈判策略、谈判过程及防止谈判失败等过程所需的成本。具体关于交易费用的定义及解释如表 3 - 1 所示。

表 3 - 1 交易费用定义及解释

学者	分类	解释
Williamson（1985）	事前交易费用	包括签订合约、讨价还价（谈判）、保障合约执行等成本
	事后交易费用	由于合约的不适应性产生的成本
Dahlman（1979）	搜寻信息成本	搜集商品信息与交易对象相关信息的成本
	协商与决策成本	与制定合约、价格、品质相关的讨价还价，并最终作出决策等产生的成本
	契约成本	交易双方达成协议准备进行交易时，签订契约并对契约内容进行协商产生的成本
	监督成本	为了预防交易双方产生违背契约的行为，在签订契约后，交易执行过程中，交易双方互相监督产生的成本
	执行成本	交易双方签订契约后，交易双方对交易商品进行必要的检验，以确定对方是否遵守规定执行发生的成本

（续）

学者	分类	解释
Matthews（1986）	事前交易费用	事前准备合同等发生的成本
	事后交易费用	事后对交易双方的监督及强制合同执行的费用
考特	狭义交易费用	完成一项市场交易所需花费的时间和精力
	广义交易费用	协商谈判和履行协议所需的全部资源

从上述分析中可以看出，在早期的研究中，学者们常常将"交易费用"和"交易成本"混为一谈，但其所传达的概念都是指契约过程中产生的交易的费用支出，而有研究指出交易成本是用来明确交易单位特征及衡量实施契约成本的（张五常，1999）。因此，为了区分交易费用与交易成本的概念，本研究将"交易成本"替代"交易费用"运用于探讨农户为节约交易费用对契约选择的不同行为。也就是说，本研究的交易成本定义为交易前的搜寻信息成本、交易中的谈判成本和交易后的监督执行成本。其中搜寻信息成本（后文简称信息成本）是指农户在寻找潜在的农业生产性服务对象过程所支付的相关信息成本；谈判成本是指农户与农业生产性服务者在议价、谈判、决策以及作出决策等交易过程中所产生的费用；监督执行成本（后文简称执行成本）是指双方在契约签订以后，农户执行契约过程中，为了确保服务质量进行必要的监督、检验等行为而产生的费用。本研究的第七章内容主要围绕契约过程的交易成本定义展开研究。

3.1.3 契约选择

本研究对农户农业生产性服务契约选择分别从农户农业生产性服务契约类型选择和契约稳定性两个方面进行研究，因此分别从契约类型和契约稳定性进行概念界定。

（1）契约类型的分类

契约，俗称合同、合约或协议。契约从现代法律经济学的角度理解为对资源流转方式的一种制度安排，对交易双方的关系、权利与义务进行明确的规定（卢现祥等，2017）。在现代经济学中契约的概念比法律上的契约概念更为广泛，从广义上可以分为正式和非正式契约（口头契约）、显性和隐形契约、激励契约、自我履约协议、第三方履行契约、关系性契约。

本研究的契约主要是指正式契约与非正式契约（口头契约），借鉴 Klein（2000）的研究，将正式契约定义为成文契约规定的完备契约，将非正式契约定义为契约当事人或仲裁者由于无法控制环境的不确定性以及信息的不对称性导致交易可能转向自我实施的契约行为（Klein，2000；Telser，1980）。因此，正式契约和非正式契约存在着替代关系，在实际调研中也发现，正式契约和非正式契约（口头契约）并不悖行。在不同约束条件下，农户会选择不同类型的契约形式是研究的重点。

（2）契约稳定性的界定

稳定是指在一定的时间内、一定的环境下不会轻易发生变化，是一种状态。稳定的关系意味着契约双方实现共赢，并通过合作使双方价值最大化（刘益等，2009）。目前，对于契约稳定性的量化并没有统一的标准，主要是定性研究和单一定量分析。通过对相关文献的梳理，发现学者从以下几个方面来表示契约稳定性：一是违约或履约，多数学者认为履约率或者违约率越高代表稳定性越低（徐忠爱，2011）；二是续约，续约率高代表稳定性高，续约率低代表稳定性低（邓宏图等，2002；郭斌等，2013）；三是契约形式，学者们普遍认为书面契约比口头契约要更稳定一些（安海燕等，2015）；四是契约期限，长期契约比短期契约更能体现契约的稳定性（姚洋，1998；邹宝玲等，2016）；五是满意的合作剩余分配关系，稳定的交易意味着交易双方对交易的合作剩余分配关系是满意的（万俊毅等，2011）。

契约理论强调契约实施的稳定性主要受契约期限长短以及预期行为影响。因此，本研究借鉴学者的相关研究，结合现实情况，将农业生产性服务契约稳定性理解为农户选择农业生产性服务后所达成的亲密稳定的契约关系，并用续约意愿和契约期限来进行衡量。

3.2 农业生产性服务产生的理论分析

本部分构建"经营权细分—分工深化—交易费用—契约匹配"分析框架，探明农业生产性服务的本质是分工这一观点，由分工产生的交易费用促使农业生产经营者选择适宜的服务路径，并进行最优的契约安排，从而实现生产报酬递增，提高生产效率。本节由两部分内容构成，第一部分从理论上阐述论文整体的分析框架，第二部分构建模型来进一步说明农业生产性服务产生的原因。

3.2.1 农业生产性服务产生的本质

农业生产性服务作为一种生产经营新方式产生并迅速发展，是农业社会化服务的强力推动，失衡低效的农业资源要素配置反向倒逼的结果。追踪其发展根源，农业生产经营从传统封闭的自给自足到相对开放的一体化，再到深度分工的外包化，这一组织变迁必然有其背后的理论内涵和演进逻辑。

（1）逻辑基石：分工与专业化

分工最初是从交换中产生的，每个人把自己劳动产品中自己消费不了的剩余部分去交换所需的他人劳动产品的剩余部分，这样就使每一个人更专注从事一种专门的职业。亚当·斯密（1776）最先提出分工理论，他认为：第一，通过分工可以提高生产者的熟练程度、节约不同生产环节转换过程中的时间成本以及提升生产率；第二，分工后培养和完善了从事这一职业的人的才能和天赋，也就是说使人更具有专业性；第三，分工产生的原因是交换，分工受市场范围大小的限制。马克思（1867）随后提出分工是一种组织制度，并认为协作是分工最重要的环节，分工基础上的协作可以形成集体形式的生产力，从而提高社会生产率以及经济发展水平。马歇尔（1964）将报酬递增分为内部规模经济和外部规模经济。Young（1928）认为分工水平高低才是经济增长的决定力量，其认为报酬递增主要来源于两个方面：一是专业化经济即每个人专业化程度加深而带来的生产率的提高；二是分工经济与网络效应，也就是说报酬递增必然要求不同个体或产业之间形成相互联系和交换关系，通过产业间的相互协调、合作以及迂回生产链条的不断加长，产生生产最终产品的效率不断提高的效果。因此，专业化分工是报酬递增的源泉。

亚当·斯密（1776）曾认为"农业劳动生产力的增进，总赶不上制造业劳动力增进的主要原因，也许就是农业不能采取完全的分工制度"。随着农业生物技术、机械技术、信息化技术等的发展，农业生产劳动的可分性得到改善，经营权逐渐细化，促进了农业产业内部分工，产生了农业生产中的横向分工和纵向分工①，这为农业生产提供了更多的可能性。首先，农户购买农机转换可以为市场提供的中间品服务，可以使家庭经营卷入社会化分工并扩展效率生存空间；其次专业化组织的信息搜集与处理优势可以缓解农业生产中存在的信息不规则性问题，同时专业化形成的资产专用性与服务市场的竞争性能够有效减小监督成本。经营权细分和交易将农业生产性服务进行重组，使原本自给自足的农户生产活动转向购买专业服务，进而衍生出专业化服务市场。

（2）路径选择：交易费用的约束

分工与专业化理论并未重视分工中隐含的交易成本（罗必良，2017），在分工理论的进一步探索中，科斯、威廉姆森等新制度经济学代表人物在此基础上着重引入了交易费用约束进行分析，补充这一重要研究。他们认为分工带来的规模经济效益是存在边界的，并不能无限增长。分工越深化，交易频率及交易规模越随之增长，从而内生出高昂的交易费用（罗明忠等，2019）。威廉姆森（Williamson，1985）在分析市场交易费用和生产组织形式间的动态匹配关系中发现，在分工不断深化的过程中，交易费用会损耗分工产生的经济收益，从而抑制分工的进一步拓展。基于此可以看出，分工的边界取决于交易费用，当分工带来的交易费用大于其产生的经济效益时，分工就会停止（杨小凯等，

---

① 横向分工是指不同品种农作物之间的分工，纵向分工则是指整地、播种、施肥、除草、病虫防治、收获等不同生产环节的专业化分工。本研究重点关注纵向分工，也就是农业生产性服务。

1999)。由此，在交易费用的约束下，农业经营主体匹配恰当交易类型是重要的路径选择。

从农业生产性服务交易概念出发，交易类型可以分为三种，即自我服务、部分环节服务和全程托管服务，其中部分环节服务和全程托管服务由纵向分工的程度而定。农业生产性服务在促进服务规模经济、提高迂回生产效率的同时，也受到来自交易后产生的交易费用的约束。而影响交易的因素可以根据修正的威廉姆森分析范式交易特性（资产专用性、风险性、规模性）来进行衡量，在比较交易费用的大小后，进行适宜的农业生产性服务类型的选择。

（3）关键问题：契约匹配

契约理论按照发展脉络可分为古典契约理论、新古典契约理论和现代契约理论。现代契约理论中的契约可分为完全契约与不完全契约，完全契约是指交易双方在完全了解契约存续期内所有可能发生事件的前提下，一旦签订契约，双方不会违约，如果存在对契约内容有争议的情况，同意由第三方来调解与仲裁。不完全契约是指由于人的有限理性、环境的不确定性以及信息的不对称性，契约签订双方无法获取所有契约的相关信息，因此，这种情况下签订的契约就是不完全的。

完全契约理论的代表是委托—代理理论，强调事前激励契约设计对代理人约束的重要性。不完全契约理论主要分为两个学派：一是以威廉姆森为主要代表的交易费用经济学理论学派，主张在契约不完全的情况下，比较各种不同的治理结构来选择一种最节约事前交易费用和事后交易费用的制度，也称交易费用学派；二是以哈特为代表的产权理论学派，强调事前投资激励的重要性，也称新产权学派，但是目前关于 GHM 模型的事后完全缔约假设备受争议（Hart et al.，2008），不完全理论仍在不断探索中。

在契约理论框架下，农业生产性服务可以简单理解为"农业生产经营主体（如农户）签订有关生产环节农事作业服务的外部供应契约完成过去在内部进行的经济活动"，是主体内部契约转外部市场契约的过程，即重新划定市场和主体经营边界。同时，基于委托—代理理论视角，农业生产性服务显然是一种典型的委托代理行为，委托方即农户将生产环节农事活动的操作及管理委托给代理方即农业生产性服务主体代为执行。农业生产性服务的委托代理关系中，委托方鉴于"道德风险"等风险考量，往往需要对代理人服务行为及其效果进行监督。事实上，由于农业生产服务活动自然再生产属性的刚性特征及其服务过程中可能存在的信息不对称等柔性盲点，委托方对代理方服务行为及其效果的监督难度较大且成本较高，同时在农民谈判地位及能力偏低的情况下，双方的利益分配可能存在不公平现象，对服务双方的行为关系构成双重威胁。因此，在该行为模式下，利益的分配与风险的监管至关重要，而维系稳定这一委托代理关系的重要载体就是体现委托代理双方协商意愿的契约协议，由此，农业生产性服务的关键环节在于契约选择，如何设计并选择使用合理且双方赞同的服务契约是农业生产性服务发展的核心问题，也是本研究讨论的核心。

基于上述分析，分析框架思路如图 3-2 所示。

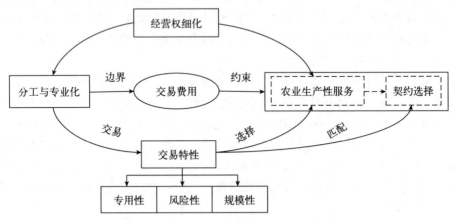

图 3-2 农业生产性服务产生理论分析逻辑

3.2.2 农业生产性服务产生的现实选择

农业生产性服务的产生在现实中是多元参与主体在自身资源禀赋和外在约束条件下，降低风险、提高收益、相互博弈以及妥协和合作的结果（于海龙等，2018）。其中多元参与主体包含两类：一类是农业生产性服务的需求者，主要指农户，他们是土地要素的所有者（承包者）；另一类是农业生产性服务的供给者，如市场化服务主体和新型服务组织等。对于农业生产性服务是如何进行演化的，下面分别从需求方和供给方两个方面进行分析（图 3-3）。

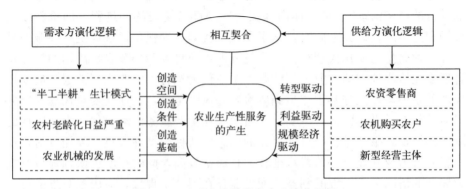

图 3-3 农业生产性服务产生演化逻辑

（1）需求方角度的演化逻辑

第一，兼业化农户"半工半耕"生计模式，为农业生产性服务发展创造了空间。兼业化农户是通过外出就业或打零工来获得收入的农户，同时需要通过"半耕"来降低生活成本、实现家庭再生产和供养老人。所以对于兼业化农户来讲劳动力的时间成本尤为重要，特别是农业生产的季节性和时效性特征又加剧了对时间的要求，通过农业生产性服务，减少了农户农业生产的投入时间，缓解了劳动力与土地之间的紧张关系，为农业生产性服务创造了产生的空间。

第二，劳动力转移和农村老龄化的日益严重，为农业生产性服务创新创造了条件。随着我国工业化和城镇化的加速发展，农村劳动力逐渐向非农部门转移已然成为一种普遍现象。根据国家统计局发布的 2018 年农民工监测调查报告，我国农民工数量已超过 2.88 亿人。其中，50 岁以下的农民工占比 78%，男性占比 65%，侧面反映出农村劳动力的流失多以青壮年男性为主（胡凌啸等，2019）。大量的劳动力外流，使留守在农村的老人农业劳动时间增加，同时也造成了巨大的身体负担。农业生产性服务的出现，恰好缓解了农村老龄化、种地难的问题，这种农村生产劳动力的缺失现状，为农业生产性服务的创新，以及农业全程托管的发展创造了条件。

第三，规模户的约束与农业机械化的发展，为农业生产性服务市场的发育创造了基础。规模化经营一直是我国现代农业发展的重要方向，在服务规模产生之前，唯一扩大规模的方式是土地流转。然而，土地流转实行了多年，并没有改变我国农业小农户"一亩三分地"的现状。其中有一个很重要的原因是，对于一定规模的农户而言，由于经营规模差异而产生的生产力、生产方式和生产关系方面的不同，使其需要根据气候、农时、水情对农业生产及时作出正确的判断和处理，否则将面临巨大的经济损失，同时，年年高涨的租金也成为约束规模户想要扩大规模的另一种阻碍。我国农业机械化的快速发展，特别是农机购置补贴的实施，推动了农机服务市场的发育，为规模户实现规模经济创造了新的"服务规模"，为农业生产性服务市场的发育创造了基础。

（2）供给方角度的演化逻辑

农业生产性服务主体的演化主要来源于三个方面：节约农资的零售商转型驱动、农机购买农户的利益驱动、新型经营主体的规模经济驱动。

节约农资的零售商转型驱动。在现实调研中发现，农资零售商在农业现代化进程中扮演着重要的角色，他们与农民的物理距离最近，发挥着农业服务"最后一公里"的功能（朱磊，2018）。然而随着农资销售商竞争逐渐激烈，同时赊销问题严重，农资零售商从单纯的农资销售转变为农资服务、农机服务、销售服务等农业综合性服务，最终实现了农业生产性服务尤其是全程托管服务这种规模经营模式。这种转型有两点原因：第一，农资市场门槛较低，越来越多的零售商进入农资市场，导致市场竞争加剧，同时许多农资经销商为增加市场份额，开始直接对接农户（何刚龙，2014）。这时通过转型农业生产性服务，可以在提供服务的同时销售自己家的农资，与农户建立稳定的合作关系，减小市场变化引起的不确定性。第二，农资零售商可以通过转型农业生产性服务，降低交易费用。在以往的农资供应商与农户市场交易过程中，由于面对众多的小农户，交易成本会非常高，而且农户在购买农资的时候赊销现象十分普遍，造成很多资金压力，通过农业生产性服务纵向产业链的整合，服务主体和农户形成稳定的合约关系，可以避免农资赊销问题，降低交易成本。

农机购买农户的利益驱动。在有农机服务以前，农业生产活动主要依靠人力和畜力来完成，对现金成本的需求较小。随着机械化的推广，农机对劳动力的替代减轻了农业劳动强度的同时，也使农业生产的成本攀升（陈义媛，2019）。对于购买农机的农户来说，其一，农机快速的更新升级使其不得不考虑如何在短时间内收回成本，否则将损失投入机械的成本；其二，随着国家对规模经营和保护性耕作补贴政策的实施，部分农机购买商抓住了先机，在提高规模经营效益的同时，追求服务收益最大化，开展的业务逐渐多种多样，由最开始的单一环节服务拓展到多环节、全程托管服务。

新型经营主体的规模经济驱动。从前文政策背景分析中可以看到，在近10年的中央1号文件中，多次提到支持和培育新型经营主体，充分发挥多种形式适度规模经营在农业机械和科技成果的应用，可以看出，培育新型经营主体，是发展农业适度规模、促进规模经济的重要途径。然而，针对规模经营的研究发现，规模经营并不是越大越好，粮食生产的自然风险、市场风险、政策风险完全由经营主体承担，同时，土地租金逐渐上升，无疑又增加了经营者的资金压力，由此，在破解规模经济的问题的过程中，踏出了一条服务规模经济的道路，在获取规模经济带来的红利的同时，降低经营成本，规避风险。

由上述分析可见，农业生产性服务的产生是多元主体相互契合的结果。一方面契合了农户对乡土情结的需求，牢牢地掌握土地的经营权，同时缓解了劳动力转移的压力；另一方面契合了农资零售商、农机购买农户以及新型经营主体等对现有状态的转型，完成了对利益最大化的驱动，并且作为和农户接触的第一人，具有先天优势，更容易获取农户的信任，为其发展农业生产性服务奠定了基础。

3.2.3 农业生产性服务产生的数理模型分析

农业生产性服务是市场分工达到一定程度时的产物，它以分工为基本前提条件，通过市场交易实现生产经营效率的提升，充分体现了分工内涵。杨小凯等（1999）在假设生产者与消费者统一、消费者偏好多样化等前提下，构建超边际一般均衡分析框架，探讨了分工与专业化理论，农业科技进步与管理的创新为分工与专业化理论在农业生产经营中的应用提供了条件（阿林·杨格等，1996；罗必良等，2008）。本部分借鉴杨小凯等（1999）、庞春（2010）基于分工经济、交易费用与经济组织变迁的新兴古典一般均衡分析框架，构建超边际分析模型分析农业生产性服务产生逻辑。

（1）构建模型假设

假设在农产品市场有 M 个农户，其中农户可以进行生产，也可以提供农业生产性服务。构建效用函数及约束条件如式（3-1），且效用函数为严格准凹函数，代表凸性偏好。

$$U=(x+kx^d)(r+kr^d) \qquad (3-1)$$
$$\text{s.t.} \qquad l_x^a=x+x^s,\ l_r^a=r+r^s \qquad (3-2)$$
$$l_x+l_r=1 \qquad (3-3)$$
$$p_xx^s+p_rr^s=p_xx^d+p_rr^d \qquad (3-4)$$

其中，x、x^d 和 x^s 分别表示农户生产农产品的自给量、需求量和销售量。r、r^d 和 r^s 分别表示自给自足的农业生产性服务、需求购买的农业生产性服务和为别人提供的农业生产性服务。k 为交易服务效率，则 $1-k$ 为交易费用系数。

式（3-2）、式（3-3）和式（3-4）分别表示生产函数约束、时间约束和预算约束。其中 l_x^a、l_r^a（$a>1$）为 x、r 的专业化水平，a 为专业化经济程度参数。p_x、p_r 分别代表农产品价格和服务价格。

（2）分工模式与均衡分析

根据上述假设，并遵循"文定理"[①]，可以进一步分析三种分工结构模式。

① 自给自足模式。在自给自足模式下，农户没有进行市场交换，此时，$x^d=x^s=r^d=r^s=0$，农户最优决策为

$$\max U=xr \qquad (3-5)$$
$$\text{s.t.} \qquad x=l_x^a,\ r=l_r^a \qquad (3-6)$$
$$l_x+l_r=1 \qquad (3-7)$$

由式（3-5）、式（3-6）和式（3-7）得到均衡解为 $l_x=l_r=\dfrac{1}{2}$，$x=r=\left(\dfrac{1}{2}\right)^a$，最大化效用为 $U_a=2^{-2a}$。

---

① 最优决策不会卖一种以上产品，不会同时买和卖同种产品，不会买和生产同种产品。对此文枚（1996）进行了严格的证明，被杨小凯命名为"文定理"（杨小凯，1988）。

② 专业化生产模式。当发生专业化生产模式时，有两种专业化模式：一种是农户生产农产品同时购买农业生产性服务，记作 x/r；另外一种是农业生产性服务时，对农产品有需求，记作 r/x。分别求均衡解如下：

第一种模式 x/r，此时最优决策为

$$\max U_x = xkr^d \qquad (3-8)$$
$$\text{s. t.} \qquad x + x^s = l_x^a, \quad l_x = 1 \qquad (3-9)$$
$$p_r r^d = p_x x^s \qquad (3-10)$$

由式（3-8）、式（3-9）和式（3-10）得到均衡解为 $x^s = \dfrac{1}{2}$，$r^d = \dfrac{p_x}{2p_r}$，最大化效用为 $U_x = \dfrac{kp_x}{4p_r}$，此时专业化水平为 $l_x = 1$，$l_r = 0$。

第二种模式 r/x，此时最优决策为

$$\max U_x = rkx^d \qquad (3-11)$$
$$\text{s. t.} \qquad r + r^s = l_r^a, \quad l_r = 1 \qquad (3-12)$$
$$p_r r^s = p_x x^d \qquad (3-13)$$

由式（3-11）、式（3-12）和式（3-13）得到均衡解为 $r^s = \dfrac{1}{2}$，$x^d = \dfrac{p_x}{2p_r}$，最大化效用为 $U_r = \dfrac{kp_r}{4p_x}$，此时专业化水平为 $l_x = 0$，$l_r = 1$。

根据上述不同模式的讨论，得到角点均衡信息，如表3-2所示。

表 3-2　三个角点均衡信息

	角点需求	角点供给	效用最大化	自给量	专业化水平
自给自足	0	0	$U_a = 2^{-2a}$	$x = r = \dfrac{1}{2}$	$l_x = l_r = \dfrac{1}{2}$
x/r	$r^d = p_x/2p_r$	$x^s = \dfrac{1}{2}$	$U_x = kp_x/4p_r$	$x = \dfrac{1}{2}$	$l_x = 1$，$l_r = 0$
r/x	$x^d = p_x/2p_r$	$r^s = \dfrac{1}{2}$	$U_r = kp_r/4p_x$	$r = \dfrac{1}{2}$	$l_x = 0$，$l_r = 1$

由上述分析可知，当 $U_x > U_a$ 时，农户会选择专业化生产，在进行农产品生产的同时购买农业生产性服务，可以腾出更多的时间进行其他经营，反之，农户会选择自给自足；当 $U_r > U_a$ 时，农户愿意在进行自我服务的时候，生产更多的农产品，成为更专业化的种植大户，否则愿意自给自足。

进一步考虑交易费用与分工之间的关系。令 $k_0 = 2^{2(1-a)}$ 代表交易服务效率阈值，当 $k < k_0$，$1-k > 1-k_0$，即交易费用足够高时，农户会选择自给自足，此时，$U_x < U_a$，$U_r < U_a$，达到自给自足的均衡条件；当 $k > k_0$，$1-k < 1-k_0$，即交易费用足够低时，分工带来的好处大于分工引起的交易费用，农户会采用

专业化模式，达到均衡状态，此时农产品生产通过市场交易实现产品内分工，将农事活动的生产性服务卷入市场交易，产生分工经济，拓展生产与交易链条。

3.3 交易费用对农户农业生产性服务选择行为的理论分析

3.3.1 经典理论分析下服务外包决策的交易费用理论模型

科斯在 1937 年《企业的性质》中首次提出"交易费用"这一概念。企业作为市场的替代物，作为一种不同于市场的交易组织，其产生和存在说明了市场交易费用的存在，企业内部交易可在一定限度内有效降低市场交易费用，而企业不能完全替代市场说明企业内部交易同样存在成本（组织成本），交易费用又是企业规模的限制因素。可见，市场与企业二者之间存在可替代性，而替代产生的依据便是交易费用与组织成本之间的比较。

威廉姆森（Williamson，1985）在科斯交易费用理论的基础上，借助资产专用性对企业与市场以及中间治理结构的选择作出了进一步解释，其认为，市场治理与企业治理的选择主要取决于两个因素：交易费用（治理成本）的高低与生产成本的差别。

根据上述理论背景，构建如下分析模型：

假设 1：无论是市场治理还是企业治理都是由交易费用和生产成本组成。

假设 2：假定企业生产成本相同，如果企业内部供应扩大，会增加支付高组织的管理成本，若从市场获取会支付交易费用。

当企业在纵向一体化结构下，企业的总成本表示为

$$C = C_A + C_M \tag{3-14}$$

其中，C_A 表示企业的生产成本，C_M 表示企业的管理成本。

当企业进行服务外包时，企业的总成本表示为

$$C = C'_A + C_T \tag{3-15}$$

其中，C'_A 表示企业外包成本以外的成本，C_T 表示外包服务产生的交易费用。

由此，在假设 2 背景下，判断企业外包条件只需比较 C_M 和 C_T 的大小关系，具体见图 3-4 服务外包决策理论模型。

假设企业业务量为 Q_0，从图 3-4 可以看出，Q_1 是

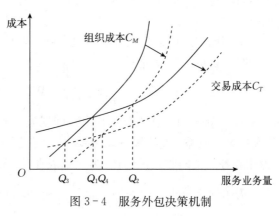

图 3-4 服务外包决策机制

临界值。当 $Q_0 < Q_1$ 时，可以看出交易成本高于组织成本，即 $C_T > C_M$，这种情况下，可以判断出企业为了减少交易费用更倾向于选择实行纵向一体化；当 $Q_0 > Q_1$ 时，组织成本将高于交易费用，即 $C_M > C_T$，采取服务外包方式可有助于降低成本，这时企业就会打破边界，采取外包策略。

然而，Q_1 临界点不会固定不变，它的变化有三种可能。第一，随着企业内部管理水平的提升，Q_1 会发生变动，当企业提高内部领导力等管理技能，企业的组织成本会降低，从图 3-4 可以看出，由原先曲线 C_M 向右下方移动，临界点也由原来的 Q_1 提高到 Q_2，这时企业服务业务量在 Q_1 和 Q_2 之间，会选择纵向一体化。第二，随着服务外包市场规模的扩大，服务外包成熟后会降低服务外包的交易费用，使原先曲线 C_T 也向右下方移动，临界点由 Q_1 下降到 Q_3，这时企业服务量在 Q_3 和 Q_1 之间，会继续选择服务外包。第三，曲线 C_M 和 C_T 同时移动时，临界值为 Q_4，这时 Q_4 和 Q_1 的大小就取决于组织成本和交易成本分别下降的浮动程度。

3.3.2 交易费用在农户农业生产性服务行为中的理论应用

上文基于经济学原理阐述服务外包决策与交易费用的关系，接下来具体从农户角度构建分析框架，分析交易费用在农户选择农业生产性服务行为中的影响。

在不考虑交易费用的环境下，农户选择农业生产性服务行为主要依据的是农业生产性服务雇佣价格。但在实际农业生产性服务中，交易费用的存在通过增加农业生产性服务交易成本进而影响农户的选择。据此，分别在不考虑交易费用和考虑交易费用两种情形下进行比较分析。

（1）不考虑交易费用的情形

假设一个竞争性的农业生产性服务市场，玉米生产由整地、播种、施肥、田间管理和收割 5 个环节构成，服务环节数为 n，$n = 1，2，\cdots，5$，单位环节、单位劳动力的农业生产性服务价格为 P，农地面积为 A，农地分为 t 块，由于本研究重点考虑农业生产性服务市场，所以假设不存在农地流转市场，即农地租金为 0。

假定理性农户以家庭收益最大化为目的，且存在非农就业市场，不考虑交易费用时，目标函数设置为

$$\max \pi = t \left(\frac{L_0}{t}\right)^\alpha \left(\frac{A}{t}\right)^\beta + W(L - L_0) - L_0 Pn \qquad (3-16)$$

其中，$\alpha + \beta = 1$，代表技术约束，即规模报酬不变。A 代表土地资源约束，π 为农户家庭收益，L 为家庭总劳动力，L_0 为购买农业生产性服务的劳动力，W 为非农务工工资收入，$L_0 Pn$ 为家庭农业生产性服务费用。t 是农户家庭地块数，为了便于分析，此处假设每个地块面积相等且同质，$\frac{L_0}{t}$ 和 $\frac{A}{t}$ 表示每块

地劳动投入和面积，$\left(\dfrac{L_0}{t}\right)^{\alpha}\left(\dfrac{A}{t}\right)^{\beta}$ 表示每块地产出，$t\left(\dfrac{L_0}{t}\right)^{\alpha}\left(\dfrac{A}{t}\right)^{\beta}$ 为家庭所有

土地的产出总和。$W(L-L_0)$ 为非农收入。

由劳动力的一阶条件可知，在劳动力配置最优的情况下有

$$\frac{\partial \pi}{\partial L_0}=\alpha L^{\alpha-1}A^{\beta}-W-Pn \qquad (3-17)$$

根据边际法则，农户在边际购买劳动力务农收益和边际务农机会成本相等时决定购买劳动力的投入量。为了便于分析，绘制图 3-5，农户在 $MRL_0=W+Pn$ 的情况下决定购买劳动力的投入量 L_0。

（2）交易费用对农户农业生产性服务选择行为的影响

当考虑交易农业生产性服务时存在的交易费用 C[①]，此时购买农业生产性服务的劳动力变为 L_1，则有目标函数

$$\max\pi=t\left(\frac{L_0}{t}\right)^{\alpha}\left(\frac{A}{t}\right)^{\beta}+W(L-L_1)-L_0(P+C)n \qquad (3-18)$$

此时，农业劳动力投入实现最优配置，即

$$\frac{\partial \pi}{\partial L_1}=\alpha L^{\alpha-1}A^{\beta}-W-(P+C)n \qquad (3-19)$$

在图 3-5 的基础上加入交易费用（图 3-6）。此时农户在 $MRL_1=W+(P+C)n$ 的情况下决定购买劳动力的投入量 L_1。由于 $(P+C)n>Pn$，所以有 $L_1<L_0$。也就是说，当存在交易费用时，会抑制农户对农业生产性服务的选择。

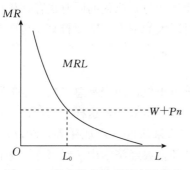
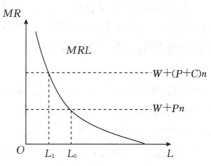

图 3-5　不考虑交易费用边际劳动　　　图 3-6　考虑交易费用边际劳动

3.4　交易费用对农户农业生产性服务契约选择的理论分析

3.4.1　农户农业生产性服务契约选择约束因素分析

契约是人类社会交易日益繁荣的结果，随着交易模式和组织发展得日益复

---

① 此处交易费用是指威廉姆森分析范式下的交易特性，会增加农户的隐含成本。

杂。按照现代契约理论的观点，所有市场交易，无论长期还是短期，显性还是隐性，都被看作一种契约关系（黄祖辉等，2008）。在契约理论发展的过程中，不完全契约理论占据了主流，成为契约研究的前沿领域。不完全契约理论认为，由于个人的有限理性、环境的复杂性及不确定性等因素的存在，当事人在订立契约时无法将未来的所有可能情况均列示于契约当中，因而完全契约在现实中难以实现。交易费用、有限理性、不确定性和信息不完全性的契约不完全作用机理，为理解信息不对称、不确定性和风险约束下的市场非均衡提供了新的视角（Simon，1957）。本研究借鉴张五常（2000）"契约是如何被选择和实施的"问题意识，在农业生产性服务过程中，进一步研究契约是如何安排，如何形成稳定关系的。

在农业生产经营中，农户之所以会购买农业生产性服务，缔结各种不同形式的合约，其出发点是对潜在利润的需求，对于契约安排可能存在以下几个方面的影响：

（1）交易环境的信息不完全性

行为主体决策时会受到各种约束条件的限制，只能实现有限理性。农业生产性服务是一种典型的委托代理行为。逆向选择和道德风险是委托—代理机制设计的最大难题，其中逆向选择问题是事前的信息不对称，而道德风险问题是事后的信息不对称。在农业生产性服务契约选择过程中，农户要避免服务主体可能存在的机会主义倾向行为导致的道德风险问题。尤其是，全程托管服务组织都是不熟悉的公司或合作社，在实现农业生产与专业化的同时也存在机会主义倾向行为，一旦不遵守合约，农户将面对巨大的损失，即便打官司也要支付高额的交易费用，农户很难承受。

（2）交易费用

交易费用理论认为，交易是最基本的分析单位，而交易总是在一定的契约关系中进行，因此可以说契约是分析交易的最基本方法，这样一切经济关系问题都可以转化或理解成契约问题并用契约方法来研究（卢现祥等，2017）。在新制度经济学中，通常用"契约人"来代替新古典经济学中"经济人"进行研究，"契约人"不同于"经济人"最大的特点是，契约人存在有限理性与机会主义行为。机会主义行为具体表现为在交易过程中，通过不正当的手段来谋求自身利益，在这种情况下，契约人想要签订一个完全契约是不可能实现的。因此，如何在交易过程中实现契约匹配，达到双方满意，是至关重要的。研究表明，交易特性特别是资产专用性、不确定性是影响农地租约的关键因素（刘丽等，2017）。在农业生产性服务契约选择时，不仅考虑到前文威廉姆森划分的交易特性，还要考虑交易过程中的纯交易成本，如信息搜寻费用、谈判费用和执行费用。搜寻成本、再谈判成本、度量成本和契约签订承包的存在，不可避免地导致了契约不完全（Klein，2000）。不完全契约造成当事人行为可观测性和可证实性低，导致高昂的契约实施成本，加上高昂的诉讼、仲裁等交易费用（Klein，1978），契约的第三方实施是十分困难的，甚至会为了解决"敲竹杠"问题而产生新的"敲竹杠"。契约设计的目的是实现契约设计、实施和争议仲裁的成本节约，因此，交易费用会是约束农业生产性服务契约选择缔结行为的一个重要因素。

（3）服务特性和农户特征

本研究将农业生产性服务分成部分环节服务和全程托管服务，不同的服务类型，其服务形式、条约和其面对的交易特性会有差异，可能会导致农户对契约选择影响的不同。同时农户的个体特征，如风险偏好、社会网络都会对农业生产性服务契约选择产生一定的影响。在中国农村，差序格局仍然发挥着重要作用，尤其是熟人社会以协商和善意合作为基础的治理机制在农业生产性服务契约安排中起到关键影响。其中，口头契约在农业生产性服务中广泛存在的原因就是熟人社会提供了履约保障，从而降低了交易成本。这在后文会进一步讨论。

从上述分析可知，服务特性和交易特性会影响不确定性、资产专用性，同时不同契约形式也有各自的特征，这些因素共同决定了交易主体的契约选择（图3-7）。

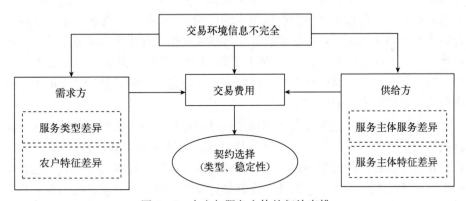

图3-7　农户与服务主体的契约安排

3.4.2　交易费用对农户农业生产性服务契约类型选择的理论分析

每一次交易都涉及一次契约安排。不同的契约安排有利于不同的交易，而不同的交易则需要不同的契约关系（张五常，2000）。契约安排的最主要功能是节约交易费用，即交易费用大小决定契约类型选择。为了考察不同的契约类型及其选择，则需要从交易的可观测属性交易特性和契约过程中产生的交易成本进行分析，具体逻辑框架分析如图3-8所示。

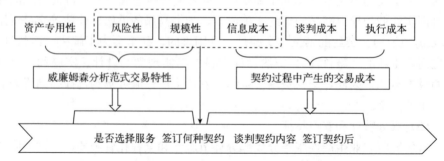

图 3-8　交易费用对农户农业生产性服务契约类型选择影响逻辑框架

根据农户农业生产的实际情况，借鉴相关文献，对威廉姆森分析范式下的交易特性修正为资产专用性、风险性和规模性（何一鸣等，2019；何一鸣等，2011）。在农业生产性服务契约类型选择过程中，资产专用性的影响不大。一般而言，资产专用性具有两方面特征。一方面，资产专用性越高，则专用性的拥有者在退出交易市场时难度越大或成本越高，一旦改作他用或者放弃使用，都会使经营主体付出高昂的"沉没成本"；另一方面，资产所具有的的专用性能够对交易活动产生"套牢"效应。在农业生产性服务选择中，农户农业资源的专用性越强，就意味着对所需的专用知识和对特殊技能的要求越高，从而较容易且能以较低的成本排斥非专业人员的使用（何一鸣等，2019），因此在考虑是否选择农业生产性服务时会产生很大的影响[①]。然而农户在农业生产性服务契约类型中的实际选择，是建立在已经选择农业生产性服务的基础上，农户的资产专用性是固定的资产成本，对于不同的契约类型，交易费用并未发生变化。但是农户面临的风险性和规模性带来的不确定性会随着契约类型的不同有变化，进而影响农户的决定。

在契约过程中产生的交易成本包括搜寻信息的成本、谈判契约的成本、监督执行成本三个方面，在后文简化为信息成本、谈判成本和执行成本。然而，农户在考虑何种契约类型的过程中，其谈判成本和执行成本均是在农户选择契约类型后才会产生的成本，因此，在其签订契约之前，搜寻信息成本是农户选择何种契约类型中需要考虑的成本因素。

根据上述分析和逻辑框架图 3-8 可以看出，交易费用中影响农业生产性服务契约类型选择行为最主要的因素为交易特性中的风险性、规模性和契约过程交易成本中的信息成本，在下文中分别进行理论分析讨论。

（1）威廉姆森分析范式"交易特性"对农户农业生产性服务契约类型选择

---

① 关于资产专用性对农业生产性服务选择行为的影响在第五章进行了详细讨论。

的理论分析

① 交易特性对农户农业生产性服务契约类型选择的理论分析。在交易费用与契约类型选择关系中，威廉姆森认为交易者会选择交易费用最小的交易机制，选择哪种交易协调机制，要根据交易过程中的特征而定，如资产专用性程度、不确定性和交易频率这些变量。图 3-9 是威廉姆森建立的一个交易契约经济学的分析模型。其

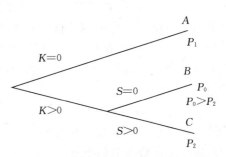

图 3-9 威廉姆森多种签约选择计划模型

中 K 代表交易中资产的专用性程度，当 $K=0$ 时，代表资产具有通用性，当 $K>0$ 时，代表资产具有专用性；S 代表保障机制的强弱程度，当 $S=0$ 时，代表契约关系没有建立保障机制，当 $S>0$ 时，代表契约建立了保障机制；A、B、C 三点分别代表这一种价格，每个价格都可以进行比较，从而揭示了交易中技术选择、经济组织和市场价格三者之间的关系。具体如下：

可以看出，分支 A 表示的是 $K=0$ 条件下的供给量，预期收支平衡价格为 P_1，此时在交易关系中，双方能够通过市场价格自由竞争，找到交易伙伴，这种情况可以采用古典契约。当 $K>0$，$S=0$ 时，在这种契约关系中，卖家进行专用性资产投资，但没有保障机制来维护交易持续进行，一旦关系终止，卖家会受到重大损失，因此资产专用性投资者为了降低自己在交易中的风险，会将产品价格定在较高水平 P_0。这无疑是增加了买方的成本，此时一般会采用关系式契约。当 $K>0$，$S>0$ 时，在这种契约关系中，在进行专用性资产投资的同时，契约双方建立某种形式的契约保障机制，较好地协调契约关系的纷争，因此 $P_0>P_2$。在这种情况下，可以采用双头式、三头式以及等级式契约，实际采用哪一种还与交易频率有关。

借鉴威廉姆森构建的交易契约经济学的分析模型，结合本研究农业生产性服务实际特性，从农户视角出发，构建农业生产性服务契约类型选择的计划模型，如图 3-10 所示。对于农户购买服务方来说，投入农业生产的资产专用性越大，越抑制农户的农业生产性服务选择，也就是说当 $K>0$ 时，农户不选择农业生产性服务。因此，考虑农户选择何种契约类型的前提是资产专用性很

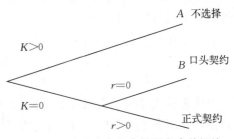

图 3-10 农户农业生产性服务多种签约
选择计划模型

小或者为 0。r 代表农户面临的风险性，其中包括经营风险和交易风险。当 $K=0$，$r=0$ 时，代表农户资产专用性很小，且面临的风险性很低，那么农户在交易中可以完全自由地选择农业生产性服务者，采取口头契约就可以；当 $K=0$，$r>0$ 时，代表农户资产专用性很小，但其面临的风险性很高，此时农户需要一个保障机制，来较好协调契约关系中的纷争，所以选择正式契约更合适。

② 交易特性对农户农业生产性服务契约类型选择的模型构建。为进一步论述上述观点，本研究继续构建农户模型并对其进行修正，建立交易特性对农户农业生产性服务契约类型决策模型。

基准模型构建：假设农户 D 利用劳动力禀赋 L、耕地面积 A 和家庭农业机械禀赋 K 从事农业玉米生产经营，收入包括农业生产经营和非农就业。设定农户 D 标准生产函数形式为 $Y(TPP)=f(A，L，K)$，满足在正向影响的边际上呈现递减趋势，即 $\frac{\partial Y}{\partial A}>0$，$\frac{\partial Y}{\partial L}>0$，$\frac{\partial Y}{\partial K}>0$，$\frac{\partial^2 Y}{\partial A^2}<0$，$\frac{\partial^2 Y}{\partial L^2}<0$，$\frac{\partial^2 Y}{\partial K^2}<0$。

当农户购买了农业生产性服务时，其参与农业的劳动力禀赋为 L_0（$L_0<L$），农业生产性服务者为农户提供生产性服务环节程度为 K_a，农户购买农业生产性服务需要面临风险（包括经营风险和交易风险）的概率为 r，r 越大，越影响农业生产性服务者的努力程度，进而影响产量。此时购买了农业生产性服务的农户生产函数可以表达为：$Y(TPP)=f[A，L_0，(1-r)K_a]$。

那么，农户购买农业生产性服务的拟线性效用函数可表示为[①]

$$U=PY+(L-L_0)w-(C+CT)K_a \qquad (3-20)$$
$$\text{s.t.} \qquad Y(TPP)=f[A，L_0，(1-r)K_a] \qquad (3-21)$$
$$CT=CF(K_a)+CE(r，A) \qquad (3-22)$$

其中，C 代表农户投入的生产成本，包括购买农业生产性服务的费用。CT 代表交易费用，包括契约过程产生的固定交易成本（CF）和受风险性、规模性影响的可变的交易特性（CE）。

基于效用最大化原则对 K_a 一阶求导，可得

$$MPP=(1-r)f(A，L_0，(1-r)K_a)=C+CF(K_a)+CE(r，A)$$
$$(3-23)$$

上述表达式反映了农户购买农业生产性服务时的均衡条件，即考虑玉米的农业生产性服务下边际生产价值等于生产成本与交易费用之和。

---

① 为简化起见，将农地产出价值标准化为 1。

下面分别从影响交易特性的两个方面即风险性和规模性来考虑农户对农业生产性服务契约类型的选择。

在仅考虑风险性的条件下，农户购买农业生产性服务和边际产出的关系如下

$$MPP=\begin{cases} f(A, L_0, K_a)=C+CF(F_a)+CE(A), & r=0 \\ f(A, L_0, K_a)=C+CF(F_a)+CE(r, A), & r>0 \end{cases}$$

$$(3-24)$$

根据上述表达式作图，如图 3-11 所示。当 $r=0$ 时，农户效用最大化的均衡点就是农业生产中边际产出与农户的生产成本和交易费用的交点 M；当 $r>0$ 时，即农户面临较大的风险性，此时农业生产性服务的努力程度会降低，进而影响农业生产的产出值，同时风险性增加了交易费用，使交易费用曲线的斜率变大，又形成了一个新的均衡点 N。在较高风险性条件下，当农户不满意此时的产量值，但又要购买服务的时候，农户就会倾向选择制约风险的一种契约，如对农业生产性服务者具有一定约束力的正式契约。如图 3-12 所示，当农业生产性

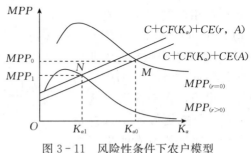

图 3-11 风险性条件下农户模型

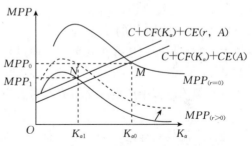

图 3-12 正式契约作用下风险性农户模型

服务者通过一定外力的约束，边际产量提高，此时形成新的均衡点 N'，满足农户的要求，由此可以推出，风险性高的农户，更倾向于选择正式契约来约束农业生产性服务者的行为。

在仅考虑规模性的条件下，农户购买农业生产性服务和边际产出的关系如下

$$MPP=\begin{cases} f(A, L_0, K_a)=C+CF(F_a)+CE(A_1), & A=A_1 \\ f(A, L_0, K_a)=C+CF(F_a)+CE(A_2), & A=A_2 \text{ 且 } A_1<A_2 \end{cases}$$

$$(3-25)$$

如图 3-13 所示，有两点说明：一是当农户土地规模增加时，农户农业生产的边际产出值呈下降趋势，因此在同样农业生产性服务环节程度下，规模越

大，边际产出越小。二是农户的土地规模影响交易费用的大小，规模越大，交易费用的截距越高，因此画出了在规模影响下的交易费用曲线。此时，当 $A=A_1$ 时，农户的边际产出值和交易费用的均衡点在 M，当 $A=A_2$ 且 $A_2>A_1$ 时，移动了交易费用曲线，新形成了一个均衡点 O。这时 $MPP_2 <MPP_0$，如果农户想在此农业生产性服务下，仍达到 MPP_0 的边际产出值，在契约类型选择中，农户可能更倾向于选择正式合约，通过约束农业生产性服务的努力程度来增加产量（图3-14）。也就是说，当农户参与农业生产性服务的土地规模越大，农户越倾向选择正式契约，通过具有法律约束的条件来达到最终想要的效果。

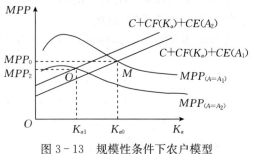

图3-13 规模性条件下农户模型

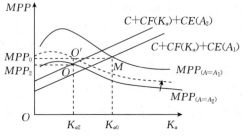

图3-14 正式契约作用下规模性农户模型

（2）契约过程中产生的交易成本对农户农业生产性服务契约类型选择的博弈分析

现代主流契约理论认为，以法律为后盾的正式契约是交易秩序的重要来源。因为正式契约能提供一个立法边界的制度框架，在这一框架内，交易双方的权利、职责等编码为法律条文，以最为清晰的形式详细列出，能减小机会主义的活动空间，限制合作关系中的道德风险（Cannon et al.，2000），以此降低违约风险。而非正式、不完备的契约将为逃避责任创造温床，增加冲突的可能性，削弱协调活动、利用资源和执行战略的能力（Goldberg，1976），导致投资激励不足（Grout，1984；Tirole，1986；郜亮亮等，2011）。

然而，在现实的缔约过程中，任何当事人都可以选择接受某些条款，也可以不接受某些条款，已有大量研究关注到中国农村社会中普遍存在的非正式合约现象，并从关系治理角度对这一现象进行了解释（万俊毅，2008）。研究表明，口头契约得以长期并大量存在于农地流转市场中，是因为在熟人社会的新人、互惠、沟通及声誉机制治理下，农地流转契约变得相对稳定（胡新艳等，2015b）。本部分从契约过程中产生的交易成本角度，借鉴张溪等（2017）相关研究，构建完全信息下的静态博弈模型，研究农业生产性服务口头契约和正式契约在何种制约因素下被选择。

① 建立博弈模型的假设条件。

假设1：农户 A 与服务者 B（B 包括个体服务者和种粮大户、企业或合作社）是理性经济人，追求利益最大化、风险最小化。购买服务 A 取值为 $A \in$（$1 \cdots A$ 户农民）。在购买农业生产性服务时，仅考虑全部耕地面积部分环节服务或者全程托管服务，不考虑部分耕地面积购买服务的情况；农地具有地域性和不可替代性；不改变农用地性质。

假设2：农户 A 的行动策略分为正式契约、口头契约，服务者 B 的行动策略分为正式契约、口头契约。

假设3：农业生产性服务金额为 $M(M>0)$。农户 A 获得的农业收入为 P_{A1}，且 $P_{A1}>M$。同时，A 节省劳动力的外出打工的收益为 P_{A2}（$P_{A2}>0$）。

假设4：如果服务双方选择口头契约形式，农户 A 面临的违约风险 $R_{A风}$，B 面临 A 反悔的风险为 $R_{B风}$。由于正式契约具有法律效应，所以如果服务双方选择签订正式契约，面临的风险值均为 0。

假设5：如果农户 A 选择口头契约，则 A 需要支付交易费用 C_{A1}（为简化分析，C_{A1} 考虑交易特性如资产专用性、不确定性等影响的交易费用，不考虑签订契约中交易成本如搜寻、谈判、执行等成本，此时纯交易成本 $C_{A2}=0$）。如果农户 A 选择正式契约，则 A 需要支付的交易费用为 $C_{A1}+C_{A2}$。

假设6：如果服务者 B 选择口头契约形式，B 需要支付交易费用 C_{B1}（为简化分析，C_{B1} 考虑交易特性如资产专用性、不确定性等影响的交易费用，不考虑签订契约中纯交易成本如搜寻、谈判、执行等成本，此时纯交易成本 $C_{B2}=0$）。如果 B 选择正式契约，需要支付的交易费用为 $C_{B1}+C_{B2}$。

假设7：服务者 B 提供农业生产性服务的成本（如农机、人工、种子、化肥农药等成本）为 $C_{B3}(C_{B3}>0)$。

博弈参与人的利益分别如下：

当服务者 B 选择签订正式契约时，农户 A 同样选择正式契约方式的收益为 $P_{A1}+P_{A2}-M-(C_{A1}+C_{A2})$，$A$ 选择口头契约方式的收益为 $P_{A1}+P_{A2}-M-C_{A1}$。

当服务者 B 选择口头契约时，农户 A 选择正式契约方式的收益为 $P_{A1}+P_{A2}-M-(C_{A1}+C_{A2}+R_{A风})$，农户 A 选择口头契约方式的收益为 $P_{A1}+P_{A2}-M-(C_{A1}+R_{A风})$。

当农户 A 选择正式契约的方式时，服务者 B 同样选择正式契约方式的收益为 $M-(C_{B1}+C_{B2}+C_{B3})$，B 选择口头契约方式的收益为 $M-(C_{B1}+C_{B3})$。

当农户 A 选择口头契约的方式时，服务者 B 选择正式契约方式的收益为

$M-(C_{B1}+C_{B2}+C_{B3}+R_{B风})$，$B$ 选择口头契约方式的收益为 $M-(C_{B1}+C_{B3}+R_{B风})$。

基于上述假设条件，服务双方是同时进行策略选择的，收益的多少取决于博弈双方对策略的选择，博弈模型是完全信息下的静态博弈，双方的收益情况是公开的。博弈模型收益矩阵如表 3-3 所示。

表 3-3 农户 A 和服务者 B 的博弈矩阵

当事人	契约类型	服务者 B	
		正式契约	口头契约
农户 A	正式契约	$P_{A1}+P_{A2}-M-(C_{A1}+C_{A2})$，$M-(C_{B1}+C_{B2}+C_{B3})$	$P_{A1}+P_{A2}-M-(C_{A1}+C_{A2}+R_{A风})$，$M-(C_{B1}+C_{B3})$
	口头契约	$P_{A1}+P_{A2}-M-C_{A1}$，$M-(C_{B1}+C_{B2}+C_{B3}+R_{B风})$	$P_{A1}+P_{A2}-M-(C_{A1}+R_{A风})$，$M-(C_{B1}+C_{B3}+R_{B风})$

② 不同制约因素条件下的博弈分析。通过分析农户与服务者之间的博弈矩阵，求解纳什均衡。假设服务者 B 选择正式契约的概率为 m，选择口头契约的概率为 $1-m$。农户 A 选择正式契约的概率为 n，选择口头契约的概率为 $1-n$。

此时农户 A 的期望收益 U_A 可以表示为

$$U_A = n\{m[P_{A1}+P_{A2}-M-(C_{A1}+C_{A2})]+(1-m)[P_{A1}+P_{A2}-M-(C_{A1}+C_{A2}+R_{A风})]\}+(1-n)\{m(P_{A1}+P_{A2}-M-C_{A1})+(1-m)[P_{A1}+P_{A2}-M-(C_{A1}+R_{A风})]\}$$

$$(3-26)$$

服务者 B 的期望收益 U_B 可以表示为

$$U_B = m\{n[M-(C_{B1}+C_{B2}+C_{B3})]+(1-n)[M-(C_{B1}+C_{B2}+C_{B3}+R_{B风})]\}+(1-m)\{n[M-(C_{B1}+C_{B3})]+(1-n)[M-(C_{B1}+C_{B3}+R_{B风})]\}$$

$$(3-27)$$

根据农户 A 和服务者 B 的期望收益函数 U_A 和 U_B，分别对农户 A 选择正式契约概率 n 和服务者 B 选择正式契约概率 m 求一阶偏导，并根据函数最大化条件分别令偏导数等于 0，可得到式（3-28）、式（3-29）、式（3-30）和式（3-31）。

$$\frac{\partial U_A}{\partial n} = mR_{A风}-C_{A2}=0 \qquad (3-28)$$

$$\frac{\partial U_B}{\partial m} = nR_{B风}-C_{B2}=0 \qquad (3-29)$$

$$m^* = \frac{C_{A2}}{R_{A风}} \qquad (3-30)$$

$$n^* = \frac{C_{B2}}{R_{B风}} \qquad\qquad (3-31)$$

由式（3-30）和式（3-31）可知，当 $m^* = \dfrac{C_{A2}}{R_{A风}}$，$n^* = \dfrac{C_{B2}}{R_{B风}}$ 时，农户和服务者双方达到博弈均衡，也就是说农户是选择口头契约还是正式契约取决于农户面临违约风险 $R_{A风}$ 和交易成本 C_{A2} 的大小。

具体分析来看，假设农户的交易费用一定，此时，农户的违约风险越低，农户可能越倾向选择口头契约，反之则倾向选择正式契约。农户面临违约风险主要是农户对交易方不确定造成的，担心交易方随时反悔，或者服务中有机会主义道德风险等行为的出现。研究表明，关系契约是通过声誉机制和信任机制来实现履约机制的（林仲豪，2008）。也就是说，服务者的信誉为交易双方的契约关系提供了保障，当服务者与农户是熟悉的关系，获得了农户的信任后，这种违约风险就会下降，因此可以判断当农户与服务者熟悉或信任时，满足均衡条件 $P_{A1} + P_{A2} - M - (C_{A1} + R_{A风}) > P_{A1} + P_{A2} - M - (C_{A1} + C_{A2})$，此时购买服务者 A 倾向选择口头契约，反之，违约风险增加，农户会倾向选择正式契约。

假设农户面临的违约风险一定，交易费用的大小会决定农户的契约选择行为。从均衡条件可以判断，当违约风险一定时，农户的交易成本（这里指搜寻信息费、谈判成本和执行成本）越小，农户选择正式契约的可能性越大。因为正式契约能够有效规避农户面临的一些违约风险问题，但是正式契约会产生一定的交易成本，如果能够减少契约交易过程中的交易成本费用，选择正式契约是最优选择。

3.3.3　交易费用对农户农业生产性服务契约稳定性影响的博弈分析

契约稳定性是契约关系中的重要指标，而契约是否稳定可以从以下两个方面进行判断：一是是否愿意续约，二是契约期限多久。在农户与农业生产性服务者交易过程中，农户和农业生产性服务者作为两个具有有限理性的经济主体，无法对未来情况进行完全预测，也无法获知由此带来的收益变化，在这种信息不对称的条件下，服务者和被服务者契约稳定是因为双方都能够从这种契约关系当中得到满意的剩余利润。本节基于不完全契约理论构建不完全契约下农户与农业生产性服务者契约稳定性博弈模型进行分析。为方便分析，契约关系稳定性的行动策略为：契约关系延续与契约关系终止。

（1）建立博弈模型的假设条件

假设1：农户与农业生产性服务者在进行契约稳定性博弈时的策略均为（契约关系延续，契约关系终止），并且会根据对方采取的策略进行相应的调整。农户与农业生产性服务者同时选择关系延续策略时的收益分别为 Y_1、Y_2，双方均选择契约关系终止策略时的收益分别为 ΔR_1、ΔR_2。

假设2：农户考虑是否契约关系延续过程中，假设参与农业生产性服务的耕地面积为 A。农户在继续参与农业生产性服务中收益为 r_1，农业生产性服务者在关系延续中的收益为 r_2，其中 r_1 和 r_2 分别包含农户种植作物收入和农业生产性服务者服务的收入等。同时，$r_1 = \alpha_1 A (\alpha_1 > 0)$，$\alpha_1$ 代表农户对服务者服务的满意程度，满意程度越高，代表着服务效果好，收入高；$r_2 = \alpha_2 A (\alpha_2 > 0)$，$\alpha_2$ 代表农业生产性服务者的努力程度，努力程度越高，收益越多。

假设3：农户与农业生产性服务者都选择契约关系延续策略时，因再次合作而产生的增值分别为 Q_1 和 Q_2，如农业生产性服务者因土地集约化生产、农资生产资料的规模化降低的成本和农户因再次合作而减免的服务费用等。

假设4：农户与农业生产性服务者选择契约关系延续所花费的成本分别为 C_1、C_2。其中 $C_1 = c_1 A (c_1 > 0)$，c_1 代表农户参与农业生产性服务的服务费用和自己生产的部分成本费用[①]；$C_2 = c_2 A (c_2 > 0)$，c_2 代表农业生产性服务投入的成本费用。

假设5：农户与农业生产性服务者契约关系建立过程中存在交易费用，定义 t_1 和 t_2 (t_1、$t_2 > 0$) 分别为农户和农业生产性服务者契约关系延续中交易费用系数，则农户与农业生产性服务者交易费用支出分别为：$T_1 = t_1 A$，$T_2 = t_2 A$。

假设6：农户与农业生产性服务者契约关系延续过程中仍存在交易风险。风险主要来源于生产经营本身的不确定性和双方可能存在的机会主义行为等。将 β_1 和 β_2 定义为农户和农业生产性服务者交易风险系数，f_1 和 f_2 代表农户对农业生产性服务者以及农业生产性服务者对农户的信任系数，且在通常情况下双方彼此间的信任水平不对称，即 $f_1 \neq f_2$。故在不完全契约条件下农户和农业生产性服务者的风险支出分别为：$F_1 = (1 - f_1) \beta_1 \alpha_1 A$，$F_2 = (1 - f_2) \beta_2 \alpha_2 A$。

由上述假设条件可以推导出，当农户与农业生产性服务者选择契约关系延续策略时，农户收益函数 V_1 和农业生产性服务者收益函数 V_2 分别为

$$V_1 = \Delta R_1 + \alpha_1 A + Q_1 - c_1 A - t_1 A - (1 - f_1) \beta_1 \alpha_1 A \quad (3-32)$$

$$V_2 = \Delta R_2 + \alpha_2 A + Q_2 - c_2 A - t_2 A - (1 - f_2) \beta_2 \alpha_2 A \quad (3-33)$$

同时，农户与农业生产性服务者选择契约关系延续策略的约束条件是总收益大于总成本支出，即

$$\text{s. t.} \quad r_1 + Q_1 > C_1 + T_1 + F_1 \quad (3-34)$$

$$r_2 + Q_2 > C_2 + T_2 + F_2 \quad (3-35)$$

由此可得到在不完全契约条件下，农户与农业生产性服务者契约关系延续

———————————

① 如果是全程托管，则自己生产的成本费用为0。

策略博弈矩阵如表 3-4 所示。

表 3-4　农户与农业生产性服务者契约关系延续博弈矩阵

当事人	契约关系状态	农业生产性服务者	
		契约关系延续	契约关系终止
农户	契约关系延续	$\Delta R_1 + \alpha_1 A + Q_1 - c_1 A - t_1 A - (1-f_1)\beta_1\alpha_1 A,$ $\Delta R_2 + \alpha_2 A + Q_2 - c_2 A - t_2 A - (1-f_2)\beta_2\alpha_2 A$	$\Delta R_1 - c_1 A - t_1 A,\ \Delta R_2 + Q_2$
	契约关系终止	$\Delta R_1 + Q_1,\ \Delta R_2 - c_2 A - t_2 A$	$\Delta R_1,\ \Delta R_2$

（2）求解均衡条件

假设在农户与农业生产性服务者契约关系延续博弈过程中，农户选择契约关系延续策略的概率为 m，契约关系终止的概率为 $1-m$；农业生产性服务者选择契约关系延续策略的概率为 n，契约关系终止的概率为 $1-n$。

当农户选择契约关系延续时，即 $m=1$ 时，农户收益为

$$\pi_1^{m=1} = n\{\Delta R_1 + \alpha_1 A[1-(1-f_1)\beta_1] + Q_1 - c_1 A - t_1 A\} + (1-n)(\Delta R_1 - c_1 A - t_1 A)$$
$$= \Delta R_1 + n\alpha_1 A[1-(1-f_1)\beta_1] + nQ_1 - c_1 A - t_1 A \qquad (3-36)$$

当农户契约关系终止时，即 $m=0$ 时，农户收益为

$$\pi_1^{m=0} = n(\Delta R_1 + Q_1) + (1-n)\Delta R_1 = \Delta R_1 + nQ_1 \qquad (3-37)$$

由式（3-36）和式（3-37）可得到，农户的平均期望收益为

$$\pi_1^* = m\pi_1^{m=1} + (1-m)\pi_1^{m=0} = \Delta R_1 + mn\alpha_1 A[1-(1-f_1)\beta_1] + nQ_1 - c_1 A - t_1 A \qquad (3-38)$$

同理，可以得到农业生产性服务者的平均期望收益，即

$$\pi_2^* = n\pi_2^{n=1} + (1-n)\pi_2^{n=0} = \Delta R_1 + mn\alpha_1 A[1-(1-f_1)\beta_1] + mQ_1 - c_1 A - t_1 A \qquad (3-39)$$

综上，可以得到农户与农业生产性服务者契约关系延续策略时的复制动态方程，即

$$\frac{dm}{dt} = m(\pi_1^{m=1} - \pi_1^*) = m(1-m)A\{n\alpha_1[1-(1-f_1)\beta_1] - c_1 - t_1\} \qquad (3-40)$$

$$\frac{dn}{dt} = n(\pi_2^{n=1} - \pi_2^*) = n(1-n)A\{m\alpha_2[1-(1-f_2)\beta_2] - c_2 - t_2\} \qquad (3-41)$$

由上述公式可以得到雅克比矩阵为

$$J = \begin{bmatrix} (1-2m)A\{n\alpha_1[1-(1-f_1)\beta_1] - c_1 - t_1\} & m(1-m)\alpha_1 A[1-(1-f_1)\beta_1] \\ n(1-n)\alpha_2 A[1-(1-f_2)\beta_2] & (1-2n)A\{n\alpha_1[1-(1-f_1)\beta_1] - c_1 - t_1\} \end{bmatrix} \qquad (3-42)$$

$$trJ=(1-2m)A\{n\alpha_1[1-(1-f_1)\beta_1]-c_1-t_1\}+(1-2n)A\{m\alpha_1[1-(1-f_1)\beta_1]-c_1-t_1\}$$

$$(3-43)$$

根据雅克比矩阵的稳定条件，当 $\frac{dm}{dt}=0$，$\frac{dn}{dt}=0$，则存在 $(0，0)$、$(1，1)$

以及 $(m^*，n^*)=\left(\frac{c_1+t_1}{\alpha_1-(1-f_1)\beta_1\alpha_1}，\frac{c_2+t_2}{\alpha_2-(1-f_2)\beta_2\alpha_2}\right)$ 这3个局部均衡点。

当均衡点在 $(0，0)$ 与 $(1，1)$ 时分别代表农户与农业生产性服务者均选择契约关系终止策略和契约关系延续策略，是演化博弈的 ESS。而鞍点为 $(m^*，n^*)$，表示农户在农业生产性服务契约延续过程与农业生产性服务者在契约关系延续过程中，通过资源合理配置，从而实现收益的帕累托改进，最终使双方在采取契约关系延续策略中获得收益最大化，达到的极限状态就是 $(1，1)$ 点的情况，达到双方演化博弈的 ESS。同时，由于彼此间可能存在机会主义行为，一方想要延续契约，另外一方终止契约，则不能实现帕累托最优，这样势必会有一方为了避免损失而改变策略，最终双方都进行契约终止，即 $(0，0)$ 点的情况，这是另一个演化博弈的 ESS。

（3）参数变化下契约关系延续博弈演化路径的影响与讨论

根据上述求解，分别将 $(0，0)$、$(1，1)$、$(0，1)$、$(1，0)$ 以及 $(m^*，n^*)$ 这5种情况进行作图表示，其对应的点分别为 O、A、B、C、D（图3-15、图3-16）。

① 分析参数 α_i 对演化系统收敛的影响。在其他参数不变的情况下，α_1 和 α_2 在鞍点 D 处有 $\frac{dm}{d\alpha_1}<0$，$\frac{dn}{d\alpha_2}<0$，即 α_i 系数增大，鞍点 D 向下方移动，此时 BDCA 面积会逐渐增加，演化系统收敛于 A $(1，1)$ 的概率增大，农户与农业生产性服务者均选择契约关系延续策略的概率增大。由此可以看出，农业生产性服务者在服务过程中越努力，农户对农业生产性服务的满意度越高，农户越倾向于选择契约关系延续策略，这样使农户与农业生产性服务者形成良性驱动，达成长期稳定的契约关系。

② 分析参数 c_i 对演化系统收敛的影响。在其他参数不变的情况下，c_1 和 c_2 在鞍点 D 处有 $\frac{dm}{dc_1}>0$，$\frac{dn}{dc_2}>0$，即 c_i 系数增大，鞍点 D 向右上方移动，此时 BDCO 面积逐渐增大，收敛于 O $(0，0)$ 的概率增大。也就是说，随着农户与农业生产性服务者在契约关系延续策略中生产成本越高，其契约关系延续的概率越低。由此可以看出，降低农户的生产成本，这里主要是指农业生产性服务的价格，会影响农户契约关系延续的策略。成本越低，农户进行契约关系延续的概率越大。

③ 分析参数 f_i 和 β_i 对演化系统收敛的影响。在其他参数不变的情况下，

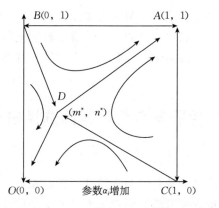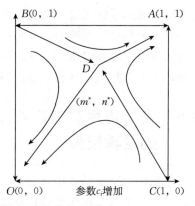

图 3-15 参数 α_i、c_i 变化对演化系统收敛的影响

f_i 和 β_i 在鞍点 D 处有 $\dfrac{\mathrm{d}m}{\mathrm{d}[1-(1-f_1)\beta_1]}<0$，$\dfrac{\mathrm{d}n}{\mathrm{d}[1-(1-f_2)\beta_2]}<0$，即随着 f_i 增加，β_i 减小，鞍点 D 向左下方移动，此时 $BDCA$ 面积在逐渐增加，演化系统收敛于 A（1，1）的概率增大，农户与农业生产性服务者均选择契约关系延续策略的概率增大。也就是说，虽然风险会降低农户与农业生产性服务者选择契约关系延续的概率，但随着农户与农业生产性服务者逐渐熟悉，产生信任，就会增加农户对契约关系延续的概率。

④ 分析参数 t_i 对演化系统收敛的影响。在其他参数不变的情况下，t_i 在鞍点 D 处有 $\dfrac{\mathrm{d}m}{\mathrm{d}t_1}>0$，$\dfrac{\mathrm{d}n}{\mathrm{d}t_2}>0$，即随着交易费用系数 t_i 增加，鞍点 D 向右上方移动，此时 $BDCO$ 面积逐渐增大，收敛于 O（0，0）的概率增大。也就是说，随着交易费用的增加，农户与农业生产性服务者在契约关系延续策略中成本越高，其契约关系延续的概率越低。由此可见，降低在契约关系延续过程中的交

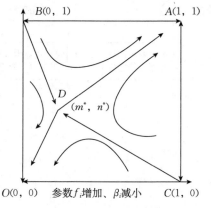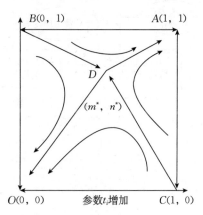

图 3-16 参数 f_i、β_i、t_i 变化对演化系统收敛的影响

易费用，有助于促进农户与农业生产性服务者之间的契约关系稳定性。

综上分析可以反映出，交易费用大小、农户对农业生产性服务者的服务满意度、生产性服务价格、交易风险信任水平都对农户与农业生产性服务者维系长期稳定的契约关系具有显著影响。

3.5 交易费用对农户农业生产性服务行为与契约选择研究的逻辑框架

本章构建了交易费用对农户农业生产性服务行为与契约选择理论模型。首先，基于分工与专业化理论、交易费用理论探究威廉姆森分析范式交易特性对农户农业生产性服务行为的影响，并通过构建超边际分析模型和收益最大化分析模型进行数理分析；其次，基于交易费用理论、契约理论，构建农户模型、博弈模型，分析交易特性的风险性、规模性以及契约过程中产生的搜寻信息成本对农户农业生产性服务契约类型选择影响的内在机理；再次，构建不完全契约博弈模型，探究契约过程中产生的交易成本对农户农业生产性服务契约稳定性影响；最后，依据效用理论，构建农户福利效应模型，进行农户农业生产性服务福利效应研究（图 3-17）。

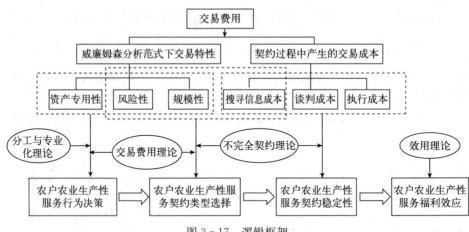

图 3-17 逻辑框架

4 农户农业生产性服务行为选择差异研究

为了更全面地了解调研区域和样本选择区域农业生产性服务发展现状，本章重点对研究区域和样本调研区域的样本进行描述性分析。首先介绍研究区域农业生产性服务发展现状；其次对调研问卷设计、数据来源以及数据样本特征进行详细介绍；最后对调研数据农户农业生产性服务行为选择差异进行分析，其中包括农户参与农业生产性服务行为选择的描述性分析，以及交易费用与农户农业生产性服务行为及契约选择的相关性分析。

4.1 研究区域农业生产性服务发展现状分析

辽宁省作为东北地区重要的粮食作物产区，在近十年中农业迅速发展以及相关生产性服务体系不断完善，粮食种植面积不断扩大，第一产业从业人数不断上升，产业融合的特点进一步被放大。由图4-1东北三省2007—2018年农业生产性服务发展状况可知，整体上，辽宁省农业生产性服务总支出呈逐渐上

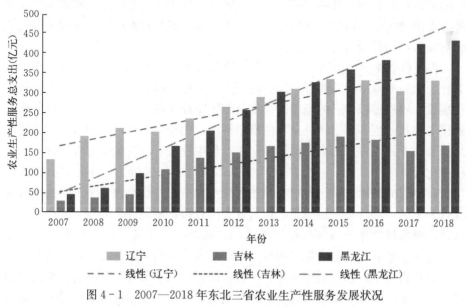

图4-1 2007—2018年东北三省农业生产性服务发展状况

资料来源：2008—2019年《中国农村统计年鉴》。

升的趋势，并从 2007 年的 133 亿元增长至 2018 年的 334.5 亿元，增长了 152%。而从结构上看，2007—2009 年，辽宁省农业生产性服务的发展处于绝对优势地位，其农业生产性服务总支出要高于吉林和黑龙江两省的总和。2010年以后，伴随着吉林和黑龙江农业生产性服务的快速发展，辽宁省与两省间农业生产性服务的发展差距开始逐渐缩小，2013 年后辽宁省农业生产性服务的总支出低于黑龙江省，两省间的差距也在其后逐步拉大。2007—2018 年辽宁省农业生产性服务总支出在 2015 年达到 337 亿元的最高值。

经过数年时间的探索与实践，吉林省的农业社会化服务体系建设取得了一定的成效，对农业发展以及农民增收带来了一定的促进作用，但服务体系的服务功能与农业日益迅速的发展形势相比仍属于滞后的状态。首先，提供的服务是低级的服务，与农户的实际日常生产相脱节，二者不能有效契合在一起，引起效率上的大大降低。销售方面相关实体没有建立起来，造成"好货难卖"的局面，市场信息也不对称，无法为农户成功定位到对应价格的市场上去。另一方面是现在的服务人员素质不高，受教育程度以及时间均明显落后，缺少相关的人才。经费投入少，设备相对落后，难以成功高效地提供农业生产性服务。由图 4-1 可知，纵向上，吉林省农业生产性服务总支出呈波动性上升的趋势，从 2007 年的 29 亿元增长至 2018 年的 167.8 亿元，增长了 4.79 倍。整体上来看，吉林省农业生产性服务的发展呈现起点较低、增长较快的特点。从横向来看，在 2007—2018 年这 12 年，吉林省农业生产性服务总支出始终处于东北三省的最低，并且与另外两省的差距较为明显，仅为辽宁和黑龙江农业生产性服务总支出的一半。因此，相较于辽宁和黑龙江，吉林省农业生产性服务的发展相对滞后，仍有较大的发展空间。

黑龙江省绝大部分市、县对产前社会化服务有明确的制度性保障。产前农业社会化服务即良种购买以及推广的环节，在种子选购方面还是存在服务较少的现象，农户多以自己的经验以及出苗率等特征来选购种子，忽视了种子市场的供求现状，也不了解新种良种的推出情况，仍较为盲目。产中服务即为农耕生产及农业技术推广两个方面。由于土地集中性较好，目前全省农机田间综合机械化程度约为 93%，主要的农作物基本实现全程机械化作业。农业技术推广也有专门的技术人员为农户普及新的技术和方法，带来农业生产上的增收和高效。不过，仍存在一些问题，如闲置农机较多，不能综合利用，农户自家有农机，对农机合作社的参与热情不高，在农业技术培训方面农户的参与热情差，技术水平的提升也不是很明显。在产后农业社会化服务方面，主要以协助农产品销售为主。现有的渠道有农户自家销售、农贸市场销售、合作组织销售及线上网络销售等，几种销售方式各有利弊，但从总体情况来看，黑龙江省的农产品销售仍存在困难。首先，主要以国家统一收购为主，销售量小且波动性大。网络信息技术还不是很普及，线上销售的农户还是少数。合作组织委托销售易产生纠纷，农户信任度不高。所以，从产前—产中—产后这个链条来看，黑龙江省主要优势集中在产中的农业生产性服务上，在另外两个环节相对薄弱。由图4-1中的发展趋势可知，黑龙江省农业生产性服务发展最为迅速，从2007年的47亿元增长至2018年的435.8亿元，增长了8.27倍。且在2013年以后，黑龙江省农业生产性服务的发展处于东北三省的领先地位，呈现增长最快、总量最大的发展特点。

综上所述，可以看出东北农业生产性服务正处于一个快速上升的阶段，面对市场的不成熟，还需要进一步研究，因此研究东北地区农业生产性服务具有重要现实意义。

4.2　问卷设计与数据来源

4.2.1　问卷设计及主要内容

（1）问卷设计思路

为精确地取得本研究需要的微观数据，参考现有的研究成果及相关实证研究文献中关于交易费用与农业生产性服务行为与契约选择的指标测度。在此基础上，根据本研究目标及微观样本的实际情况，确定调研使用的问卷。

首先，请教相关专家对初始的问卷模板进行点评和论证，在认真总结和归纳专家意见后，对初始问卷模板进行了修改；接着，使用修改后的调研问卷在辽宁海城地区对玉米种植户进行小范围的预调研，根据预调研反馈回来的问卷填写情况，对数据的可信程度和有效程度进行测算和分析，再根据预调研中出现的问题邀请校内外专家学者进行点评与讨论，对预调研采用的问卷进行再一次修改。以此确定最终版的问卷，在正式调研时使用。

通过对相关研究成果的学习与借鉴，结合本研究实际的数据需求，收集了农户家庭情况、生产经营现状以及农户参与农业生产性服务情况及契约选择情况的相关数据信息。调研数据及农户个人生产经营情况以上一年度实际情况为准。

（2）问卷主要内容

问卷设计内容主要涉及以下几个方面：

农户家庭基本信息。其中包括家庭人口数、家庭成员性别、家庭成员年龄、农户家庭人员受教育程度、家庭人口数、户主健康状况、户主外出打工情况、参加合作社情况、户主的务农意愿，以及农户参与合作社、家庭农场以及参加农业技术培训情况。

家庭资源禀赋特征信息。一是土地禀赋特征，其中包括农户全部耕地面积、家庭实际拥有的地块数量、耕地地形特征、平整程度、农田道路便利程度及土壤质量。二是资产禀赋特征，包括农业机械持有和家庭收入，家庭收入包括种植业收入、养殖业收入和非农收入。

农业生产经营信息。将农业生产环节划分为购买农资、整地、播种、施肥、除草、除虫、收割这 7 个环节，详细调研玉米在生产过程中的投入和产出，包括玉米生产中的种子、化肥、农药等农资投入以及玉米产量等信息。特别是玉米产量以农户被调查时间点的上一年产出的实际重量为准，单位为千克/亩。玉米作物的产量分干重与湿重两种计量方法。此外还有农户的销售能力、扩大规模意愿以及获得贷款的难易程度。

农户参与农业生产性服务及契约选择情况。将农户经营方式分为自耕自种、部分环节服务和全程托管服务，对其参与农业生产性服务情况，以及各个环节的服务价格和未参与原因进行详细了解。重点设计了关于农户与农业生产性服务契约关系的部分，其中包含契约类型的选择、契约签订对象、契约签订时间、契约付款方式以及契约关系延续意愿。同时设计了关于契约签订过程中可能会产生的交易成本，如信息成本、谈判成本和执行成本。

此外，对农户的经营风险和风险偏好以及个人信任水平进行了测度。其中经营风险主要涉及农户遭遇的自然风险，用近五年遭受的自然灾害次数来表示。个人风险偏好由 5 个项目进行测度，分别为在不同底数和奖金的激励情况下抛掷硬币来获取不同风险的收益以及无风险的固定钱数收益。如果选择抛掷硬币，则赋值为 1；若选择固定钱数，则赋值为 2。农户个人的信任程度分为 5 个等级，分别由以下 4 个项目进行测度：亲戚的信任程度、邻居的信任程度、本村人的信任程度、您觉得陌生人的信任程度。农户根据个人的信任程度分别对 4 个项目进行评分（1～5 分），评分数值对应信任程度由低到高。

4.2.2 数据来源及样本分析

（1）数据来源

我国玉米种植地区主要集中在东北、西南和华北地区，种植面积较大的省份主要有黑龙江、吉林、辽宁、河南、内蒙古、河北、山东等省份，这 8 个省份的玉米种植面积占全国总种植面积的 66% 左右。东北三省位于贯穿东北—西南的玉米黄金种植带，其雨热同期的气候特征非常适合农作物的生长。东北平原地势平坦，土壤肥沃，以黑土、棕色土、淤土为主。大部分地区日照充足，温度适宜，对玉米播种及生长发育均很有利，为我国的主要玉米区。

本研究的调研在 2018 年暑期由本人带队，团队研究生共同实施完成。调研采用分层随机抽样法，样本囊括了东北地区三个省份 43 个村庄的 1 132 户玉米种植农户。调研采用一对一问卷调查法，即一个调研员对应一个被调研对象，运用统一的问卷向被调查对象了解农业生产的相关情况。共发放问卷 1

136 份，回收问卷 1 132 份，问卷回收率为 99.65%。删除未答、漏答、回答有前后逻辑错误等存在问题的无效问卷，最终得到有效问卷 961 份，问卷有效率 84.89%。

如表 4-1 所示，黑龙江省共有 351 份有效问卷，其中包含哈尔滨、齐齐哈尔及绥化三个市。哈尔滨市共 67 份问卷，占黑龙江省问卷总数的 19.09%，哈尔滨市共有两个乡镇，分别为料甸镇与永源镇，其中料甸镇的问卷份数最多，有 43 份，占哈尔滨市问卷总数的 64.18%，料甸镇下属的东胜村共 27 份问卷，占料甸镇问卷总数的 62.79%。齐齐哈尔市共 160 份问卷，占黑龙江省问卷总数的 45.58%，其中景星镇共 81 份，占齐齐哈尔市有效问卷总数的 50.63%。绥化市共 124 份问卷，占黑龙江省问卷总数的 35.33%，其中五里明镇有 79 份问卷，占绥化市问卷数量的半数以上。吉林省共有 393 份有效问卷，其中四平市 192 份，长春市 201 份，分布较均匀。四平市下属的万发镇共 96 份问卷，占四平市问卷总数的 50.00%，占吉林省问卷总数的 24.43%。辽宁省共 217 份有效问卷，全部为铁岭市问卷，其中宝力镇 129 份，老城镇 88 份。铁岭市下属的宝力镇有效问卷数量占比最高，占辽宁省问卷总数的 59.45%。

表 4-1 受访农户调查地点及问卷分布情况

省份	市	乡镇	调查问卷数（份）	比重（%）	选择农业生产性服务情况（份）		
					不选择	部分环节	全程托管
黑龙江省	哈尔滨市	料甸镇	43	12.25	1	30	12
		永源镇	24	6.84	2	4	18
	齐齐哈尔市	景星镇	81	23.08	48	29	4
		山泉镇	32	9.12	20	10	2
		长山乡	47	13.39	32	11	4
	绥化市	黎明镇	45	12.82	7	34	4
		五里明镇	79	22.51	10	36	33
		合计	351	100	120	154	77
吉林省	四平市	范家屯镇	29	7.38	2	27	0
		刘房子镇	67	17.05	1	66	0
		万发镇	96	24.43	14	78	4
	长春市	同太镇	80	20.36	15	42	23
		五棵树镇	44	11.20	2	41	1
		兴隆镇	77	19.59	9	62	6
		合计	393	100	43	316	34
辽宁省	铁岭市	宝力镇	129	59.45	6	57	66
		老城镇	88	40.55	2	24	62
		合计	217	100	8	81	128

从农户选择农业生产性服务调研地点分布来看，农户选择农业生产性服务占比最高的是辽宁省，特别是农户选择全程托管服务的人数占本省总样本的58.99%，占东北三省总样本的13.32%；吉林省样本中选择部分环节服务占比较高，占东北三省的32.88%；而黑龙江省的样本相对分布均匀，其中选择部分环节服务的样本有154份，占黑龙江省总样本的43.87%，选择全程托管服务的样本有77份，占黑龙江省总样本的21.94%，没有选择农业生产性服务的有120份，占黑龙江省总样本的34.19%。总体来看，样本分布合理，可以反映出东北三省农户参与农业生产性服务的基本情况。

（2）样本描述性统计分析

① 农户个体特征。表4-2显示了样本农户性别、年龄、受教育程度等个体特征的分布情况。

表4-2 个人特征

变量	选项	人数（人）	比重（%）	变量	选项	人数（人）	比重（%）
性别	男	910	94.69	务农年限	10年及以下	55	5.72
	女	51	5.31		10~20年	122	12.70
年龄	18~30岁	13	1.35		20~30年	306	31.84
	31~40岁	63	6.56		30~40年	281	29.24
	41~50岁	242	25.18		40~50年	151	15.71
	51~60岁	325	33.82		50年以上	46	4.79
	60岁以上	318	33.09	务农意愿	非常不愿意	2	0.21
受教育程度	小学	176	18.31		不愿意	142	14.78
	初中	707	73.57		一般	138	14.36
	高中等	73	7.60		愿意	659	68.57
	大学及以上	5	0.52		非常愿意	20	2.08
健康状况	非常差	15	1.56	是否外出打工	外出务工	325	33.82
	差	87	9.05		非外出务工	636	66.18
	一般	116	12.07				
	好	498	51.82				
	非常好	245	25.49				

户主性别。从受访农户的性别统计来看，961份有效问卷中，男性户主共有910人，占受访者总数的94.69%，女性受访者共有51人，占比5.31%。这说明在粗放型农业生产中，男性仍然是家庭主要劳动力和主要决策者。

户主年龄。从受访农户的年龄构成情况来看，年龄分布在18~30岁的样本农户人数最少，共 13 人，仅占农户样本总量的 1.35%。年龄分布在 31~40 岁的样本农户为 63 人，占受访样本农户总体的 6.56%。年龄分布在 41~50 岁的农户人数明显增多，共有 242 人，占样本农户总体的 25.18%。年龄分布在 51~60 岁的农户为 325 人，占样本农户总体的 33.82%。年龄分布在 60 岁以上的农户数量也较多，共有 318 人，占比高达 33.09%。接受调查的农户均进行传统的粮食作物种植，中老年群体在农业生产中占据主要地位。

受教育程度。从样本农户的学历分布状况来看，受教育程度为初中的农户数量最多，共有 707 人，占受调查样本农户总体的 73.57%，约为总体样本数的 3/4。受教育程度为小学程度的农户数量也偏多，但远不及初中学历的人数。小学学历的农户共有 176 人，占全体农户总数的 18.31%，不到样本总数的 1/5。受教育程度为高中、中专、职高和技术学校的样本农户为 73 人，占样本农户总体的 7.60%。受教育程度为大学专科、本科、研究生及以上的农户仅占 0.52%。总体来看，农户的受教育水平偏低，基本普及九年义务教育，但高等学历的农户数量很少。接受高等教育的多为青少年，毕业后返乡务农人数较少，导致现有的受教育程度总体偏低。

身体健康状况。从接受调查的农户身体健康情况来看，自我认定身体非常差的农户数量为 15 人，占比 1.56%；自评身体健康状况为差的农户数量为 87 人，占比 9.05%；认为自身健康状况一般的农户数量为 116 人，占比 12.07%；自评身体健康情况较好以及非常好的农户数量为 743 人，占比 77.31%。大部分农户的身体健康状况较好，不会对正常的农业生产带来较大的影响。

务农年限。从被访农户的务农年限分布来看，务农 10 年及以下的农户数量为 55 人，占样本农户总体的 5.72%。务农年限在 10 年以上、20 年以下（含 20 年）的农户数量为 122 人，占样本农户总体的 12.70%。务农超过 50 年的农户数量为 46 人，占样本农户总体的 4.79%。农户的务农年限普遍在 20~50 年，占比为 76.79%。10 年及以下、50 年以上的农户均为少数，总体呈正态分布。

务农意愿。从农户的务农意愿分布来看，明确表示不愿意及非常不愿意继续务农的农户数量占样本总体的 14.99%；对继续从事农业生产活动意愿一般的农户数量为 138 人，占样本农户总体的 14.36%；表示愿意及非常愿意继续务农的农户数量为 679 人，占样本农户总体的 70.65%。从整体上来看，不愿意继续务农以及对持续务农意愿不明显的农户只占少数，大部分农户愿意持续从事农业生产性活动，务农的热情普遍较高。

农户是否外出打工。从农户的外出打工情况来看，以农户被调查时间节点的上一年度实际情况为准，在有效的调查样本中，没有外出打工的农户为 636 人，占样本农户总数的 66.18%，已经超过半数。整体上看，农户从事农业相关服务及非农工作人数较少，大部分农户仍以务农为收入来源。

② 农户家庭特征。表4-3显示了样本农户家庭人口数、耕地状况以及收入比例等家庭特征信息。

表4-3 家庭特征

变量	选项	人数（人）	比重（%）	变量	选项	人数（人）	比重（%）
家庭人口数	2人及以下	279	29.03	农业收入占比	40%～60%	129	13.42
	3人	228	23.73		60%～80%	110	11.45
	4人	178	18.52		80%～100%	428	44.54
	5人	207	21.54	家庭非农收入	5万元以下	735	76.48
	6人及以上	69	7.18		5万元及以上	226	23.52
土壤质量	低等地	48	4.99	非农收入占比	20%以下	460	47.87
	中等地	533	55.46		20%～40%	93	9.68
	高等地	196	20.40		40%～60%	130	13.53
	优等地	184	19.15		60%～80%	175	18.21
耕地平整程度	非常差	4	0.42		80%～100%	103	10.72
	差	61	6.35	家庭农业收入	0～2万元	406	42.25
	一般	253	26.33		2万～4万元	327	34.03
	好	544	56.61		4万～6万元	107	11.13
	非常好	99	10.30		6万～8万元	55	5.72
农业收入占比	20%以下	116	12.07		8万～10万元	27	2.81
	20%～40%	178	18.52		10万元以上	39	4.06

家庭人口数。从家庭人口数量的分布状况来看，农户家庭人口数为2人及以下的为279人，占样本农户总体的29.03%；家庭人口数为3～5人的共计613人，占样本农户总体的63.79%；家庭人口数量为6人及以上的共计69人，占样本农户总体的7.18%。整体来看，样本农户的家庭人口数以3～5人为主，家中有6人及以上的农户数量较少。

土壤质量。从农户家庭耕地的土壤质量分布情况来看，将土壤质量分为优等地、高等地、中等地和低等地四个等级。家庭耕地土壤质量为中等地的人数最多，共计533人，占样本农户数量的55.46%，已经超过总体数量的一半；家庭耕地土壤质量为优高等地的农户为380人，占样本农户总体的39.55%。整体上看，农户的耕地土壤质量普遍很好，对正常的农业生产无过大的影响。

耕地平整程度。从农户的耕地平整程度来看，农户自家耕地平整程度不好的农户有 65 人,占样本农户总体的 6.77%;耕地平整程度一般的农户有 253 人,占样本农户总体的 26.33%;耕地平整程度好的农户共计 544 人,占样本农户总数的 56.61%,占比最大,已经超过总体数量的一半。总的来看,样本农户的家庭耕地平整程度普遍较好,对农业生产的影响很小。

家庭农业收入。从农户的家庭农业收入水平来看,家庭农业收入在 0~20 000 元的农户共有 406 人,占样本农户总量的 42.25%,接近样本总体的 1/2;家庭农业收入在 20 000~40 000 元的农户为 327 人,占样本农户总体的 34.03%;家庭农业收入在 40 000 元以上的农户约占有效样本农户总数的 23.72%,约为总体的 1/5。整体上看,农户的粮食作物收入、经济作物收入及养殖业收入普遍在 40 000 元以内。

家庭农业收入占家庭总收入的比重。从农户家庭农业收入占家庭总收入的比重来看,农户的农业收入占家庭总收入的比重在 20% 以下的农户共有 116 人,占样本农户总体的 12.07%;农业收入占家庭总收入的比重在 20%~40% 的农户为 178 人,占样本农户总体的 18.52%;农业收入占家庭总收入的比重在 40%~60% 的农户为 129 人,占样本农户总体的 13.42%;农业收入占家庭总收入的比重在 60%~80% 的农户为 110 人,占样本农户总体的 11.45%;农业收入占家庭总收入的比重在 80%~100% 的农户共有 428 人,占样本农户总体的 44.54%。整体来看,农户的家庭总收入中,主要的构成成分为农业收入,大部分农户的农业收入在家庭总收入中的比重在 80% 以上。

家庭非农收入。从农户的家庭非农收入的分布情况来看,农户家庭非农收入在 50 000 元以下的农户共有 735 人,占样本农户总数的 76.48%,远超总体数量的一半。整体来看,农户的家庭总收入中非农收入构成比例较小,农业生产收入为主要构成成分。

家庭非农收入占家庭总收入的比重。从农户的家庭非农收入占家庭总收入的比重分布情况来看,农户的家庭非农收入占家庭总收入的比重在 20% 以下的农户为 460 人,占样本农户总体的 47.87%,接近样本总体的 1/2。从统计结果来看,家庭非农收入在家庭总收入中的占比较小,农业生产带来的收入仍是农户家庭收入的主体。

4.3 农户农业生产性服务行为与契约选择描述性分析

4.3.1 农户农业生产性服务行为描述性分析

(1) 农户选择农业生产性服务及服务类型情况

从农户选择农业生产性服务状况的分布情况来看,如图 4 - 2 所示,选择参与农业生产性服务的农户共有 790 人,占样本农户总数的 82%,其中选择部分环节服务的有 551 人，占样本的 57%，选择全程托管服务的有 239 人，占样本的 25%；没有选择参与农业生产性服务的农户共有 171 人，占样本农户总数的 18%。整体来看，农户对农业生产性服务的参与程度还是很高的。值得注意的是，目前我国农业机械化程度较

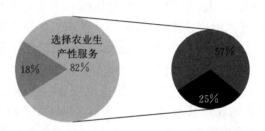

图 4-2　农户选择农业生产性服务及类型的样本分布

高，在实际调研中，自耕自种的农户仅有 68 户，然而调研中发现仅在收割环节租用机械的农户较为普遍，这可能是因为收割机是大型机械，购买成本较高，为避免参与农业生产性服务比例受收割环节的影响虚高，在此将仅在收割环节购买服务排除在农业生产性服务之外。

（2）农户选择部分环节服务类型情况

从农户选择不同类型农业生产性服务来看，如图 4-3 所示，在 551 位选择参与部分环节服务的农户中，有 487 位农户选择了整地环节外包，占比 88.38%；有 203 位农户选择了播种环节，占比 36.84%；有 386 位农户选择了田间管理环节，占比 70.05%；有 438 位农户选择了收割环节，占比 79.49%；有 21 位农户选择了灌溉环节，占比 3.81%。可以看出，整地、收割这种对劳动力要求高的生产环节，农户选择部分环节服务的意愿更强烈。

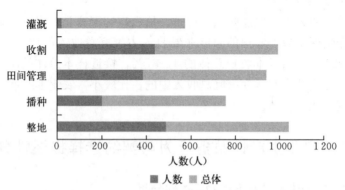

图 4-3　农户选择部分环节服务的样本分布

（3）没有选择部分环节服务的原因

从农户不选择部分环节服务的原因分布情况来看，如图 4-4 所示，由于

自耕自种的农作物产量高于参与农业生产性服务后的作物产量，以及土地地形等特征导致不适合机械化而不选择部分环节服务的农户仅有 2 人，仅占全部 48 位没有选择部分托管样本农户的 4％左右；由于土地规模小，认为选择部分环节服务过于铺张浪费而拒绝服务的农户有 8 人，占比 16.67％；由于家里有生产所需的农业机械而不参加部分环节服务的农户有 23 人，占比高达 47.92％，将近半数的比例；由于服务费用等导致参加服务的成本过高而拒绝参加生产性服务的农户有 9 人，占比 18.75％；余下为其他原因而不愿意选择农业生产性服务的。从数据中可以看出，自用农机的存在减少了大量劳动量，削弱了农户选择农业生产性服务的意愿。

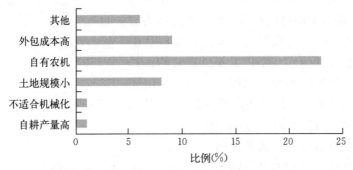

图 4-4　农户不选择部分环节服务原因的样本分布

（4）没有选择全程托管服务的原因

从农户没有选择全程托管服务原因的分布情况来看，如图 4-5 所示，由于自耕自种的农作物产量高于参与农业生产性服务后的作物产量而不选择全程生产托管的农户有 59 人，占全部 376 位不考虑选择全程托管服务样本农户的 15.69％左右；由于服

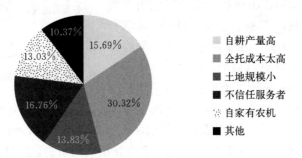

图 4-5　农户不选择全程托管服务原因的样本分布

务费用等导致参加托管服务的成本过高而拒绝参加托管服务的农户有 114 人，占比 30.32％；由于土地规模小，认为选择托管服务过于铺张浪费而拒绝托管服务的农户有 52 人，占比 13.83％；由于对全程托管服务者信任程度过低而拒绝参加全程托管的农户有 63 人，占比 16.76％；由于家里有生产所需的农业机械而不参加全程生产托管服务的农户有 49 人，占比 13.03％；余下为其

他原因而不愿意选择农业生产性服务的。从数据中可以看出，全程生产托管服务的价格对农户的参与意愿产生很大的影响，对服务者的信任度以及自耕产量等也是影响农户决策的重要因素。

4.3.2 农户农业生产性服务契约类型选择行为描述性分析

（1）农户农业生产性服务契约类型选择情况

从农户选择的不同类型农业生产性服务契约的分布情况来看，如图4-6所示，在选择农业生产性服务的790位农户中，有554人选择了口头契约，占签约样本农户总数的70.13%；另有236位农户选择签订书面契约，占比约为29.87%。从数据中可以看出，农户签订口头契约的人数更多。一方面是农户的法律维权意识不强，不会主动要求或坚持索要纸质契约；另一方面，农户选择的服务机构多为邻里介绍或村子附近的机构，知根知底，可信度高，认为不需签订正式契约。

图4-6　农户选择生产性服务契约类型的样本分布

（2）没有选择正式契约的原因

从农户没有选择正式契约的农业生产性服务契约的分布情况来看，如图4-7所示，在选择口头契约的554位农户之中，由于信任服务者，认为其信用等级高而不签订正式契约的农户有271人，占全部选择口头契约样本农户总数的48.92%，接近半数的比例；由于受到村子里其他

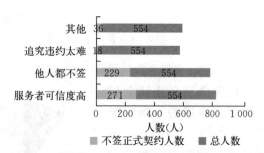

图4-7　农户不选择正式契约类型原因的样本分布

村民没有签订正式契约的影响而放弃正式契约的农户有229人，占比41.34%；由于农村法律秩序法律意识不完备，农户认为，签订正式契约也没有用，在实际维权时仍然会受到很大的阻力，因此产生契约无用心理而选择口头契约的农户有18人，占比3.25%；另有36位农户由于其他原因选择口头协议，约占6.50%。从数据中可以看出，农户选择口头契约的原因主要是对服务者的高度信任以及村里其他村民产生的溢出效应。

4.3.3 农户农业生产性服务契约稳定性描述性分析

（1）农户对农业生产性服务契约续约意愿选择情况

从农户对农业生产性服务契约续约意愿的分布情况来看，如图4-8所示，不考虑仅自耕自种的68位农户外，余下的893位农户中（包含仅收割环节购买农业生产性服务的农户），明确表达出非常不愿意续约的农户有 8 人，仅占全部参加农业生产性服务样本农户总数的 0.90%；表达不愿意续约的农户有 52 人，占比约为 5.82%；处在犹豫状态下并表明先继续观望的农户有 279 人，占比约为 31.24%；表达出愿意继续签订契约的农户有 501 人，占比高达 56.10%，超过半数；明确表达出非常愿意续约的农户有 53 人，占比约为 5.94%。从数据中可以看出，农户对农业生产性托管服务的续约意愿普遍更倾向于愿意续约的心理，计划中断契约的农户数量较少。

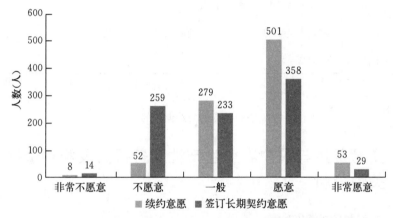

图 4-8　农户续约意愿程度和签订长期契约意愿程度的样本分布

（2）农户对农业生产性服务签订契约期限意愿的选择情况

从农户对签订长期的农业生产性服务契约意愿的分布情况来看，如图 4-8 所示，在 893 位农户中，明确表达出非常不愿意签订长期契约意愿的农户有 14 人，仅占全部参加农业生产性服务的样本农户总数的 1.57%；表达不愿意签订长期契约的农户有 259 人，占比约为 29.00%；处在犹豫状态下并表明先继续观望的农户有 233 人，占比约为 26.09%；表达出愿意签订长期契约的农户有 358 人，占比高达 40.09%；明确表达出非常愿意签订长期契约的农户有 29 人，占比约为 3.25%。从数据中可以看出，农户对长期进行农业生产性服务的意愿没有太明显的倾向性，更多的农户持有保守型的风险规避心理，更容易接纳短期的签约行为。

（3）农户对农业生产性服务签订契约期限意愿情况

从农户可接受的农业生产性服务的契约期限分布情况来看，如图 4-9 所示，在明确表达出愿意签订长期契约意愿的 387 位农户中，尚未规划好契约期限的农户有 44 人，占全部接受长期契约的农户总数的 11.37%；可接受的长期契约期限为 1~5 年（含 5 年）的农户有 193 人，占比约为 49.87%；可接受的长期契约期限为 6~10 年（含 10 年）的农户有 109 人，占比约为

28.17%；可接受的长期契约期限为 10 年以上的农户有 3 人，占比约为 0.77%；没有明确的期限限制，愿意持续与服务机构达成合作的农户有 38 人，占比为 9.82%。从数据中可以看出，大部分农户接受的长期契约期限为 5 年之内（含 5 年），仍表现出偏向短期服务契约的趋向。

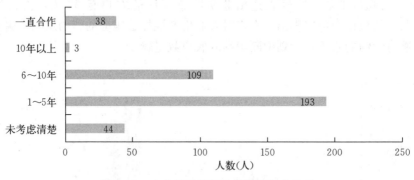

图 4-9　农户接受的契约期限的样本分布

4.4　交易费用与农户农业生产性服务行为及契约选择的相关性分析

4.4.1　交易费用的测度

（1）威廉姆森分析范式下交易特性的度量

结合农业生产特性对威廉姆森分析范式进行了修正，分别用资产专用性、风险性和规模性来表示交易特性，测度交易费用的大小。

① 资产专用性描述性分析。资产专用性主要从物资资产专用性、地理资产专用性和人力资产专用性来进行划分。其中物质资产专用性用"家庭有无农机"作为代理变量，如图 4-10 所示，可以看出，在全样本中有农机的农户为

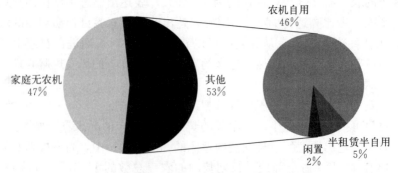

图 4-10　家庭农机拥有情况样本分布

513 户，占总样本的 53%，家庭中没有农机的农户为 448 户，占样本的 47%。其中家庭有农机的农户 46% 的农机自用，5% 的农机处于半租赁半自用状态，2% 的农机处于闲置状态。

地理资产专用性的代理变量为耕地细碎化程度和土地地形特征。其中从农户家庭耕地细碎化程度来看，如图 4-11 所示，农户家庭拥有的土地地块数量在 5 块及以下的共有 681 人，占样本农户总体数量的 70.86%；家庭拥有的土地地块数量在 5～10 块的农户共有 189 人，占样本农户总体的 19.67%，接近总体的 1/5；家庭拥有的土地地块数量在 10～15 块的农户数量为 44 人，占样本总体的 4.58%；拥有 15 块以上土地的农户数量不到总体样本的 10%。整体来看，农户的土地细碎化程度较低，土地较为集中。从土地特征可以看出（图 4-12），农户土地特征是平地的占比最大，达到 78%；其次是坡地，达到 18%；最后是洼地，仅有 4%。

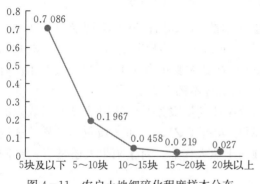

图 4-11　农户土地细碎化程度样本分布

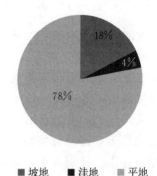

图 4-12　农户土地地形样本分布

人力资产专用性以农户家庭实际有 55 岁及以上老人人数为准。从家庭老龄化分布情况来看，如图 4-13 所示，家中无 55 岁及以上老人的农户共计 307 人，占样本农户总体的 31.95%；家中 55 岁及以上老人人数为 1 人的农户共 189 人，占有效样本农户总体的 19.67%；家中 55 岁及以上老人人数为 2 人的农户共 450 人，占样本农户总数的 46.83%；家中 55 岁及以上老人人数为 3 人及以上的农户有 15 人，仅占样本农户的 1.56%。整体来看，农户家中普遍赡养两位老人，占据将近一半的比例。家中老人人数 3 人及以上的农户数量很少，家中无 55 岁及以上老人的农户数量也较多，约占总体的 1/3。

②风险性描述性分析。风险性主要从经营风险和交易风险两个方面进行衡量。其中经营风险的代理变量是近五年自然灾害发生次数，从图 4-14 可以看出，近五年自然灾害发生次数呈现正态分布的特点。其中近五年自然灾害发生 2 次的农户最多，达到 298 户，占 31%；其次是近五年遭受自然灾害次数

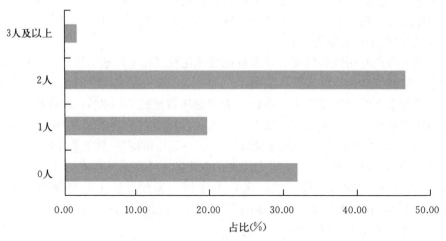

图 4 - 13　农户家庭老龄化情况样本分布

为 1 次的农户，达到 262 户，占总样本的 27.26%；近五年遭受自然灾害 3 次、4 次、5 次的分别为 175 户、33 户和 71 户，占比分别为 18.21%、3.43% 和 7.39%，农户近五年遭受自然灾害的次数主要集中在 1～3 次；近五年没有遭受过自然灾害的农户仍有 122 户，占总样本的 12.7%。

从图 4 - 15 可以看出，交易风险代理变量服务对象认识情况中，认识的人占比最多，占总样本的 75%，陌生人占了 21%，而亲戚仅占 4%。这说明在农业生产性服务中，农户更倾向于熟人作业，对于陌生人还是有一定防范心理。

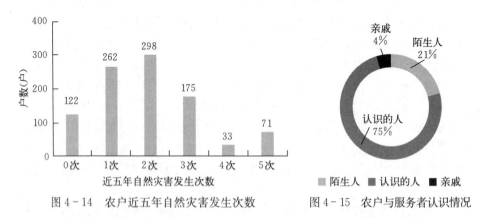

图 4 - 14　农户近五年自然灾害发生次数　　　图 4 - 15　农户与服务者认识情况

③ 规模性描述性分析。规模性主要从种植规模和养殖规模两个方面进行衡量。从农户家庭种植规模来看，如图 4 - 16 所示，农户家庭拥有的耕地面积以 0～40 亩为主，家庭土地面积在 20 亩及以下的农户为 380 人，占样本农户

总数的 39.54％，已将近 2/5；家庭土地面积在 20～40 亩的农户共有 301 人，占样本农户总数的 31.32％；家庭土地面积在 40 亩到 60 亩的农户数为 114 人，占样本农户总数的 11.86％，在 1/10 左右；家庭土地面积在 60～80 亩以及 80～100 亩的农户数量均占样本农户总数的 4％左右；家庭土地面积在 100 亩以上的农户为 93 人，占样本总体的 9.68％，约是总体样本数的 1/5。整体来看，农户的土地面积均在中等大小的水平，大块土地的农户数较少，占比较小。

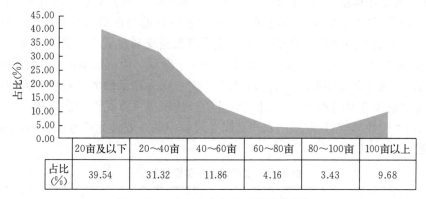

	20亩及以下	20～40亩	40～60亩	60～80亩	80～100亩	100亩以上
占比(%)	39.54	31.32	11.86	4.16	3.43	9.68

图 4-16　农户家庭土地面积样本分布

从图 4-17 和图 4-18 可以看出，对于农户是否有养殖业，没有养殖业的农户占 80％，有养殖业的占 20％。其中有养殖业的农户养殖业收入在 10 000 元以下的有 54 户，占有养殖业的 27.98％；10 000～50 000 元的农户数是最多的，有 106 户，占比 54.92％；在 50 000～100 000 元占 11.4％，有 22 户；而 100 000 元以上的最少，仅有 11 户，占养殖户的 5.7％。这说明调研的农户还是主要以种植业为主，少数兼有养殖业。

图 4-17　农户是否有养殖业
样本分布

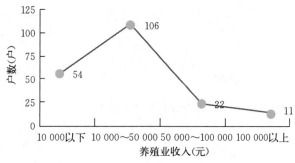

图 4-18　农户养殖业收入样本分布

（2）契约过程中产生的交易成本的测度

① 交易成本量表定义。交易成本的测量在学术界一直存在争议，本研究通过实地调研的了解，结合农户选择农业生产性服务契约过程中的实际情况，总结归纳出农户交易成本的初始测量问题选项。其中具体包括交易前产生的搜寻信息的成本（A1），交易过程中与交易方的谈判成本（A2），交易之后监督对方执行花费的成本（A3）。每个潜变量的测量多数为李克特5级量表。具体来说，如表4-4所示，信息成本包括"农户与服务者关系相处的程度""农户与服务者信任程度""服务者收取的价格合理程度""农户对服务内容和条款的了解程度"等4个题项，谈判成本包括"农户目前与服务者契约类型选择情况""服务组织保障产量情况""农业生产性服务交易付款方式选择情况""农户与农业生产性服务者讨价还价能力"等4个题项，执行成本包括"农户认为从预约到服务上等待的时间长短程度""农户认为联系服务者花费时间情况""服务者的服务及时程度""去年与农业生产性服务主体见面的次数频率""农户在服务时候的监督频率""农户在服务过程中联系农业生产性服务者的难易程度"等6个题项。

表4-4　交易成本测量题项及定义

潜变量	观测变量	定义
信息成本 A1	a11：农户与服务者关系相处的程度	非常好＝1，挺好＝2，一般＝3，不好＝4，非常不好＝5
	a12：农户与服务者信任程度	非常信任＝1，信任＝2，一般＝3，不信任＝4，非常不信任＝5
	a13：服务者收取的价格合理程度	非常合理＝1，合理＝2，一般＝3，不合理＝4，非常不合理＝5
	a14：农户对服务内容和条款的了解程度	非常了解＝1，了解＝2，一般＝3，不了解＝4，非常不了解＝5
谈判成本 A2	a21：农户目前与服务者契约类型选择情况	口头合同＝1，书面合同＝2
	a22：服务组织保障产量情况	不保＝1，保产＝2
	a23：农业生产性服务交易付款方式选择情况	全额＝1，分期付款＝2
	a24：农户与农业生产性服务者讨价还价能力	不讲价＝1，讲价＝2

（续）

潜变量	观测变量	定义
执行成本 A3	a31：农户认为从预约到服务上等待的时间长短程度	非常不长＝1，不长＝2，一般＝3，长＝4，非常长＝5
	a32：农户认为联系服务者花费时间情况	非常不多＝1，不多＝2，一般＝3，很多＝4，非常多＝5
	a33：服务者的服务及时程度	非常及时＝1，及时＝2，一般＝3，不及时＝4，非常不及时＝5
	a34：去年与农业生产性服务主体见面的次数频率	从不＝1，偶尔＝2，经常＝3
	a35：农户在服务时候的监督频率	从不＝1，很少＝2，一般＝3，偶尔＝4，经常＝5
	a36：农户在服务过程中联系农业生产性服务者的难易程度	非常容易＝1，容易＝2，一般＝3，不容易＝4，非常不容易＝5

②　交易成本因子分析。本部分进行因子分析有两个原因：第一，在进行信度、效度检验之前，应先对数据进行探索性因子分析，确定交易成本各个维度；第二，在后续研究中需要通过因子分析得到因子得分，作为进一步分析的变量。

将数据导入 SPSS19.0 中，采用最大方差法（Vari‐max Rotation）对 14 个指标进行因子旋转分析，剔除因子载荷系数低于 0.5 的 4 个指标，剩余 10 个指标。然后，对剩余的 10 个指标进行巴特立球体检验，KMO 均大于 0.5 的阈值条件，且巴特立球体检验的结果在 $P = 0.000$ 的水平上显著，结果如表 4‐5 所示。可以看出，量表具有较好的相关性，表明测量数据适合进行因子分析。其中剩余的 10 个指标中信息成本包含 4 个观测变量；谈判成本删除了 1 个指标，剩余了 3 个观测变量；执行成本从原来 6 个观测变量变成 3 个观测值，在因子分析后得到因子得分。

表 4‐5　潜变量指标的 KMO 和 Bartlett's 球体检验

潜变量	观测变量符号	KMO 样本充分性测量	Bartlett's 球体检验			因子得分	
			近似卡方值	自由度	显著性概率	最大值	最小值
交易成本	A	0.676	2 398.998	91	0.000	1.79	−1.76
信息成本	a11 a12 a13 a14	0.700	518.266	6	0.000	4.17	−2.88

（续）

潜变量	观测变量符号	KMO 样本充分性测量	Bartlett's 球体检验			因子得分	
			近似卡方值	自由度	显著性概率	最大值	最小值
谈判成本	a21	0.679	1 061.899	6	0.000	2.38	−0.95
	a22						
	a23						
执行成本	a31	0.616	428.893	15	0.000	5.02	−2.73

4.4.2 交易费用与农户农业生产性服务选择行为的相关性分析

前文分析可知，交易费用分别从威廉姆森分析范式交易特性和契约过程中产生的交易成本两个方面进行衡量。在农户农业生产性服务选择行为过程中，涉及农户对交易属性的考量，因此本部分结合农业特征从交易特性三个属性资产专用性、风险性和规模性对农户农业生产性服务选择进行相关性分析。

（1）资产专用性与农户农业生产性服务选择行为的相关关系

表4-6显示，在资产专用性中，家庭有无农机、土地地形特征和老龄化程度对农业生产性服务的选择行为均有显著相关关系。选择部分环节服务和选择全程托管服务的农户，其家庭有农机的平均值分别是 0.506 和 0.293，这意味着，选择全程托管服务的农户比选择部分环节服务的农户家庭拥有农机情况要少，进一步分析发现，家庭是否有农机和农业生产性服务的选择呈负相关关系，且在1‰水平上显著。这说明拥有农机的农户更倾向于选择部分环节服务。同时土地地形特征与农业生产性服务选择在1‰水平上呈正相关关系。也就是说，土地越平坦的农户、老龄化程度越高的农户，越倾向选择农业生产性服务。同时分别从土地地形特征和老龄化程度对农户部分环节服务和全程托管服务选择行为的均值可以看出，土地地形特征越平坦的农户越倾向选择部分环节服务，而老龄化程度越高的农户，越倾向选择全程托管服务。

表4-6　交易费用与农户农业生产性服务行为选择的相关关系

变量名称	农业生产性服务是否选择			农业生产性服务类型选择情况			
	不选择均值	选择均值	相关系数	部分环节服务均值	相关系数	全程托管服务均值	相关系数
资产专用性							
家庭有无农机	0.959	0.442	−0.397***	0.506	−0.395***	0.293	−0.664***
土地地形特征	0.614	0.825	0.171***	0.817	0.204***	0.770	0.169***
老龄化程度	0.291	0.418	0.131***	0.399	0.129***	0.460	0.214***
风险性							

（续）

变量名称	农业生产性服务是否选择			农业生产性服务类型选择情况			
	不选择均值	选择均值	相关系数	部分环节服务均值	相关系数	全程托管服务均值	相关系数
服务对象认识程度	0.503	0.144	−0.338***	0.122	−0.397***	0.197	−0.323***
自然灾害	2.591	1.815	−0.219***	1.840	−0.238***	1.757	−0.278***
规模性							
种植规模	90.626	34.536	−0.412***	35.103	−0.421***	33.231	−0.464***
是否有养殖业	0.146	0.213	0.063***	0.176	0.034	0.297	0.176***

注：*** 表示在 1% 的水平上显著。

（2）风险性与农户农业生产性服务行为选择的相关关系

从风险性与农业生产性服务选择的相关关系中可以看出，服务对象认识程度对农户农业生产性服务选择行为具有负向相关性影响，说明服务对象越陌生越阻碍农户对农业生产性服务的选择。同时，服务对象认识程度与农户选择部分环节服务和全程托管服务均呈负向相关关系，其中服务对象陌生程度对选择部分环节服务和选择全程托管服务的平均值分别为 0.122 和 0.197，说明农户与服务者关系越陌生，越倾向选择全程托管服务，反之，农户与服务者关系越密切，越倾向选择部分环节服务。经营风险与农业生产性服务选择在 1% 水平上显著呈负相关关系，也就是说遭受自然灾害越多的农户风险意识越强，对农业生产性服务越具有阻碍作用。

（3）规模性与农户农业生产性服务行为选择的相关关系

规模性与农业生产性服务类型选择相关关系结果显示，养殖规模与农业生产性服务全程托管类型在 1% 水平呈显著正向相关关系，相关系数是 0.176，与部分环节服务无显著相关关系，说明养殖规模越大，农户选择全程托管服务的概率越大。种植规模与农业生产性服务及不同类型服务选择均有负向相关关系，说明种植规模大的农户越倾向于选择农业生产性服务。

4.4.3 交易费用与农户农业生产性服务契约类型选择行为的相关性分析

在第三章分析可知，农户在农业生产性服务契约类型选择行为中受交易费用影响最大的三个因素是风险性、规模性和搜寻信息成本。因此，本部分进一步分析风险性、规模性和搜寻信息成本与农户农业生产性服务契约类型选择的相关关系。

（1）风险性与农户农业生产性服务契约类型选择的相关关系

从风险性与农业生产性服务契约类型选择的相关关系中可以看出，交易风险与服务契约类型选择具有显著相关关系，而经营风险不存在明显相关。具体来说，服务对象认识程度变量对选择口头契约和正式契约农户的平均值分别为0.122和0.197（表4-7），说明选择口头契约的农户比选择正式契约的农户与服务者的关系密切。同时从相关性可以看出，农户与服务者关系越陌生，越倾向于选择正式契约，反之农户与服务者关系越密切，越倾向于选择口头契约。

表4-7　交易费用与农户农业生产性服务契约类型选择的相关关系

变量名称		农业生产性服务契约类型				相关性	
		口头契约		正式契约		相关系数	P值
		均值	标准差	均值	标准差		
交易风险	服务对象认识程度	0.122	0.327	0.197	0.398	−0.098	0.006
经营风险	自然灾害	1.840	1.243	1.757	1.384	−0.030	0.407
规模性	种植规模	35.103	42.010	33.231	35.633	0.021	0.548
	是否有养殖业	0.176	0.381	0.297	0.458	0.136	0.000
契约过程交易成本	搜寻信息成本	0.018	0.937	−0.124	1.126	−0.065	0.066

（2）规模性与农户农业生产性服务契约类型选择的相关关系

规模性与农业生产性服务契约类型选择相关关系结果显示，养殖规模与农业生产性服务契约类型在1%水平呈显著正向相关关系，相关系数是0.136，说明养殖规模越大，农户选择正式契约的概率越大。而种植规模与契约类型正向相关，但没有显示明显的相关关系。

（3）搜寻信息成本与农户农业生产性服务契约类型选择的相关关系

搜寻信息成本与农业生产性服务契约类型选择相关关系结果显示，搜寻信息成本与农业生产性服务契约类型在10%水平呈显著负向相关关系，相关系数是−0.065，说明搜寻信息成本越大，农户在契约选择中交易成本越大，因此会抑制正式契约的选择，选择口头契约的概率越大。

4.4.4　交易费用与农户农业生产性服务契约稳定性的相关性分析

表4-8汇报了契约过程中交易成本对农户农业生产性服务契约稳定性影响研究，其中农户与农业生产性服务者契约稳定性研究主要从农业生产性服务续约意愿和契约期限两个方面进行考虑。

表4-8　交易费用与农户农业生产性服务契约稳定性的相关关系

变量名称	农业生产性服务续约意愿			农业生产性服务契约长期合作意愿		
	不续约均值	续约均值	相关性	不愿意均值	愿意均值	相关性
搜寻信息成本	0.463 (1.113)	−0.283 (0.803)	−0.362***	0.227 (1.084)	−0.296 (0.786)	−0.259***

（续）

变量名称	农业生产性服务续约意愿		相关性	农业生产性服务契约长期合作意愿		相关性
	不续约均值	续约均值		不愿意均值	愿意均值	
谈判成本	−0.151 (0.844)	0.093 (1.075)	0.118***	−0.124 (0.875)	0.163 (1.123)	0.142***
监督执行成本	0.059 (1.069)	−0.036 (0.955)	−0.046	0.080 (1.100)	−0.105 (0.842)	−0.092***

注：*** 表示在 1% 的水平上显著，括号内为标准差。

（1）搜寻信息成本与农户农业生产性服务契约稳定性的相关关系

从搜寻信息成本与农业生产性服务契约续约意愿的相关关系中可以看出，搜寻信息成本与服务契约续约意愿和服务契约期限意愿具有显著负相关关系。具体来说，搜寻信息成本越高的农户，其与农业生产性服务者契约关系越不稳定，可能不会与农业生产性服务者进行续约，也不愿意进行长期合作。

（2）谈判成本与农户农业生产性服务契约稳定性的相关关系

谈判成本与农户农业生产性服务契约稳定性的相关关系结果显示，谈判成本与农业生产性服务契约续约意愿和长期合作意愿均在 1% 水平呈显著正向相关关系，相关系数分别为 0.118 和 0.142。这说明农户在契约中谈判成本越高，农户在下一次与农业生产性服务者关系越稳定，越愿意续约和长期合作。

（3）监督执行成本与农户农业生产性服务契约稳定性的相关关系

监督执行成本与农户农业生产性服务契约稳定性相关关系结果显示，监督执行成本与农业生产性服务契约续约意愿没有显著相关性，与契约长期合作意愿在 1% 水平上呈负向相关关系，相关系数是 −0.092。这说明监督执行成本越高，农户不会选择与农业生产性服务者达成契约长期合作关系。

当然，简单的相关关系比较只能粗略地反映出差异，为了更加准确地反映成本对农户农业生产性服务契约选择的影响，需要采用更为严谨的计量分析方法。

4.5　本章小结

本章首先介绍研究区域农业生产性服务发展现状；其次，介绍实地调研与数据搜集的问卷结构设计、问卷内容安排、数据来源及进行样本特征的描述性统计分析；再次，围绕农业生产性服务行为及契约选择行为进行描述性分析；最后，对交易费用和农业生产性服务进行相关性差异分析。

调研问卷的设计部分主要介绍了问卷设计的主要思路和主要内容。总体来看，受访农户中以男性受访者居多，且年龄分布在 50 岁以上的农户最多，具有初中学历水平的农户最多，身体健康状况普遍保持良好，政治面貌以非党员身份居多，务农年限集中在 20～40 年，务农热情普遍较高，外出务工人数不多；家庭农业劳动力人数为 1～2 人的最多，平均每户家庭赡养老人数量以1～2 人为主；家庭耕地面积在 40 亩以内的农户最多，农户土地块数多在 5 块以内，土地总体集中性较好，土壤质量普遍中等，耕地平整程度较好；家庭农业收入主要在 40 000 元以内，农业收入占比在 80%～100% 的农户最多，非农收入大多在 50 000 元以下，非农收入占比在 20% 以下的农户最多。

农户参与农业生产性服务的积极性较高，将近 3/4 的样本农户选择参与农业生产性服务；没有选择部分环节服务的农户主要由于家里有农用机械，可以节省劳动投入，进行自耕自种；没有选择进行全程托管服务农户主要由于全程托管费用过高，且外包的生产环节过多，农户易产生不信任心理；选择进行部分生产环节服务的农户大多倾向于将整地、收割等劳动力主导型为主的环节外包，减小不确定性与风险；签订农业生产性服务契约时，农户更愿意签订口头形式的契约，选择此种契约形式的原因主要为高度信任以及其他村民的溢出效应；已经签订农业生产性服务的农户普遍希望继续与服务机构合作，但合作期限没有较明显的倾向性，基于农户的风险规避型谨慎心理，大多数农户更愿意接受短期契约，或正处在犹豫观望的阶段之中。

从交易费用与农户农业生产性服务行为及契约选择相关性分析中发现，首先，交易特性中资产专用性、风险性和规模性与农户农业生产性服务均有显著的相关关系；其次，交易特性中风险性、规模性和契约过程中产生的信息成本与农户农业生产性服务契约类型选择表现出显著的相关关系；同时契约过程中产生的交易成本与农户农业生产性服务契约续约意愿和契约期限表现出显著的相关关系。由此，本章的描述性及相关性分析，对接下来的实证分析有一定的预判作用。

5 交易费用对农户农业生产性服务行为影响研究

农业生产性服务在现代农业中是引领农业发展方式转变的主要力量，也是小农户与现代农业发展有机衔接的重要路径。第四章对交易费用与农户选择农业生产性服务行为进行了相关性分析，发现交易费用对农户农业生产性服务行为具有一定影响。本章在统计分析的基础上，以东北三省的 961 份调研数据为基础，从交易费用视角对农户农业生产性服务行为进行实证研究。首先，采用 Mlogit 模型分析交易费用对农业生产性服务不同类型行为选择差异的影响；其次，运用倾向值匹配分析方法进行稳健性检验；最后，对不同规模农户农业生产性服务行为进行异质性讨论。

5.1 理论分析框架的构建

农业生产性服务作为一种生产经营方式新选择和实现高效率的管理战略受到重视（曹峥林等，2017）。农业生产性服务的实质是农业生产经营分工深化的表现，不仅获取分工深化带来的规模效益，有效地化解农户投资与农地流转高交易成本的约束（王志刚等，2011；廖西元等，2011；陈超等，2012；张露等，2018），同时有效缓解劳动力短缺和提高专业化生产效率（陆岐楠等，2017；Wang et al.，2016；Gillespie et al.，2010；Picazo - Tadeo et al.，2006）。2017 年农业部《加快发展农业生产性服务业的指导意见》提出大力推进农业生产托管，要总结推广一些地方探索形成的"土地托管""农业公营制"等形式，把发展农业生产托管作为推进农业生产性服务、发展适度规模经营的主推服务方式。近几年新兴的土地全程托管服务也开始备受学者关注且发展迅速，到 2018 年底中国生产托管的农业社会化服务组织已发展到 31.2 万个。土地全程托管能增加农业收益，释放劳动力增加农户的非农收益（孙晓燕等，2012）；能够大幅度提高土地产出率，达到农户和农业节本增收的效果，有效地保障了农户权益（衡霞等，2014）。

本研究根据服务环节的不同，将农业生产性服务划分为部分环节服务和全程托管服务进行探究。目前关于农业生产性服务选择行为的研究还有待完善，具体表现为，已有的研究多集中于部分环节服务（生产环节外包服务），对全程托管服务研究较少，然而，全程托管服务在未来农业生产性服务的发展中具有重要的优势。

从第三章的理论分析可知，在追求利益最大化的目标下，农户对农业生产性服务的选择主要聚焦于服务市场交易产生的交易费用。当交易费用高时，农户选择通过家庭内部自我作业；当交易费用低时，农户选择借助家庭外部农业生产性服务市场（曹峥林等，2017）。因此，本章基于交易费用理论，利用微观调研数据，分析交易费用对农户农业生产性服务选择行为，特别是对不同农业生产性服务类型（部分环节服务和全程托管服务）差异的影响，同时对不同规模农户农业生产性服务选择进行异质性分析，具体分析框架如图5-1所示。

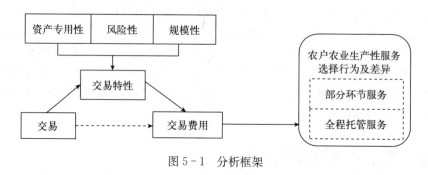

图 5-1　分析框架

交易费用的测量一直是学者们关注的重点问题。威廉姆森从可观测的交易特性资产专用性、不确定性和交易频率三个方面阐释和测度交易费用（Williamson，1985）。张五常（1999）肯定了交易费用的比较方法。然而，威廉姆森分析范式主要形成于"工厂化"的企业运作情景，并不完全适用于受自然力影响以及存在生命现象的交易活动（胡新艳等，2015a）。显然，农业活动与工业活动需考虑的交易特性因素存在重大差异（Brouthers et al.，2003），并且农业内部的劳动分工及其交易具有多样性（David et al.，2004）。因此，结合农业特性，本研究对威廉姆森分析范式中交易特性修正为资产专用性、风险性和规模性（何一鸣等，2019；何一鸣等，2011）。

（1）资产专用性

资产专用性是指资产能够被重新配置于其他备择用途并由其他使用者重新配置而不牺牲其生产性价值的程度（Williamson，1996）。不同的专用性程度在相同的机会主义倾向下会选择不同的治理结构来匹配，以节约交易费用。专用性越强，交易费用越高。Williamson（1985）将资产专用性划分为六类，本研究主要关注三种类型：物资资产专用性、地理资产专用性和人力资产专用性。

物资资产专用性，是指专为特定农户设计制作工具或模具等装备的投资产生的专用性。在农业生产环节中，物资资产专用性一般是指农业机械的专用性投资。在农业生产环节中，农户所拥有的农机越多，其专用投资越多，其被机械成本套牢锁定的可能性及强度就越大，进而抑制农户对农业生产性服务的选择。

农户的地理资产专用性可以表达为与农业生产紧密相关的地理位置、气候条件、土壤肥力等多个方面（胡新艳等，2015a）。农地的经济价值是有边界的，一旦超出它的范围，其经济价值将大幅度减小甚至消失。同时土地要素相对于劳动力和资本等生产资料，是不能轻易移动的，其专用性极强。因此，对于土地要素资源越好的农地，其越有利于开展农业生产，更倾向于选择农业生产性服务。

人力资产专用性，在农业生产中主要指农户长期进行学习的能力及经营所需的经验和技能。对于人力资产专用性强的农户来说，其更愿意投身到农业生产经营当中，且掌握科学的种植方式，农户选择农业生产性服务可能性越大。

综上分析提出如下假说：

H1：物资资产专用性越高的农户会抑制对农业生产性服务的选择。

H2：地理资产专用性越强的农户，更倾向于选择农业生产性服务。

H3：人力资产专用性越强的农户，更倾向于选择农业生产性服务。

（2）风险性

Williamson（1985）将交易不确定性分成了两类：一是环境的不可预见性，指由于自然随机变化和消费者偏好的不可预料的变化所带来的不确定性；二是行为的不确定性，是指由于信息不对称而引起的不确定性。结合农业特性，本研究将风险性①分为经营风险和交易风险。经营风险主要是指农户在农业生产中遇到的自然灾害，交易风险是指农户对服务方的不信任而引起的行为不确定性。大多数农户属于风险抵抗力较弱的风险厌恶者，当面临高风险时，农户会选择最佳的规避风险的方式，故高风险将抑制农户对农业生产性服务的选择。由此提出假说4：

H4：风险性（经营风险和交易风险）越高，会抑制农户对农业生产性服务的选择。

（3）规模性

农业的规模性是指土地、劳动力等农业资源交易规模和交易频率。本研究将规模性梳理为经营规模，主要包括种植规模和养殖规模。经营规模越大，农户生产的专业化程度越高，需要的生产和经营管理等方面的各种投入就越多，家庭内部自身配置利用的难度就越大，农户越倾向于选择农业生产性服务（曹峥林等，2017）。由此提出假说5：

H5：种植规模和养殖规模越大，农户越倾向于选择农业生产性服务。

---

① 本研究用风险性替代不确定性的概念，是因为前者可以通过概率计算期望值，而后者无法获得事件发生的概率。

5.2 变量选取与模型设定

5.2.1 变量选取

（1）被解释变量

农业生产托管服务可根据服务环节的不同分成两种类型：一种是部分环节服务，也称为服务外包或生产环节外包；另一种是全程托管服务。因此，本研究模型的被解释变量是多分类变量，自耕自种即没有选择农业生产托管服务的[①]，赋值为 0；选择部分环节服务，赋值为 1；选择全程托管服务，赋值为 2。

（2）解释变量

本研究模型的核心解释变量是威廉姆森分析范式下的交易特性，即资产专用性、风险性和规模性。借鉴相关研究，将资产专用性进一步划分为物资资产专用性、地理资产专用性和人力资产专用性（曹峥林等，2017）。在农业生产研究中，物资资产专用性多用农户农机状况来表示。地理资产专用性是指农户的土地要素，选取农户耕地细碎程度变量和土地地形特征来表示，其中土地细碎化指标量化常用辛普森指数、地块数量、平均地块面积（面积/地块）和单位面积以下地块所占比例（地块/面积）表示（王嫚嫚等，2017；张忠军，2015；罗必良等，2019），然而受到数据限制辛普森指数很难符合要求；块均面积和单位面积以下地块所占比例代表的含义相似，更适合南方地区土地总面积较少，地块较多情况，量化更为明显。而采用地块数量测度土地细碎化指标较为常见（田红宇等，2019）。因此，结合东北地区实际土地面积特点，本章选择地块数量和测度土地细碎化更为合理。人力资产专用性用老龄化程度变量衡量，这资产的形成会影响农户其他方面的机会成本。

风险性主要包括经营风险和交易风险。农户面临的最大的经营风险就是自然灾害。自然灾害是指家庭生产可能会遇到的旱灾、风灾和涝灾等。通过调研发现，在东北玉米生产中，自然灾害的种类很多，即使在同一地块，同一时间发生的情况也不一样。以往研究中，学者用"近几年自然灾害发生次数"来作为自然灾害的代理变量（陈昭玖等，2016；曹峥林等，2017），因此本章选择"近五年当地旱涝等自然灾害发生的次数"指标来衡量经营风险。而交易风险是指农户对交易方的不信任而引起的行为不确定性，而这种不信任更多的是对

---

① 这里的自耕自种包含仅收割的农户。调研中发现，大多数农户会在收割环节租用机械，因为收割机是大型机械，购买成本较高，为避免参与农业生产性服务比例受收割环节的影响虚高，在此将仅在收割环节购买服务排除在农业生产性服务之外，在第四章描述分析中有详细说明。

人的不信任，因此选取"服务对象认识程度"变量来衡量交易风险。

规模性主要是指农户经营规模。在考察种植规模变量的同时，本章引入了"农户是否有养殖业"来衡量农户的养殖规模，更加全面地考察规模性对农户选择农业生产性服务的影响。

（3）控制变量

借鉴相关文献，本研究选取家庭基本特征变量和家庭收入特征变量作为控制变量。其中家庭基本特征变量包括户主性别、户主受教育年限、农户家庭人口数，家庭收入特征变量包括家庭非农收入占比、家庭收入在本村水平。此外，考虑到地区之间的差异，本研究还引入了省份虚拟变量（表5-1）。

表5-1 模型中变量定义域说明

变量名称	符号	变量描述及赋值	均值	标准差	最大值	最小值
农业生产性服务选择行为	*Agri-service*	否＝0，选择部分环节服务＝1，选择全程托管服务＝2	1.07	0.65	2	0
资产专用性						
物资资产专用性	*Machinery*	家庭有无农机：家庭有农机＝1，家庭无农机＝0	0.53	0.50	1	0
地理资产专用性	*Fragmentation*	耕地细碎化程度：土地地块数量实际值	5.59	5.61	55	1
	Terrain	土地地形特征：坡地或洼地＝0，平地＝1	0.77	0.42	1	0
人力资产专用性	*Aging*	老龄化程度：55岁及以上老年人数量与家庭总人口数的比值	0.39	0.37	1	0
风险性						
经营风险	*Disaster*	自然灾害：近五年当地旱涝等自然灾害发生的次数	1.95	1.36	5	0
交易风险	*Risk*	服务对象认识程度：熟悉的人＝0，陌生的人＝1	0.21	0.41	1	0
规模性						
种植规模	*Land*	种植面积实际值	44.52	52.14	358	2.5
养殖规模	*Farmscale*	是否有养殖业：有养殖＝1，没有养殖＝0	0.20	0.40	1	0
家庭基本特征						
户主性别	*Gender*	男＝1，女＝2	1.05	0.23	2	1
户主受教育程度	*Education*	受教育年限实际值	7.09	2.80	15	0

（续）

变量名称	符号	变量描述及赋值	均值	标准差	最大值	最小值
家庭人口数	*Population*	实际值	3.53	1.36	8	1
家庭收入特征						
非农收入占比	*Nonfarm*	家庭非农收入占家庭总收入的比例	0.33	0.34	1	0
家庭收入在本村水平	*Incomelevel*	偏上＝1，中等＝2，偏下＝3	2.10	0.51	3	1
区域特征						
省份变量	*Province*	黑龙江＝1，吉林＝2，辽宁＝3	1.86	0.76	3	1

5.2.2 模型设定

（1）无序多项回归设定

本研究中以农户农业生产性服务选择行为作为被解释变量，包括自耕自种（未选择农业生产性服务）、部分环节服务和全程托管服务三种选择行为，且彼此之间没有定序的关系，因此无序多项回归（Multinomial logistic）模型比较适合此类问题的实证研究，据此建立如下模型

$$P(y_i = j|x_i) = \frac{\exp(x_i\beta_j)}{\sum_{k=1}^{J} \exp(x_i\beta_k)} \qquad (5-1)$$

式（5-1）中的 P 表示第 i 个农户选择第 j 种农业生产性服务的概率；x_i 表示资产专用性、风险性和规模性等解释变量，以及家庭基本特征和家庭收入特征等控制变量；β 表示待估计的系数，k 表示可供农户选择的农业生产性服务的类型。无序多项回归选择模型不能同时识别所有的待估系数 β_k，因此假定 $y_i = k$ 为对照组进行对比估计，对式（5-1）整理变形为

$$P(y=j|y=k) = \frac{P(y=j)}{P(y=k)+P(y=j)} = \frac{\exp(x_i'\beta_j)}{1+\exp(x_i'\beta_j)} \qquad (5-2)$$

相对应的风险比率为

$$P(y=j)/P(y=k) = \exp(x_i'\beta_j) \qquad (5-3)$$

继续整理式（5-3），对其两边取对数得到对数概率比为

$$\ln[P(y=j)/P(y=k)] = x_i'\beta_j \qquad (5-4)$$

最终将交易费用属性交易特性与相关的控制变量代入式（5-4），即得到农户农业生产性服务选择行为模型，为

$$\ln\left(\frac{P_j}{P_J}\right) = \beta_0 + \sum \beta_i X_i + \sum \beta_i Z_i + \mu \qquad (5-5)$$

式（5-5）中，X 代表交易特性变量，Z 为控制变量，μ 为随机误差项。

（2）稳健性分析倾向值匹配方法

农业生产性服务的选择行为有可能因为受到自身及家庭等因素的影响，存在自选择行为，进而带来内生性问题，导致回归结果出现偏差。而且，一般回归分析方法中，只能分析农户选择农业生产性服务行为的影响，无法分析未观测到的该农户未选择农业生产性服务的情况，可能会导致估计结果的偏差。因此，本研究在原有回归的基础上，采用倾向值匹配方法作为主要问题分析的稳健性回归方法，从而检测估计结果的有效性。具体步骤如下：

首先，将关键变量交易特性设为 0～1 变量，采用 Logit 模型构造回归模型，估计控制变量倾向值，倾向值得分（PS_i）情况如下

$$PS_i = \mathrm{Logit}(S_i = 1 \mid D_i) = E(S_i = 0 \mid D_i) \qquad (5-6)$$

其中，i 表示不同农户，$S_i = 1$ 表示关键变量的处理组，$S_i = 0$ 表示关键变量的控制组，D_i 为控制变量，即匹配变量。在得到倾向值得分后，本研究选择了三种匹配方式（近邻匹配法、半径匹配法和核匹配法）对农户进行匹配。最终，采用处理组的农业生产性服务选择行为的平均处理效应（ATT）进行估计，表达式为

$$ATT = E(Y_{1i} \mid S_i = 1) - E(Y_{0i} \mid S_i = 1) = E(Y_{1i-0i} \mid S_i = 1) \quad (5-7)$$

其中，Y_{1i} 为选择农业生产性服务行为，Y_{0i} 为未选择农业生产性服务行为。

5.3　交易费用对农户农业生产性服务行为选择影响实证分析

本章利用东北三省实地一对一农户调研数据进行多元 Mlogit 回归分析，分析交易特性对农户农业生产性服务选择的影响。为了更清晰地分析，本节分别分析交易费用对部分环节服务和全程托管服务的影响估计结果（表5-2和表5-3）。为控制模型扰动项异方差、自相关以及异常值可能的影响，本章对所有回归都采用了稳健估计。所有回归的 R^2 值平均数是 0.219 1，表明解释变量对被解释变量的解释程度较高。最后，从估计结果来看，参数估计较为稳健。

5.3.1　交易费用对农户部分环节服务选择行为影响的实证分析

（1）资产专用性对农户农业部分环节服务选择行为的影响分析

为了避免多重共线性的影响，采用分层回归。首先，分别单独考虑资产专用性、风险性和规模性对农业部分环节服务选择的影响，得到了模型1至模型3；其次，将资产专用性、风险性和规模性一起放入回归中，得到模型4。具体结果如表5-2所示。

表 5-2　交易费用对农户部分环节服务选择影响的估计结果

变量名称	模型 1		模型 2		模型 3		模型 4	
	Coef.	Std. Err.	Coef.	Std. Err.	Coef.	Std. Err.	Coef.	Std. Err.
Machinery	−0.734 8***	0.136 6					−0.518 4***	0.135 9
Fragmentation	−0.076 4***	0.021 7					−0.006 4	0.022 0
Terrain	0.513 4**	0.220 0					0.659 3***	0.258 9
Aging	0.838 0***	0.305 0					0.651 8*	0.323 2
Disaster			−0.336 7***	0.074 8			−0.227 8***	0.080 4
Risk			−1.915 6***	0.230 6			−2.126 4***	0.257 5
Land					1.198 2***	0.148 4	1.101 8***	0.207 3
Land Square					−0.599 1***	0.074 2	−0.550 9***	0.103 6
Farmscale					0.028 5	0.270 4	0.071 5	0.284 6
Gender	−0.058 6	0.576 4	−0.065 3	0.496 3	−0.059 5	0.571 5	−0.016 2	0.554 9
Education	0.023 0	0.039 1	0.032 6	0.037 6	0.024 1	0.037 1	0.025 4	0.042 6
Population	−0.086 3	0.083 5	−0.112 4	0.075 3	−0.126 5	0.082 6	−0.130 7	0.093 1
Nonfarm	0.010 0***	0.003 3	0.014 0***	0.003 5	0.004 8*	0.002 8	0.007 3**	0.003 7
Incomelevel（control group：*higher income*）								
Middle income	−0.351 2	0.373 6	−0.082 7	0.374 9	−0.527 8	0.381 3	−0.456 8**	0.417 5
Lower income	−0.533 6	0.425 6	−0.117 3	0.430 4	−0.984 0**	0.443 5	−0.915 7*	0.482 7
Province	已控制		已控制		已控制		已控制	
Log likelihood	−798.430 3		−793.986 2		−796.057 7		−730.779 2	
Prob>chi2	0.000 0		0.000 0		0.000 0		0.000 0	
调整 R^2	0.145 4		0.150 1		0.147 9		0.217 8	
N	961		961		961		961	

注：*、**、***分别表示在10%、5%、1%的水平上显著。

　　首先，从模型4可以看出，物资资产专用性观测变量"家庭是否有农机"估计结果表明，物资资产专用性对农户选择部分环节服务在1%水平上呈负向显著影响，也就是说，家里有农机的农户会抑制农户对部分环节服务的选择，验证了假说1，且与曹峥林等（2017）研究结论相互印证。这是因为，拥有农机的农户增强了其农机专用性，其生产环节的劳动资本降低，生产效率提高，大大降低了农业生产性服务的概率，还有可能成为农业生产性服务的主体。其次，地理资产专用性中土地地形特征对农业部分环节服务有正向显著影响，也就是土地地形越平坦的农户越倾向于选择部分环节服务，验证了假说2。这可能的原因是，平坦的土地为农业生产性服务创造了更有利的条件。土地细碎化对部分环节服务没有显著影响，这主要可能是因为在东北地区，土地细碎化程度并不是十分严重，所以其并不是影响农户选择部分环节服务的因素。最后人力资产专用性的观测变量老龄化程度对部分环节服务呈正向显著影响，但仅在10％水平上显著。这可能是因为对于老龄化程度高的家庭，往往因体质弱化而人力资产专用性较强，同时农业生产是其生活最重要的来源，因此会更倾向于选择农业部分环节服务。由此验证了假说3。

（2）风险性对农户部分环节服务选择行为的影响分析

风险性主要考虑经营风险和交易风险。从模型2和模型4的分层回归分析结果可以看出，经营风险的观察变量自然灾害对部分环节服务在1％水平上呈负向显著影响。也就是说，农户面对自然灾害风险越大，会抑制农户对部分环节服务的选择。同时，估计结果还显示，服务对象认识程度变量对农户选择部分环节服务具有负向影响，也就是说，交易风险越高，农户对服务者越陌生，越抑制农户对农业部分环节服务的选择，反之，农户与服务者的关系越亲密，越熟悉，其面临的交易风险越低，农户越倾向于选择部分环节服务。这与实际情况相符合。因为许多农业生产性服务都是个人行为，尤其像部分环节外包服务是通过亲戚朋友互相帮忙发展起来的服务，农业生产过程很难进行考核，所以农户更信赖和放心选择自己熟悉的人进行生产服务。由此验证了假说4。

（3）规模性对农户部分环节服务选择行为的影响分析

本章对种植规模变量进行了平方处理，并且为了缩小数据的差异，将种植规模和种植规模变量取对数。结果显示，种植规模对农户选择部分环节服务呈现正向影响，同时估计结果显示种植规模的平方对农户选择部分环节服务是呈倒U形关系的。也就是说，农户随着种植规模的增长对选择全程托管服务呈先上升后下降的趋势。即农户尚未达到一定的种植规模之前，种植规模越大，农户选择部分生产环节服务的可能性就越大；当农户达到一定种植规模以后，规模越大，反而不会选择部分环节服务了，这与胡雯等（2016）、吕杰等（2020）的研究结果一致。而是否有养殖业对农户选择部分环节服务没有通过显著性检验。

（4）控制变量对农户部分环节服务选择行为的影响分析

从模型4控制变量估计结果来看，非农收入占比对农户部分环节服务选择在5％水平上呈正向显著影响，也就是说，非农收入占比越高的农户，其务农机会成本越大，越倾向于选择部分环节服务。而从家庭收入在本村水平变量的估计结果可以看出，家庭收入在本村水平中等和偏低的农户，相较于收入水平偏高的农户选择部分环节服务的概率越小，换言之，家庭收入在本村水平越高的农户，倾向于选择部分环节服务。这与实际情况相符，家庭收入高的农户，更有经济实力去购买服务。

5.3.2 交易费用对农户全程托管服务选择行为影响的实证分析

（1）资产专用性对农户全程托管服务选择行为的影响分析

从表5-3模型4可以看出，物资资产专用性观测变量"家庭是否有农机"和人力资产专用性观测变量"老龄化程度"估计结果与表5-2模型4一致，其对农户全程托管服务选择行为有显著影响。其中，家庭是否有农机对农户全程托管服务选择有显著抑制作用，而老龄化程度对农户全程托管服务选择有积极影响，并且从显著性可以看出，老龄化对农户全程托管服务选择行为的影响要高于对部分环节服务的选择。这与实际调研的情况一致，因为全程托管服务可以达到保姆式服务，从种到收全程服务，农户不需要参与，因此对于老龄化程度高的家庭更适用于这种服务方式，同时又满足对土地依赖的心理。而地理资产专用性中土地细碎化与土地地形特征对农户全程托管服务选择均没有显著影响。这可能是因为，全程托管服务通常是有组织有技术的专业团队，其农机的种类都较全，因此地形特征对全程服务者来说影响不大。

表5-3 交易费用对农户全程托管服务行为选择影响的估计结果

变量名称	模型1		模型2		模型3		模型4	
	Coef.	*Std. Err.*	*Coef.*	*Std. Err.*	*Coef.*	*Std. Err.*	*Coef.*	*Std. Err.*
Machinery	−0.874 6***	0.234 4					−0.723 6***	0.236 4
Fragmentation	−0.034 9**	0.017 6					−0.008 4	0.023 5
Terrain	0.074 1	0.266 9					0.068 8	0.288 1
Aging	1.106 0***	0.356 7					1.044 6***	0.370 4
Disaster			−0.290 3***	0.087 4			−0.179 2**	0.090 3
Risk			−1.278 2***	0.259 3			−1.404 0***	0.275 9
Land					0.951 2***	0.165 3	0.766 6***	0.222 5
Land Square					−0.475 6***	0.082 7	−0.383 3***	0.111 3
Farmscale					0.631 7**	0.295 4	0.770 1**	0.310 6
Gender	−0.099 5	0.646 7	−0.286 8	0.567 7	−0.151 8	0.614 1	−0.142 9	0.627 1
Education	0.017 2	0.045 0	0.036 4	0.043 5	0.027 7	0.042 4	0.025 1	0.047 4
Population	−0.105 7	0.102 3	−0.326 9***	0.095 0	−0.144 1	0.099 1	−0.078 2	0.109 7
Nonfarm	0.011 6***	0.003 7	0.014 4***	0.003 9	0.008 1***	0.002 8	0.011 6***	0.004 0
Incomelevel (control group: *higher income*)								
Middle income	−0.720 9*	0.428 2	−0.410 5	0.437 4	−0.783 4*	0.438 5	−0.729 3	0.467 6
Lower income	−1.067 2**	0.509 6	−0.584 2	0.506 8	−1.243 2**	0.515 9	−1.216 5**	0.551 4
Province	已控制		已控制		已控制		已控制	

（续）

变量名称	模型 1		模型 2		模型 3		模型 4	
	Coef.	Std. Err.	Coef.	Std. Err.	Coef.	Std. Err.	Coef.	Std. Err.
Log likelihood	−798.430 3		−793.986 2		−796.057 7		−730.988 8	
Prob>chi2	0.000 0		0.000 0		0.000 0		0.000 0	
调整 R^2	0.145 4		0.150 1		0.147 9		0.217 6	
N	961		961		961		961	

注：*、**、***分别表示在10％、5％、1％的水平上显著。

（2）风险性对农户全程托管服务选择行为的影响分析

从表5-3模型3和模型4的估计结果可以看出，无论是经营风险还是交易风险对农户全程托管服务的选择均具有显著影响，且风险越大，农户对全程托管服务选择的概率越低，验证假说4。其中，经营风险的观察变量自然灾害对农户全程托管服务选择行为有抑制作用，也就是说，农户面临的自然灾害次数越多，越会倾向于自己种地。这与陈昭玖等（2016）、薛莹等（2020）研究结论一致。这不难解释，全程托管服务虽然有风险共担的招牌，但是如果遇到自然风险时，仍无力抵抗，也不再承诺保证产量。所以，当农户预期风险发生时会阻碍对农业全程托管服务的选择。同时，交易风险代理变量服务对象认识程度估计结果显示，交易风险越高，农户对服务者越陌生，其对全程托管服务越具有阻碍作用，也就是说，服务者与农户关系越熟悉，农户越倾向于选择农业全程托管。这是因为，服务者与农户关系越亲密，代表农户对服务者非常信任，从而降低了农户对全程托管服务可能带来的不确定性。

（3）规模性对农户全程托管服务选择行为的影响分析

本章对种植规模变量进行了平方处理，并且为了缩小数据的差异，将种植规模变量取对数。表5-3模型4的估计结果显示，种植规模与农户选择全程托管服务呈倒U形关系，农户随着种植面积的增长对选择全程托管服务呈先上升后下降的趋势，与上一节的研究结果一致。估计结果还显示，是否有养殖业对农户选择全程托管服务行为在5％水平上呈正向显著。这与上一节农户对部分环节服务选择行为有差异。这主要是因为，家中有养殖业的农户，受到其劳动力资源的约束，使其无法兼顾，全程托管服务恰好满足其需要，可以充分解放农户在农业生产上的劳动力，从而完成养殖需要。

（4）控制变量对农户全程托管服务选择的影响

从表5-3模型4控制变量估计结果来看，其估计结果与表5-2结果相一致。非农收入占比和家庭收入在本村水平变量对农户全程托管服务选择存在显著影响。其中非农收入占比对农户全程托管服务选择在1％水平上呈正向显著影响，这不难解释，主要原因是，对于非农收入比例高的农户，说明其非农就业机会成本较大，因此其更需要从农业生产中解放劳动力获取更多的非农就业时间。同时，估计结果还显示，对于家庭收入水平在本村中收入偏低的农户相较于收入偏高的农户，有明显的抑制作用，也就是说收入偏高的农户，其选择全程托管服务的概率更大，这与选择部分环节服务的估计结果一致。

5.3.3　稳健性检验

考虑到农户有可能存在自主选择偏误，而引起结果不稳健，所以本研究使用倾向得分匹配法（PSM）进行匹配估计。倾向值匹配基本思想是，通过对资产专用性、风险性、规模性等变量进行匹配，使其他控制变量达到均衡可比的状态，最后比较其选择农业生产性服务行为的差异。为了保证结果的稳健性，使用近邻匹配法、半径匹配法和核匹配法3种不同的匹配方式对资产专用性、风险性、规模性进行匹配，匹配结果见表5-4、表5-5和表5-6。

（1）资产专用性估计的稳健性检验

为了方便分析，将老龄化程度转换成分类变量。其中家庭有老龄化的农户为1，是处理组，没有老龄化的农户为0，是控制组。土地地形平坦的农户是处理组，地形不平坦为控制组。家庭是否有农机中有农机为处理组，没有农机为控制组。从表5-4估计结果可以看出，近邻匹配法、半径匹配法和核匹配法这三种方法的分析结果具有一致性，且均具有显著影响。其中近邻匹配显示，家庭有农机对农业生产性服务在1%水平上呈现显著负向影响，土地平坦和老龄化对农业生产性服务在5%水平上有积极影响，与前文分析结果一致，可以说即使存在一定的自选择性偏误问题，对计量结果也不会造成太大干扰，结果是稳健的。

表5-4　考虑自选择偏差的资产专用性稳健性检验（PSM）

匹配方法	家庭是否有农机（N）		选择生产性服务	土地地形特征（N）		选择生产性服务	老龄化程度（N）		选择生产性服务
	处理组	控制组	ATT(se)	处理组	控制组	ATT(se)	处理组	控制组	ATT(se)
K近邻匹配 （k=4）	486	428	−0.291 7*** (0.025 2)	733	222	0.084 4** (0.042 0)	651	307	0.083 0** (0.035 8)
半径匹配 （0.01）	449	422	−0.270 4*** (0.025 5)	734	222	0.073 9* (0.039 5)	649	301	0.070 8** (0.035 9)
核匹配	484	429	−0.291 9*** (0.025 3)	733	222	0.068 6* (0.035 4)	651	305	0.080 6** (0.032 5)

注：*、**、***分别表示在10%、5%、1%的水平上显著，括号内数字为系数的标准误。

（2）风险性估计的稳健性检验

首先，将自然灾害次数和服务对象认识程度转换成二分类变量。其中将近五年发生自然灾害设为1，也就是处理组，将近五年没有发生自然灾害设为0，为控制组。同样，与服务对象熟悉的农户为1，是处理组，与服务对象不认识的农户为0，是控制组。其次，从表5-5结果分析可以看出，近邻匹配法、半径匹配法和核匹配法这三种方法的分析结果具有一致性，且均具有显著影响。其中自然风险对农业生产性服务在5%水平上呈现显著负向影响，而服务对象是否认识变量对农业生产性服务在1%水平上有积极影响，与前文分析结果一致，说明结果是稳健的。

表5-5　考虑自选择偏差的风险性稳健性检验（PSM）

匹配方法	自然灾害次数（N）		选择生产性服务	服务对象认识程度（N）		选择生产性服务
	处理组	控制组	ATT(se)	处理组	控制组	ATT(se)
K近邻匹配 （k=4）	799	122	−0.073 5** (0.031 7)	199	749	−0.255 7*** (0.040 4)
半径匹配 （0.01）	769	121	−0.068 6** (0.027 9)	197	746	−0.231 7*** (0.038 3)
核匹配	799	122	−0.089 2*** (0.027 9)	199	749	−0.248 9*** (0.037 5)

注：**、***分别表示在5%、1%的水平上显著，括号内数字为系数的标准误。

（3）规模性估计的稳健性检验

由于规模性对农业生产性服务选择行为的影响是倒U形的，用简单的二元分类不能有效地进行稳健性检验，因此对种植规模的检验重点放到下小节重点讨论不同规模农户对农业生产性服务影响的差异。本部分重点讨论养殖规模的稳健性检验。首先有养殖的农户为1，是处理组，没有养殖的农户为0，是控制组。表5-6的近邻匹配法、半径匹配法和核匹配法的分析结果显示，有养殖业的农户比没有养殖业的农户更倾向于选择农业生产性服务，其估计结果与假说一致，对农业生产性服务在5%水平上有积极影响，说明结果是稳健的。

表5-6　考虑自选择偏差的规模性稳健性检验（PSM）

匹配方法	养殖规模（N）		选择农业生产性服务
	处理组	控制组	ATT(se)
K近邻匹配（k=4）	192	729	0.083 3**（0.035 2）
半径匹配（0.01）	190	728	0.071 3**（0.031 2）
核匹配	192	729	0.073 2**（0.030 2）

注：**表示在5%的水平上显著，括号内数字为系数的标准误。

5.4 不同规模农户对农业生产性服务行为决策影响异质性讨论

在前文规模性研究发现，不同规模农户对农业生产性服务选择行为不同，因此在本部分详细讨论规模异质性的差异。本部分尝试将样本数据按照不同规模进行划分并进行回归分析。根据样本地区实际生产及已有文献的普遍界定，本研究将大规模农户界定为50亩及以上，中规模农户界定为20~50亩，小规模农户界定为0~20亩。在样本农户中，小规模农户有380户，中规模农户有344户，大规模农户有237户。

（1）交易费用对不同规模农户农业生产性服务选择行为的影响

从表5-7可以看出，在资产专用性中，家庭有无农机变量对不同规模农户农业生产性服务选择行为没有差异，均呈现负向显著。而土地细碎化程度、土地地形特征、老龄化程度对不同规模农户农业生产性服务选择行为均有显著差异。其中，结果显示，土地细碎化程度代理变量地块数量对小规模农户农业生产性服务选择行为具有正向显著影响，而对大规模农户农业生产性服务选择行为具有负向显著影响。这说明地块数量对不同规模农户农业生产性服务选择行为的影响呈倒U形，这与实际情况相符。从表5-1中地块数量均值可以发现，东北地区的土地细碎化问题不是十分严重，平均地块数量为5块左右，同时平均地块面积为8亩左右，所以对于小规模农户来说，地块数量越多，代表耕地面积越大，越倾向于选择农业生产性服务，这与规模性结论一致。而对于大规模农户，地块数量越多，代表土地细碎化程度较高，进行机械作业的难度越大，不方便管理，对农业生产性服务选择具有抑制作用。土地地形特征仅对大规模农户农业部分环节服务选择具有正向显著影响，地形特征对规模大的农户约束较大，规模越大，土地越平坦，更适应农业生产性服务，尤其是部分环节服务。老龄化程度估计结果显示，老龄化程度越高对大规模农户农业生产性服务具有正向积极影响，也就是说，对于大规模农户，老龄化程度越高，选择农业生产性服务的概率越大，而对小规模和中规模农户影响不显著。这说明，规模越大，对劳动力约束越大，老龄化会对其影响更大。

从风险性估计结果可以看出，交易风险对不同规模农户农业生产性服务选择行为没有差异影响，而经营风险自然灾害对不同规模农户生产性服务选择行为具有明显差异（模型5至模型7），对农户农业生产性服务不同服务类型没有影响。表5-7结果显示，自然灾害变量对中规模农户的农业生产性服务选择行为影响最大，小规模次之，而对大规模农户没有影响，与薛莹等（2020）研究结论一致。这说明，在小、中规模中，中规模农户抵抗风险的能力是最差的，而大规模农户可能其主要收入来源于农业生产，且自己有农机的较多，更多自我服务，自然灾害对其农业生产性服务选择行为影响不大。

表 5-7　交易特性对不同规模农户农业生产性服务选择的影响估计结果

变量名称	部分环节外包服务			全程托管服务		
	模型 5	模型 6	模型 7	模型 5	模型 6	模型 7
	小规模	中规模	大规模	小规模	中规模	大规模
家庭有无农机	−1.318 9***	−0.584 2***	−0.494 6**	−1.476 9***	−1.112 4***	−0.833 9***
	(0.254 1)	(0.218 2)	(0.217 2)	(0.358 3)	(0.336 3)	(0.310 0)
地块数量	0.113 0*	−0.067 6	−0.042 6*	0.453 4**	−0.015 4	−0.055 9*
	(0.062 8)	(0.128 0)	(0.024 8)	(0.235 5)	(0.151 6)	(0.029 1)
土地地形特征	0.221 8	0.325 0	0.727 2*	0.415 7	0.377 9	0.479 4
	(0.660 7)	(0.514 7)	(0.391 2)	(0.671 6)	(0.546 5)	(0.624 2)
老龄化程度	0.615 5	0.110 0	1.343 5**	0.320 1	0.704 8	1.487 3**
	(1.063 4)	(0.653 5)	(0.533 6)	(1.074 8)	(0.702 8)	(0.736 2)
自然灾害	−0.406 2*	−0.176 4**	−0.197 5	−0.386 7*	−0.138 3**	−0.270 6
	(0.207 0)	(0.147 3)	(0.131 4)	(0.210 3)	(0.063 2)	(0.199 1)
服务对象认识程度	−3.931 8***	−2.715 3***	−1.198 9***	−2.829 1***	−2.143 9***	−1.128 6**
	(0.593 0)	(0.456 6)	(0.399 4)	(0.621 9)	(0.505 0)	(0.525 6)
是否有养殖业	0.996 8	0.757 3	0.357 0	1.772 1**	0.109 1	0.750 7
	(0.680 7)	(0.469 0)	(0.472 5)	(0.712 4)	(0.517 0)	(0.554 3)
平均地块面积	0.208 3**	0.100 8**	−0.041 4	0.313 2***	−0.058 3	−0.098 8*
	(0.096 9)	(0.050 7)	(0.035 2)	(0.102 5)	(0.052 9)	(0.053 8)
户主性别	−0.964 0	−0.714 1	−0.730 4	−0.593 0	−0.233 0	−0.433 6
	(0.976 0)	(1.083 2)	(0.749 2)	(1.010 0)	(1.229 5)	(1.067 4)
户主受教育程度	0.002 9	0.041 3	0.032 5	0.005 4	0.022 4	0.065 6
	(0.087 8)	(0.097 0)	(0.059 5)	(0.089 4)	(0.103 9)	(0.083 2)
家庭人口数	−0.399 4	−0.103 8	−0.395 4***	−0.657 9	−0.164 9	−0.572 4**
	(0.197 8)	(0.158 1)	(0.141 8)	(0.225 2)	(0.170 6)	(0.234 0)
非农收入占比	0.016 7**	0.011 2**	0.010 7*	0.024 0***	0.014 8*	0.005 6
	(0.008 0)	(0.005 7)	(0.005 8)	(0.009 0)	(0.008 5)	(0.009 0)
家庭收入在本村水平（参照组：偏上水平）						
收入中等水平	−0.109 3	−1.198 8	−0.318 3*	−0.051 3	−1.692 6	−0.546 0*
	(0.229 8)	(0.098 6)	(0.165 0)	(1.308 2)	(1.156 2)	(0.732 7)

（续）

变量名称	部分环节外包服务			全程托管服务		
	模型5	模型6	模型7	模型5	模型6	模型7
	小规模	中规模	大规模	小规模	中规模	大规模
收入偏下水平	−0.988 7*	−1.677 2*	−0.819 4*	−1.075 2***	−2.231 1*	−0.625 2*
	(0.463 1)	(0.982 1)	(0.464 0)	(0.353 2)	(1.287 4)	(0.367 7)
省份虚拟变量	控制	控制	控制	控制	控制	控制
Log likelihood	−252.237 53	−251.105 54	−184.421 4	−252.237 53	−251.105 54	−184.421 4
Prob>chi2	0.000 0	0.000 0	0.000 0	0.000 0	0.000 0	0.000 0
Pseudo *R* - squared	0.187 4	0.176 3	0.233 1	0.187 4	0.176 3	0.233 1
N	380	344	237	380	344	237

注：*、**、***分别表示在10%、5%、1%的水平上显著。

在规模性中，从估计结果可以看出，是否有养殖业仅对小规模农户农业全程托管服务的选择具有正向显著影响，这与实际情况相符，有养殖业的农户其种植面积往往不大，因此，为了将更多的精力投入养殖业中，会选择全程托管服务全面管理农业生产。同时，引入平均地块面积来进一步讨论不同规模农户农业生产性服务选择的差异。从平均地块面积估计结果可以看出，平均地块面积对小规模农户农业生产性服务具有正向显著影响，对中规模和大规模具有负向显著影响，也就是说，平均地块面积对不同规模农户农业生产性服务选择行为呈现倒U形的影响，这与种植规模变量的影响一致，也进一步验证了其稳定性。

（2）控制变量对不同规模农户农业生产性服务选择的影响

从表5-7控制变量的估计结果可以看出，家庭人口数对不同规模农户农业生产性服务选择行为具有明显差异，而非农就业收入占比对不同规模农户农业生产性服务类型选择行为差异不明显。其中，家庭人口数对大规模农户选择农业生产性服务行为具有显著负向影响，这可能是因为规模越大对劳动力的约束越大，人口越少的人越倾向选择农业生产性服务。而非农就业收入占比对不同规模农户部分环节服务选择行为没有差异，均具有正向显著影响。在考虑全程托管服务时，小规模和中规模的农户非农就业收入占比越高对全程托管服务选择的概率越大，大规模农户影响不明显。这可能是因为，大规模农户主要从事农业生产，对非农收入依赖较小。此外，家庭收入在本村水平中收入中等水平相较于收入偏高水平对大规模农户有负向显著影响，而收入偏低水平相较于收入偏高水平对不同规模农户农业生产性服务选择行为均呈负向显著影响，从而可以说明，收入偏高水平的农户相较于收入偏低的农户更倾向于选择农业生产性服务。

5.5 本章小结

本研究利用东北三省961份农户调研数据，理论与实证双重分析了交易费用对农户选择农业生产性服务的影响，并运用倾向值匹配方法进一步验证分析结果的稳健性。通过实证分析发现，首先，资产专用性中的物资资产专用性代理变量"家庭是否有农机"对农户选择农业生产性服务有阻碍作用，其中对选择不同的农业生产性服务类型即选择部分环节服务还是全程托管服务差异不大；地理资产专用性代理变量土地地形特征对农业生产性服务选择行为具有积极影响，尤其对选择部分环节服务的影响较大；人力资产专用性代理变量老龄化程度对农户选择农业生产性服务有正向促进影响。其次，风险性中经营风险自然灾害对农户选择农业生产性服务有抑制影响；交易风险代理变量服务者认识程度对农业生产性服务选择行为具有负向影响，也就是说，交易风险性越大对农户选择农业生产性服务的阻碍作用越大，且对不同农业生产性服务类型选择差异不大。最后，研究结果还发现，土地规模对农业生产性服务选择具有倒U形影响，且对不同类型农业生产性服务选择没有明显差异。同时，养殖规模对农户农业生产性服务有显著积极影响，特别是对全程托管服务选择影响较大，对部分环节服务影响不明显。

进一步讨论规模异质性发现，在资产专用性中，家庭有无农机变量对不同规模农户农业生产性服务及服务类型选择行为没有差异，均呈现负向1%水平上显著。而土地细碎化程度、土地地形特征、老龄化程度对不同规模农户农业生产性服务选择行为均有显著差异，同时土地地形特征对农户不同类型农业生产性服务选择具有差异。其中土地细碎化程度地块数量对不同规模农户呈倒U形影响，也就是随着土地规模的增加，地块数量对农户农业生产性服务选择的影响先上升后下降；而土地地形特征和老龄化程度变量对大规模农户农业生产性服务选择行为均具有正向显著影响，同时地形特征变量仅对部分环节服务选择行为具有积极影响，对全程托管服务影响不大。

在风险性中，交易风险对不同规模农户农业生产性服务选择行为没有差异，均具有抑制作用；而经营风险自然灾害对不同规模农户生产性服务选择行为具有明显差异，其中对小规模和中规模农户农业生产性服务选择行为有显著阻碍作用，对大规模农户没有影响，且对农户农业生产性服务不同服务类型选择没有差异。

在规模性中，新引入的平均地块面积对不同规模农户农业生产性服务选择行为具有倒U形影响，且对不同农业生产性服务类型选择没有明显差异；而是否有养殖业仅对小规模农户农业全程托管服务的选择具有正向显著影响。

此外，从控制变量分析结果发现，农户特征中，家庭人口数仅对大规模农户农业生产性服务选择行为具有负向显著影响，对中规模和小规模没有明显影响。而家庭收入特征非农收入占比和家庭收入在本村水平对农户农业生产性服务选择行为具有显著影响，且对不同规模不同类型农业生产性服务选择没有差异，其中非农收入占比对农业生产性服务具有正向积极影响，家庭收入在本村水平也是收入越高对农业生产性服务选择的概率越大。

据此得出如下结论：

第一，资产专用性对农户农业生产性服务选择行为影响显著。首先，物资资产专用性对不同规模农户、不同类型农业生产性服务的选择均具有稳定的阻碍作用，农业生产物资投入会增强其农业使用专用性，影响农户农业生产性服务的选择，反言之，物资资产专用性较弱的农户较倾向选择农业生产性服务；其次，地理资产专用性、人力资产专用性对农业生产性服务的选择行为有积极作用，对不同规模农户的农业生产性服务选择有差异影响。土地越平坦、土地细碎化程度越低，老龄化越严重对农业生产性服务影响越大，尤其对大规模农户。规模越大的农户，对资产专用性的依赖性越强，因此影响更大。

第二，风险性是农业生产性服务选择的关键因素，对农业生产性服务的选择具有一定约束作用。其中自然灾害发生次数越多，交易中服务者越陌生都会增加农户对经营风险和交易风险的感知，增加农户对农业生产性服务的不可预期性，抑制对农业生产性服务的选择行为。值得注意的是，经营风险对小规模和中规模农户农业生产性服务选择行为的抑制作用更大，说明需要更多地关注小规模、中规模农户，降低农业生产性服务中的经营风险，提高其抗风险能力，有效化解农户的风险问题。

第三，种植规模和养殖规模对农业生产性服务选择行为具有显著影响。其中种植规模对农业生产性服务选择行为呈倒 U 形影响，随着种植规模的增加，其对农业生产性服务选择会具有先促进、后抑制的作用，而养殖规模对全程托管服务选择行为影响较大，具有积极影响，尤其是对小规模农户。这说明小规模农户的多样化生产为农业生产性服务的发展提供了空间。

第四，农户家庭特征和家庭收入特征对农业生产性服务选择行为影响显著。其中家庭人口数越少，非农收入占比越大，家庭收入在本村水平越高的农户，选择农业生产性服务的概率越大，越倾向于对农业生产性服务的选择。

6 交易费用对农户农业生产性服务契约类型选择研究

按照现代契约理论的观点，所有的市场交易，不论是长期的还是短期的，显性的还是隐性的，都看作一种契约关系，并作为经济分析的基本要求。在第五章分析中，探讨了交易费用在农户选择农业生产性服务行为中的重要影响。实际上，不同的交易费用特征不仅对农户农业生产性服务选择行为具有影响作用，还对农户的契约类型选择存在重要的影响作用。本章首先基于契约理论，构建本部分的分析框架，提出了研究假设；其次，考虑到样本选择性偏误的问题，采用 Heckman 两步法模型实证分析交易费用对农户农业生产性服务契约类型选择的影响，并进一步探究个人信任水平在其中的调节机制。最后，通过替换计量模型法对前文的模型估计相关结论进行稳健性检验。

6.1 理论分析框架的构建

在目前农业生产性服务市场中，农业生产性服务出现口头化和正式合约两种契约现象，实地调研发现，不同的农业生产性服务形式农户对其契约类型的选择是不同的，为何会出现这样的情况？农户选择不同契约类型又受到何种因素制约，这是本章讨论的关键性问题。

近几年，交易费用与契约的关系被广泛关注，然而目前研究对土地流转中的契约选择关注较多（胡新艳等，2015b），对农业生产性服务契约选择的研究较少。农业生产性服务是一种交易关系，每一次交易必然会产生交易费用。交易费用的高低通常与一定的治理结构相匹配，否则容易产生不合理的交易费用，或使交易失败。Williamson（2005）认为，交易中交易特性的差异会导致不同的治理结构，而不同的治理结构通过节约交易费用，就会选择不同的交易方式。可以看出，新制度经济学的契约安排是在约束条件下减少交易费用的选择行为，即交易费用对农户契约类型选择影响提供了有力的解释。

然而，农户对农业生产性服务契约类型选择在受到交易费用（特别是风险性）影响的同时，还有可能受到农户个人信任水平的调节作用。在中国农村社会中，信任机制是市场经济制度的核心要素之一。一个人的信任程度建立在人与人之间长期互动形成的"差序格局"社会关系之上，具有高度的异质性和典型的人格化特征（李星光等，2020）。在信息不对称条件下，农户在农业生产性服务选择中面临最大的风险可能就是因存在的机会主义倾向行为导致的道德风险问题，在这种情况下，契约双方彼此之间的信任就成为促进契约实施的一种"润滑剂"（吕朝凤等，2019）。农户的个人信任水平，不仅反映了个体之间的关系，也反映了个体与集体，组织或制度之间的关系（李青乘等，2016；周广肃等，2015）。有研究表明，信任水平会降低农户的交易费用（Tang et al.，2019），也就是说，农户的个人信任水平在交易费用带来的抑制影响中起到了调节效果，进而影响了农户对农业生产性服务契约类型的选择行为。分析框架图如图 6-1 所示。

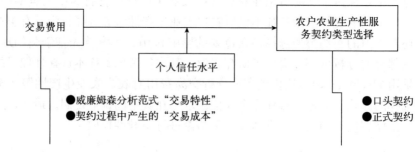

图 6-1　分析框架

从分析框架中可以看出，本章从两部分内容进行讨论：一是交易费用对农户农业生产性服务契约类型选择的直接影响，二是个人信任水平在交易费用对农户农业生产性服务契约类型选择中的调节效应。

（1）交易费用对农户农业生产性服务契约类型选择影响分析

本章的交易费用分别从威廉姆森分析范式下的交易特性和契约过程中产生的交易成本进行分析。由第三章中的理论分析可知，交易费用在农户农业生产性服务契约类型选择中，对其影响最重要的因素是交易特性的风险性、规模性和契约过程交易成本的搜寻信息成本。

从委托代理理论可知，委托代理关系建立所隐含最关键的交易费用就是风险性。风险性不仅包括系统运行中无法控制的外部经济变量或自然变量产生的风险，还包括系统运行过程中由人的主观行为导致的风险，即经营风险和交易风险。其中经营风险带来的自然灾害往往存在不确定性和偶然性，对农民生产产生巨大的影响；而交易风险是每个农户要面临的重要问题，农业生产性服务者有的是不熟悉的公司或合作社，在实现农业生产与专业化的同时也存在机会主义倾向行为，一旦不遵守合约，农户将面对巨大的损失，即便打官司也要支付高额的交易费用，农户很难承受。因此对于面临风险性较大的农户，其在农业生产性服务契约类型（口头契约和正式契约）选择中，会更倾向选择拥有法律约束力的正式契约，通过正式合约约束来降低农户面临的风险。由此提出假说1：

H1：农户面临的经营风险和交易风险越高，越倾向选择正式契约；反之选择口头契约。

农业规模性是指，无论某些农业资源使用的多少，只要正常运行的平均产量和活动空间足够大，或具有一定资本设备支撑条件下才能运行的特征（何一鸣等，2019）。农户的规模性在农业生产性服务契约类型选择上具有差异。第一，规模不同的农户，其生产目标存在差异，小农更注重短期目标，规模户更注重长期利益（徐志刚等，2018）。根据规模报酬逐渐递减理论，随着规模的越来越大，边际效益逐渐递减，所以规模大的农户对农业技术、农机专业化的要求会更高，相比于烦琐的短期的口头契约，会更倾向于选择专业性更强，具有约束力的正式契约。第二，规模越大的农户在选择农业生产性服务后，其面对的风险性越大。一方面，规模越大的农户对外部不确定性（干旱、冻灾等气象灾害）的反应更为敏感（冯晓龙等，2018）；另一方面，规模大的农户在进行农业生产性服务时需要面临的监督成本越大，因此，根据上述分析可以推测，农户规模越大，其面临的经营风险和交易风险越大，越倾向于选择正式契约，反之口头契约。由此提出假说2：

H2：农户规模越大，越倾向于选择正式契约，反之选择口头契约。

搜寻信息成本产生于交易相关的预期，包括获得价格和产品的相关信息所花费的成本和识别合适的交易对象所花费的成本，而获得价格信息的成本又取决于获得市场价格信息的难易程度和价格本身的不确定程度（Hobbs，1997）。农户在农业生产性服务契约的签订前，不同契约类型产生的信息成本会有所不同。一般而言，口头契约其交易过程简单，价格可商量余地较高，市场交易对象广泛，在实际调研中发现，许多口头契约的签订过程都不需见面，只需要一个电话就可以形成约定，显然，对于农户来说选择口头契约的搜寻信息成本相对较小；而正式契约的交易过程相对复杂，不仅需要双方见面签字，还需要公证人进行公正，同时正式契约的价格相对规范，可商量的余地较小，市场交易对象有限，可见，农户选择正式契约的搜寻信息成本较高。由此推断，为降低契约签订过程中的搜寻信息成本，农户会倾向选择口头契约，也就是说，较高的搜寻信息成本会抑制农户对正式契约的选择。由此提出假说3：

H3：农户搜寻信息成本越大，越抑制对正式契约的选择。

（2）个人信任水平在交易费用对农户农业生产性服务契约类型选择行为中的调节效应分析

本章借鉴洪名勇等（2013）对信任的定义，将个人信任水平界定为农户对信任对象的积极评价，包括对亲友、邻居、本村人和陌生人的信任水平。研究表明，信任水平可以降低农户契约过程中产生的交易成本（Holden et al.，2005）。具体来讲，农户在与农业生产性服务者签订某种契约时，信任能够减小搜集成本，有助于交易双方搜寻交易机会、了解对方的能力品格等，这样就会减小搜寻信息成本对正式契约的阻碍作用，也就是说，农户的个人信任水平会在信息成本对农户契约类型选择中起到正向调节作用。由此提出假说4：

H4：农户的个人信任水平越高，会在搜寻信息成本对农户选择正式契约抑制影响中起到正向调节作用。

此外，在交易主体看来，信任可以为交易提供稳定的心理预期，降低由于信息不对称产生的交易费用（Williamson，1978）。在前文也进行了讨论，在农业生产性服务过程中，农户会面临由于信息不对称产生的机会主义行为，由此引发风险的问题。风险与信任关系，学术界很早就进行了探讨，其中Deutsch（1958）最早把信任和风险联系起来，并提出信任必然意味着要承担风险这一结果。卢曼（2005）和杨雪梅等（2018）将信任与风险、不确定性联系起来，并且发现信任会显著降低个体对风险的感知程度，从而进一步影响个体行为。由上文分析可知，当农户感知其风险性越高时，农户可能越倾向签订正式契约来规避风险。此时，如果农户的个人信任水平较高时，农户对风险感知的水平下降，就会削弱农户对正式契约选择的影响，也就是说，农户的个人信任水平在风险性对契约类型的正向选择中起到抑制作用。同理，农户的规模性越大，其面临的不确定性也越大，农户的个人信任水平在规模性对农业生产性服务正式契约的正向选择中起到阻碍作用。由此提出假说5和假说6：

H5：农户的个人信任水平越高，在风险性对正式契约正向选择中起到负向的调节作用。

H6：农户的个人信任水平越高，其在规模性对正式契约的正向选择中有负向调节作用，促进对口头契约的选择。

6.2 变量选取与模型设定

6.2.1 变量选取

（1）核心解释变量。本章重点考察交易费用对农户农业生产性服务契约类型选择的影响，并进一步分析个人信任水平在交易费用对农户农业生产性服务契约类型选择中的调节作用。

交易费用重点从两方面进行度量：一是交易特性，从上文分析可知交易特性中风险性和规模性对农户农业生产性服务契约类型选择具有重要影响。其中风险性主要包含经营风险和交易风险，选取自然灾害和服务对象认识程度作为经营风险和交易风险的代理变量。而规模性仍然从种植规模和养殖规模两方面进行测度。二是契约过程中产生的"交易成本",然而在农户决定选择何种契约类型时,还并未涉及谈判成本和执行成本,因此在契约过程中的交易成本仅涉及信息成本,其测量方法详见第四章。

个人信任水平测度。本章信任水平的测度借鉴李星光等(2020)通过量表进行测度的,其中选取 4 道题,分别是"您对亲戚的信任程度""您对邻居的信任程度""您对本村人的信任程度""您对陌生人的信任程度",每道题设置 1~5 分,分别对应非常不信任、不信任、一般信任、信任、非常信任,代表信任程度。最后个人信任水平的值通过上述 4 道题分数加总后求平均值。

(2)控制变量。为保障拟合结果的可靠性,本章借鉴相关文献还引入一系列控制变量。本章选取户主性别、农户年龄、户主受教育年限、农户家庭人口数和家庭收入特征等农户个人特征和家庭基本特征变量。此外,考虑到地区之间的差异,本研究还引入了省份虚拟变量。

(3)识别变量。在 Heckman 两步法模型中,为保障选择方程可识别,需要设置识别变量,其中识别变量需要满足对选择方程被解释变量有影响,并不直接影响结果方程中的被解释变量。根据相关理论分析和第五章的结果检验,资产专用性对农户是否选择农业生产性服务行为具有重要影响,但该变量并不直接影响农户的契约类型选择行为。因此,选择家庭有无农机和土地地形特征作为本章的识别变量(表 6-1)。

表 6-1 模型中变量定义域说明

变量名称	符号	变量描述与赋值	均值	标准差	最大值	最小值
农业生产性服务选择行为	$Agri\text{-}service$	选择服务=1,否=0	0.82	0.38	1	0
契约类型选择	$Contract$	选择口头契约=0,选择正式契约=1	0.30	0.46	1	0
风险性						
交易风险	$Risk$	服务对象是否熟悉:熟悉的人=0,陌生的人=1	0.21	0.41	1	0
经营风险	$Disaster$	自然灾害:近五年当地旱涝等自然灾害发生的次数	1.95	1.36	5	0
规模性						
种植规模	$Land$	实际值	44.52	52.14	358	2.5
养殖规模	$Farmscale$	是否有养殖业:有养殖=1,没有养殖=0	0.20	0.40	1	0

（续）

变量名称	符号	变量描述与赋值	均值	标准差	最大值	最小值
搜寻信息成本	*Information*	根据因子得分计算得出	0	1	4.07	−2.77
个人信任水平	*Trust*	根据量表计算均值获得	3.57	0.72	5	1
农户个体特征						
户主性别	*Gender*	男＝1，女＝2	1.05	0.23	2	1
户主年龄	*Age*	实际岁数	55.28	10.29	86	24
户主受教育程度	*Education*	受教育年限实际值	7.09	2.80	15	0
家庭基本特征						
家庭人口数	*Population*	实际值	3.53	1.36	8	1
非农收入占比	*Nonfarm*	家庭非农收入占家庭总收入的比例	0.33	0.34	1	0
家庭收入在本村水平	*Incomelevel*	偏上＝1，中等＝2，偏下＝3	2.10	0.51	3	1
识别变量						
家庭有无农机	*Machinery*	家庭有农机＝1，家庭无农机＝0	0.53	0.50	1	0
土地地形特征	*Terrain*	坡地或洼地＝0，平地＝1	0.77	0.42	1	0
区域特征						
省份变量	*Province*	黑龙江＝1，吉林＝2，辽宁＝3	1.86	0.76	3	1

6.2.2 模型设定

（1）Heckman 样本选择模型

农户农业生产性服务类型选择行为是由两个连续决策的过程构成的：第一阶段是农户是否选择农业生产性服务，第二阶段是选择农业生产性服务的农户进一步选择何种契约类型。如果农户没有选择农业生产性服务，则其选择何种契约类型就无法观测；只有当农户选择了农业生产性服务时，才能观测到其选择何种农业生产性服务契约类型。可见，农户选择农业生产性服务类型是从属的，存在样本选择偏误，需要运用 Heckman 样本选择模型来进行分析。本研究通过构建的 Heckman 两阶段模型拟合农户农业生产性服务契约类型选择行为，样本选择模型构建如下

$$y_{1i} = X_{1i}\alpha + \mu_{1i}$$

$$y_{1i} = \begin{cases} 1, & \text{当 } y_{1i}^* > 0 \text{ 时} \\ 0, & \text{当 } y_{1i}^* \leqslant 0 \text{ 时} \end{cases} \qquad (6-1)$$

$$y_{2i} = X_{2i}\beta + \mu_{2i}$$

$$y_{2i} = \begin{cases} c, & \text{当 } y_{1i} = 1 \text{ 时} \\ 0, & \text{当 } y_{1i} = 0 \text{ 时} \end{cases} \qquad (6-2)$$

式（6-1）表示选择方程，式（6-2）表示结果方程。y_{1i}、y_{2i} 是因变量，分别代表农户对农业生产性服务"是否选择"和"选择何种契约类型"两种行为；y_{1i}^* 表示不可观测的潜变量；c 表示农户选择何种契约类型；X_{1i}、X_{2i} 分别表示影响农户对农业生产性服务"是否选择"和"选择何种契约类型"的自变量；α、β 表示待估参数；μ_{1i}、μ_{2i} 表示残差项，均服从正态分布；i 表示第 i 个样本农户。

农户对选择农业生产性服务契约类型的条件期望为

$$\begin{aligned} E(y_{2i} \mid y_{2i}=c) &= E(y_{2i} \mid y_{1i}^* > 0) = E(X_{2i}\beta + \mu_{2i} \mid X_{1i}\alpha + \mu_{1i} > 0) \\ &= E(X_{2i}\beta + \mu_{2i} \mid \mu_{1i} > -X_{1i}\alpha) = X_{2i}\beta + E(\mu_{2i} \mid \mu_{1i} > -X_{1i}\alpha) \\ &= X_{2i}\beta + \rho\sigma_{\mu_2}\lambda(-X_{1i}\alpha) \end{aligned} \qquad (6-3)$$

式（6-3）中，$\lambda(\cdot)$ 为反米尔斯比率函数。表示 y_1 与 y_2 的相关系数：$\rho = 0$，表示 y_1 的选择过程不会对 y_2 产生影响；$\rho \neq 0$，表示 y_1 的选择过程会对 y_2 产生影响，存在样本选择偏误。σ 表示标准差。本研究使用最大似然估计法（MLE）对 Heckman 样本选择模型进行估计。

（2）稳健性回归：二元 Logit 模型

二元 Logit 模型是一种表达概率大小的模型，为考察农户对农业生产性服务契约类型选择影响的稳健性，本研究运用二元 Logit 模型进一步检验。模型构建如下

$$\text{Logit}(P) = \left(\frac{P_i}{1-P_i}\right) = \beta_0 + \beta_1 X_1 + \beta_2 X_2 + \cdots + \beta_n X_n \qquad (6-4)$$

式（6-4）中，β_0、β_1、X_n 分别指代常数项、待估参数以及自变量和控制变量。

6.3　交易费用对农户农业生产性服务类型选择的实证分析

6.3.1　交易费用对农户农业生产性服务契约类型选择的实证分析

本章运用 Stata15.0 软件对农户农业生产性服务契约类型选择行为的样本选择模型进行估计，估计结果见表 6-2。由模型 1 和模型 2 可知，Lamda 不等于 0，且在 1% 的水平上通过了显著性检验。这说明，模型中存在样本选择偏误，采用样本选择模型分析样本数据是合适的。家庭有无农机和土地地形特征两个识别变量分别在 1% 和 5% 水平上通过了显著性检验，表示所选用的识别变量适用于样本选择模型的分析。此外，为了缩小种植面积变量的数据差异，将种植面积变量取对数。最后，从估计结果来看，参数估计较为稳健。

表 6 - 2 交易费用对农户农业生产性服务契约类型选择影响的估计结果

变量	模型 1				模型 2			
	选择方程		结果方程		选择方程		结果方程	
	Coef.	Std. Err.	Coef.	Std. Err.	Coef.	Std. Err.	Coef.	Std. Err.
Risk	−1.104 4***	0.131 6	0.314 9***	0.057 8	−1.104 6***	0.131 7	0.313 7***	0.057 5
Disaster	−0.109 5**	0.047 7	0.013 5	0.013 7	−0.109 6**	0.047 7	0.011 3	0.013 7
Land	−0.450 6***	0.088 5	0.107 4***	0.031 0	−0.450 2***	0.088 8	0.108 9***	0.030 8
Farmscale	0.266 4	0.172 4	0.140 9***	0.043 5	0.266 3	0.172 4	0.144 9***	0.043 3
Information			−0.031 8**	0.016 0			−0.037 1**	0.016 1
Trust					−0.004 4	0.084 6	−0.051 3**	0.023 5
Gender	−0.230 3	0.325 6	0.006 1	0.073 2	−0.230 1	0.325 5	0.024 2	0.073 2
Age	0.009 3	0.006 6	0.000 9	0.001 9	0.009 2	0.006 6	0.001 0	0.001 9
Education	0.012 8	0.024 2	0.002 6	0.006 3	0.012 8	0.024 2	0.002 6	0.006 3
Population	0.035 6	0.050 3	−0.042 3***	0.014 0	0.035 6	0.050 3	−0.042 9***	0.013 9
Nonfarm	0.003 1*	0.001 9	0.000 1	0.000 5	0.003 1*	0.001 9	0.000 1	0.000 5
Incomelevel (control group: higher income)								
Middle income	−0.298 5	0.231 4	−0.007 6	0.062 9	−0.298 7	0.231 4	−0.006 8	0.062 5
Lower income	−0.573 9**	0.272 7	0.007 0	0.074 7	−0.574 4**	0.272 8	0.004 5	0.074 3
Machinery	−1.234 4***	0.194 8			−1.234 7***	0.194 8		
Terrain	0.301 7**	0.142 2			0.301 9**	0.142 2		
Province	已控制	已控制	已控制	已控制	已控制	已控制	已控制	已控制
Lamda	−0.450 6***		0.087 1		−0.442 4***		0.086 8	
Wald 卡方值	61.59				67.59			
Prob>chi2	0.000 0				0.000 0			
N	961		790		961		790	

注：*、**、***分别表示在 10%、5%、1%的水平上显著。

（1）交易费用对农户农业生产性服务选择行为的影响

关于这一部分内容，在前一章中已经进行了详细的讨论。从表 6 - 2 模型 1 选择方程估计结果可以看出：一是资产专用性中家庭有无农机、土地地形特征均对农户选择农业生产性服务行为具有显著影响，且家庭有无农机呈负向影响，土地地形特征呈正向影响；二是风险性中，交易风险和经营风险均影响农户对农业生产性服务行为的选择，其中服务对象与农户越熟悉，农户选择农业生产性服务的概率越大，近五年自然灾害次数越多，越抑制农户的选择，说明风险性对农户农业生产性服务的选择具有阻碍作用；三是规模性对农业生产性服务行为选择具有一定影响，其中种植规模越大和养殖规模越大越促进农户农业生产性服务的选择行为。以上估计结果均与第五章结论一致，也进一步说明第五章结果的稳健性。

（2）交易费用对农户农业生产性服务契约类型选择的影响

表6-2模型1结果方程估计结果显示，交易风险代理变量服务对象认识程度对农业生产性服务契约类型选择在1%水平上呈正向显著。具体来说，农户与服务对象关系越密切，农户越倾向于选择口头契约服务，反之，农户不认识服务对象，选择正式契约的概率越大。也就是说，交易风险越高，农户越倾向于选择正式契约，反之会选择口头契约，验证了假说1。而经营风险对农业生产性服务契约类型选择并无显著影响，这可能是因为经营风险带来的自然灾害往往存在不确定性和偶然性，有时同一个村庄的受灾程度可能也不尽相同，其权责很难界定，在实际的农业生产性服务中也不作为保障范围，因此其对农户契约选择的影响不大。

从规模性估计结果可以看出，无论是种植规模还是养殖规模对农业生产性服务契约类型选择均在1%水平上呈正向显著影响，也就是说规模越大，农户越倾向于选择正式契约，与假说2一致。

此外，在模型1结果方程中搜寻信息成本对农户农业生产性服务契约类型选择行为具有显著的负向影响，也就是说，农户在签订契约过程中，产生高额的搜寻信息的成本，会对农户农业生产性服务正式契约签订具有阻碍作用，为规避高额的交易成本，农户越倾向于选择口头契约，验证了假说3。

（3）个人信任水平和控制变量对农户农业生产性服务契约类型选择的影响

为考虑个人信任水平对农户农业生产性服务契约类型选择的影响，在模型1的基础上引入个人信任水平变量，通过模型2结果方程可以看出，个人信任水平对农户农业生产性服务契约类型选择呈现显著负向影响，也就是说，人际信任高的农户，更倾向于选择口头契约，这是因为，个人信任水平高的农户，其对风险的感知比较小，因此会更倾向于选择交易费用小的口头契约。

从表6-2模型2控制变量估计结果来看，家庭特征方面家庭人口数变量对农户农业生产性服务契约类型选择行为具有显著负向影响，相较于正式契约，人口数越多的农户越倾向于选择口头契约。这是由正式契约和口头契约性质决定的，当农户劳动力较多时，会倾向于选择口头契约的方式雇佣劳动力，而不会选择多承担成本费用的正式契约。同时，也可以看出农户家庭收入特征非农收入占比和家庭收入在本村水平，仅对农户农业生产性服务选择行为有显著影响，对农业生产性服务契约类型影响不显著，说明家庭收入特征在农户农业生产性服务行为中影响较大，一旦决定选择农业生产性服务，收入就不会对服务契约类型产生影响。

6.3.2　个人信任水平对农户农业生产性服务契约类型选择的调节分析

本节遵循前文的理论分析内容，分别验证个人信任水平在搜寻信息成本、风险性、规模性对农户农业生产性服务契约类型选择中的调节影响。在做调节效应过程中，考虑到交互项与交互项构建变量之间可能有较高的相关性，在检验交互效应之前，分别对个人信任水平以及其他关键连续变量进行中心化处理，即在构建交互项之前先将相关变量减去均值。同时，为避免关键变量与交互项之间的多重共线性问题，本节在模型1的基础上分别加入了个人信任水平与搜寻信息成本、交易风险和经营风险，以及规模性的交互项，分别得到表6-3的模型3、模型4和模型5。从 $Lamda$ 的显著性来看，$Lamda$ 不等于0，且在1%的水平上通过了显著性检验。这说明，模型中存在样本选择偏误，采用样本选择模型分析样本数据是合适的。

表6-3　个人信任水平调节作用对农户农业生产性服务契约类型选择影响的估计结果

变量	模型3		模型4		模型5	
	选择方程	结果方程	选择方程	结果方程	选择方程	结果方程
Risk	−1.104 4***	0.314 4***	−1.104 4***	0.314 8***	−1.104 4***	0.321 6***
	(0.131 6)	(0.057 8)	(0.131 6)	(0.057 7)	(0.131 6)	(0.057 9)
Disaster	−0.109 4**	0.013 5	−0.109 4**	0.012 1	−0.109 4**	0.011 1
	(0.047 7)	(0.013 7)	(0.047 7)	(0.013 8)	(0.047 7)	(0.013 8)
Land	0.450 6***	0.107 7***	0.450 6***	0.109 8***	0.450 6***	0.104 9***
	(0.088 5)	(0.030 9)	(0.088 5)	(0.030 9)	(0.088 5)	(0.031 1)
Farmscale	0.266 4	0.140 8***	0.266 4	0.141 9***	0.266 4	0.148 4***
	(0.172 4)	(0.043 5)	(0.172 4)	(0.043 4)	(0.172 4)	(0.043 7)
Information		−0.031 8**		−0.035 1**		−0.035 2**
		(0.016 0)		(0.016 1)		(0.016 0)
Trust×Information		−0.024 5*				
		(0.014 6)				
Risk×Information				−0.041 9**		
				(0.018 7)		
Disaster×Information				0.007 4		
				(0.007 2)		
Land×Information						−0.035 2**
						(0.018 1)
Farmscale×Information						−0.063 6*
						(0.035 08)

（续）

变量	模型 3		模型 4		模型 5	
	选择方程	结果方程	选择方程	结果方程	选择方程	结果方程
Gender	−0. 260 3	0. 005 6	−0. 260 3	0. 016 6	−0. 260 3	0. 027 7
	(0. 325 6)	(0. 073 2)	(0. 325 6)	(0. 073 3)	(0. 325 6)	(0. 073 9)
Age	0. 009 3	0. 000 8	0. 009 3	0. 000 9	0. 009 3	0. 000 9
	(0. 006 6)	(0. 001 9)	(0. 006 6)	(0. 001 9)	(0. 006 6)	(0. 001 9)
Education	0. 012 8	0. 002 5	0. 012 8	0. 002 7	0. 012 8	0. 002 7
	(0. 024 2)	(0. 006 3)	(0. 024 2)	(0. 006 3)	(0. 024 2)	(0. 006 3)
Population	0. 035 6	−0. 042 2***	0. 035 6	−0. 042 4***	0. 035 6	−0. 043 7***
	(0. 050 3)	(0. 014 0)	(0. 050 3)	(0. 013 9)	(0. 050 3)	(0. 014 0)
Nonfarm	0. 003 1*	0. 000 1	0. 003 1*	0. 000 1	0. 003 1*	0. 000 2
	(0. 001 9)	(0. 000 5)	(0. 001 9)	(0. 000 5)	(0. 001 9)	(0. 000 5)
Incomelevel（control group：*higher income*）						
Middle income	−0. 298 5	−0. 006 8	−0. 298 5	−0. 006 6	−0. 298 5	−0. 006 9
	(0. 231 4)	(0. 062 9)	(0. 231 4)	(0. 062 8)	(0. 231 4)	(0. 063 0)
Lower income	−0. 573 9**	0. 007 9	−0. 573 9**	0. 004 1	−0. 573 9**	0. 005 9
	(0. 272 6)	(0. 074 8)	(0. 272 6)	(0. 074 6)	(0. 272 6)	(0. 074 9)
Machinery	−1. 234 4***		−1. 234 4***		−1. 234 4***	
	(0. 194 7)		(0. 194 7)		(0. 194 7)	
Terrain	0. 301 7**		0. 301 7**		0. 301 7**	
	(0. 142 2)		(0. 142 2)		(0. 142 2)	
Province	已控制	已控制	已控制	已控制	已控制	已控制
Lambda	−0. 481 2***	0. 088 4	−0. 480 2***	0. 088 3	−0. 491 8***	0. 088 4
N	961	790	961	790	961	790
Wald 卡方值	59. 68		64. 25		67. 16	
Prob＞chi2	0. 000 0		0. 000 0		0. 000 0	

注：数据来源于 Stata15.0 输出；*、**、*** 分别表示在 10%、5%、1% 的水平上显著，括号内的数值为标准误。

（1）个人信任水平在信息成本对农户农业生产性服务契约类型选择行为中的调节作用

从表 6-3 模型 3 结果方程估计结果看，个人信任水平和搜寻信息成本交互项对农户农业生产性服务契约类型行为具有显著负向影响，同时发现，搜寻信息成本系数从 0. 037 1（模型 2 结果方程）下降到了 0. 031 8（模型 3 结果方程），表明个人信任水平在搜寻信息成本对农户农业生产性服务正式契约选择负向影响中起到了正向调节作用，即农户的个人信任水平削弱了信息成本对农户农业生产性服务契约类型选择的阻碍影响，与理论分析一致，验证了假说4。

（2）个人信任水平在风险性对农户农业生产性服务契约类型选择行为中的调节作用

表6-3模型4结果方程中，主要考察个人信任水平对风险性影响农户农业生产性服务契约类型的调节效应，在模型1的基础上加入了个人信任水平与交易风险的交互项和个人信任水平与经营风险的交互项。从估计结果看，交易风险对农户农业生产性服务契约类型呈正向显著影响，也就是说交易风险越大农户越倾向选择正式契约，而加入交易风险和个人信任水平交互项后，交互项对农户农业生产性服务契约类型选择行为具有负向显著影响。这表明，个人信任水平在交易风险对农户农业生产性服务契约类型选择行为的正向影响中起到了负向调节作用，也就是说，农户的个人信任水平削减了交易风险对农户农业生产性服务正式契约选择的正向影响，与理论分析一致，验证了假说5。值得注意的是经营风险对农户农业生产性服务契约类型选择没有通过显著性检验，在上文中给出了解释，同时其个人信任水平与经营风险的调节效应也不显著，没有产生影响。

（3）个人信任水平在规模性对农户农业生产性服务契约类型选择行为中的调节作用

表6-3模型5是在模型1基础上引入了个人信任水平与规模性的交互项。从估计结果看，第一，种植规模对农户农业生产性服务契约类型呈正向显著影响，也就是说种植规模越大农户越倾向选择正式契约，而加入种植规模和个人信任水平交互项后，交互项对农户农业生产性服务契约类型选择行为在5%水平上呈负向显著影响。这表明，个人信任水平在种植规模对农户农业生产性服务契约类型选择行为的正向影响中起到了负向调节作用，也就是说，农户的个人信任水平削减了种植规模对农户农业生产性服务正式契约选择的正向影响，促进对口头契约的选择。第二，加入养殖规模与个人信任水平的交互项后，交互项对农户农业生产性服务契约类型选择呈负向影响，说明个人信任水平在养殖规模对农户农业生产性服务正式契约的正向影响中有负向的调节作用，也就是说个人信任水平越高的人，会影响养殖规模对正式契约的积极作用，会反向促进其选择口头契约，与理论分析一致，验证了假说6。

6.3.3 稳健性检验

为确保回归估计结果的有效性，通常进行稳健性检验的方法有两种：第一，替换关键变量，进行稳健性检验；第二，更换计量模型进行稳健性检验。

本章为了检验表6-4中回归结果的稳健性，采用更换计量模型的方法，运用二元Logit对农业生产性服务口头契约和正式契约进行检验。

将选择农业生产性服务正式契约设为1，口头契约设为0，通过二元Logit回归进一步检验交易费用对农户选择正式契约还是口头契约的影响以及个人信任水平的调节效应。

首先，从表6-4模型6可以看出，交易费用对农户农业生产性服务契约类型选择的影响。第一，交易风险代理变量服务对象认识程度估计结果显示，农户与服务对象越熟悉，相较于正式契约，越倾向于选择口头契约，也就是说，交易风险越大，选择正式契约概率越大，交易风险越小，选择口头契约概率越大，与理论分析一致。第二，规模性对农户农业生产性服务类型选择具有明显差异，其中种植规模对农户选择正式契约在5%水平上呈正向显著，养殖规模对农户选择正式契约在1%水平上呈正向显著。这说明，随着规模越来越大，在农户选择农业生产性服务过程中，相较于农业生产性服务口头契约选择行为，农户更倾向于选择正式契约。根据前面理论分析，这可能的原因是，规模越大其面临的交易费用越大。第三，搜寻信息成本对农户农业生产性服务契约类型具有显著负向影响，也就是说，搜寻信息成本越高，对农户选择正式契约具有阻碍作用，这与假说3一致。

其次，表6-4模型6的估计结果显示，个人信任水平对农户农业生产性服务契约类型具有明显差异，个人信任水平越高越倾向选择口头契约，农户的个人信任水平高，其感知风险就会下降，因此更倾向选择交易费用低的口头契约，这与前文的估计结果一致。

最后，分别在表6-4模型7、模型8和模型9中分别加入信息成本与个人信任水平交互项、风险性与个人信任水平交互项和规模性与个人信任水平交互项，来进一步检验个人信任水平在交易费用对农户农业生产性服务契约类型选择行为中的调节效应。通过估计可以看出，在模型7中，信息成本与个人信任水平交互项在10%水平上呈现负向显著，同时可以看到信息成本的系数有减少的趋势，说明个人信任水平对信息成本的负向影响有正向调节作用，也就是说，农户个人信任水平越高，会减弱信息成本对正式契约的阻碍作用，但从显著性可以看出，仅有轻微的调节效果。在模型8中，交易风险与个人信任水平交互项在5%水平上呈负向显著，表明个人信任水平在交易风险对农户选择正式契约的正向影响中起到了明显的负向调节作用，与前文估计结果一致。在模型9中，种植规模和养殖规模与个人信任水平的交互项对农户农业生产性服务契约类型选择有负向影响，并均通过了显著性检验，与表6-3模型5估计结果一致。

此外，其他控制变量显著性及系数符号的状况与表6-3一致，其变量结果本部分不再赘述。综上表明模型估计结果不会因为采用不同的估计方法而产生较大的变化，估计结果都与前文分析结果基本一致，证明结论是稳健可靠的。

表 6-4 交易费用对农业生产性服务契约选择影响的二元 Logit 估计结果

变量名称	模型 6 Coef.	模型 7 Coef.	模型 8 Coef.	模型 9 Coef.
Risk	0.888 3*** (0.230 2)	0.847 2*** (0.230 5)	0.872 6*** (0.230 0)	0.888 9*** (0.228 6)
Disaster	0.036 2 (0.065 7)	0.035 8 (0.065 7)	0.040 2 (0.066 0)	0.033 3 (0.065 4)
Land	0.291 4** (0.129 5)	0.292 4** (0.129 5)	0.287 2** (0.128 5)	0.262 3** (0.129 8)
Farmscale	0.788 5*** (0.208 6)	0.788 8*** (0.208 4)	0.764 8*** (0.207 9)	0.797 5*** (0.210 2)
Information	−0.157 0* (0.092 1)	−0.159 3* (0.093 1)	−0.142 9* (0.087 5)	−0.157 0* (0.095 3)
Trust	−0.299 4*** (0.113 7)			
Trust×Information		−0.028 7* (0.016 9)		
Risk×Information			−0.215 2** (0.104 5)	
Disaster×Information			0.042 2 (0.039 1)	
Land×Information				−0.171 7* (0.097 0)
Farmscale×Information				−0.320 2* (0.194 6)
Gender	0.031 6 (0.343 2)	0.093 6 (0.343 6)	0.027 7 (0.343 4)	0.025 5 (0.333 4)
Age	0.015 1* (0.009 1)	0.014 3* (0.009 1)	0.015 2* (0.009 0)	0.014 8 (0.009 1)
Education	0.004 0 (0.030 3)	0.004 6 (0.030 5)	0.003 3 (0.030 2)	0.004 7 (0.030 4)
Population	−0.242 7*** (0.072 0)	−0.235 1*** (0.070 9)	−0.237 8*** (0.071 3)	−0.246 4*** (0.073 5)

（续）

变量名称	模型 6 Coef.	模型 7 Coef.	模型 8 Coef.	模型 9 Coef.
Nonfarm	0.003 6 (0.002 3)	0.003 3 (0.002 3)	0.003 6 (0.002 3)	0.003 7 (0.002 4)
Incomelevel （control group: higher income）				
Middle income	−0.279 1 (0.291 8)	−0.282 8 (0.288 8)	−0.280 4 (0.291 1)	−0.115 2 (0.180 5)
Lower income	−0.294 7 (0.358 1)	−0.274 5 (0.355 1)	−0.294 7 (0.358 3)	
Province	已控制	已控制	已控制	已控制
Wald 卡方值	69.41	64.30	67.79	68.20
Prob>chi2	0.000 0	0.000 0	0.000 0	0.000 0
Pseudo R²	0.090 9	0.084 1	0.087 7	0.091 4
N	790	790	790	790

注：*、**、***分别表示在 10%、5%、1%的水平上显著，括号内的数值为稳健回归的标准误。

6.4 本章小结

本研究基于契约理论，利用东北三省 961 份农户调研数据，运用 Heck-man 两阶段模型实证分析了交易费用对农户农业生产性服务契约类型选择行为的影响。研究结果表明：交易费用对农户农业生产性服务契约类型选择具有显著差异，同时个体信任水平在交易费用对农户农业生产性服务契约类型选择影响中起到调节作用。

首先，威廉姆森分析范式交易特性对农户农业生产性服务契约类型选择具有显著影响。具体来看，其一，风险性中尤其是交易风险对农户农业生产性服务正式契约选择具有显著的负向影响，也就是说，在农业生产性服务契约类型选择中，交易风险大的农户，选择正式契约的概率大，交易风险感知小，则倾向选择口头契约。具体来说，与服务者认识、关系密切的农户，其面临道德风险的概率越小，因此，农户更倾向于选择口头契约，反之，选择正式契约。而经营风险自然灾害，无论是口头契约还是正式契约，都无法避免其损失，因此对农户生产性服务契约类型选择行为影响不大。其二，规模性对农业生产性服务正式契约行为具有积极影响。具体来看，无论是种植规模还是养殖规模，相较于口头契约，规模越大，越倾向于选择正式契约。

其次，契约过程中产生的搜寻信息成本对农户农业生产性服务契约类型选择具有显著负向影响。也就是说，农户的搜寻信息成本越高，对其在农业生产性服务中选择正式契约越有阻碍作用，这是因为高的搜寻信息成本导致农户交易成本过高，抑制其对正式契约的选择。除此之外，引入个人信任水平，发现农户的个人信任水平对农户农业生产性服务契约类型选择具有显著负向影响，也就是说，农户的个人信任水平越高，农户越倾向于选择口头契约。同时，稳健影响农户契约类型选择行为的还有农户家庭人口数。其中，家庭人口数越多，相较于正式契约，农户选择口头契约的概率越大。

最后，个人信任水平在交易费用对农户农业生产性服务契约类型选择中起到了调节作用。具体来说，一是个人信任水平在信息成本对农户选择正式契约负向影响中起到了正向的调节作用，也就是说，个人信任水平越高，其通过减少交易费用，削弱了信息成本对农户选择正式契约的阻碍影响。二是个人信任水平在交易风险对农户选择正式契约的正向影响中起到了负向调节作用，即农户的个人信任水平越高，会降低农户感知的交易风险，进而削弱了风险性对农户正式契约选择的正向影响。三是个人信任水平在规模性对农户正式契约选择的正向影响中起到了抑制性的调节作用，其中对于种植规模和养殖规模均有明显的抑制性调节作用，这是因为规模越大农户面临的风险性越大，而农户的信任水平越高，会降低因不确定带来的风险，因此农户个体信任水平会削弱规模性对农户农业生产性服务正式契约选择的正向影响。

总之，契约安排的主要功能是节约交易费用，交易费用大小决定契约类型的选择。农户可以通过自己交易费用约束条件，比较交易费用的大小来选择不同的契约安排。根据以上分析得出如下结论：第一，风险性中尤其是交易风险在农户农业生产性服务契约选择决策中仍然是关键因素，当在交易过程中面临较大的道德风险时，选择正式契约优于口头契约。第二，规模越大的农户，其在交易中面临的交易风险越大，选择正式契约的概率更高。第三，较高的搜寻信息成本会阻碍农户选择正式契约。第四，个人信任水平越高的农户，越倾向于选择口头契约。第五，个人信任水平在交易费用对农户生产性服务契约类型选择中具有显著调节作用，其中在信息成本对农户选择正式契约负向影响中有正向调节作用，在风险性和规模性对农户选择农业生产性服务正式契约正向影响中有抑制性调节作用。此外，农户生产性服务契约类型选择行为与家庭特征家庭人口数稳健相关，家庭人口数越多，选择口头契约优于正式契约。

7 交易费用对农户农业生产性服务契约稳定性影响研究

第六章讨论了交易费用对农户农业生产性服务契约类型选择的影响，在达成契约关联后，如何使农户与农业生产性服务者建立稳定的契约关系成为本章要解决的重要的课题。首先，基于"交易费用—契约选择"理论分析框架，从契约过程中产生的交易成本对农户农业生产性服务契约稳定性进行理论分析；其次，运用 Mvprobit 模型对交易费用影响农户农业生产性服务契约稳定性进行实证分析，并验证服务满意度在交易费用对农户农业生产性服务契约稳定性中的调节效应；再次，进行交易费用对农户农业生产性不同服务类型契约稳定性异质性讨论；最后，通过结构方程模型对实证分析内容进一步进行稳健性检验。

7.1 理论分析框架的构建

目前关于契约稳定性的研究，在实证分析上多集中在探究土地流转续约意愿、契约期限的影响（兰勇等，2020；邹宝玲等，2016），同时在理论层面讨论土地流转关系和"公司＋农户"养殖模式方面契约稳定性的研究偏多。其中，胡新艳等（2015b）将交易费用经济学、社会网络理论以及渠道行为理论融入农地流转契约稳定性的分析中，阐明其影响机理；刘丽等（2017）通过博弈分析探究资产专用性与土地流转契约稳定性的关系；而韩振国等（2014）利用案例分析方法发现社会资本才能抑制交易过程中的不确定性和有限理性，进而维持稳定。目前关于农业生产性服务契约稳定性的研究并不多见，可能原因有：第一，契约稳定性指标难以测度，至今没有统一的标准或指标较为单一；第二，以前农业生产性服务多以个体服务为主，没有形成规模，并未得到广泛关注。

然而，近几年农业生产性服务正在如火如荼地发展中，尤其是全程托管服务，服务规模逐渐壮大。但是农业生产性服务契约的短期化和交易过程的交易费用，仍然是服务者面临的巨大挑战。在实际调研中发现，农户与农业生产性服务者多以口头契约为主，即便是正式合约也以一年为单位，这使双方在每一年交易都产生了巨大的交易成本，大大降低了服务效率。而农业生产性服务发展的最终目标是服务双方能够形成一个稳定的合作关系，可以激励服务市场长期发展。因此，进一步探讨交易费用与农户农业生产性服务契约关系的稳定性十分必要。

契约理论认为，契约期限的长短及其所决定的行为预期对契约实施及其稳定性产生重要影响。契约关系是否能够达到长期稳定，是由契约双方的意愿决定的。因此在农业生产性服务中，用农户续约意愿、契约期限作为契约关系稳定性的指标。

交易费用不仅受到交易特性的影响，还存在于交易过程中产生的交易成本。Coase（1937）认为，交易成本可以归纳为发现价格的成本、谈判和签订合同的成本以及为保障合同条款得到遵守而实施必要监督和检查的成本三类。Cheung（1983）和 Williamson（1985）将交易成本概括为信息搜寻成本、谈判成本和执行成本三种类型。本章重点探讨契约过程中产生的交易成本，借鉴前人的定义，将交易成本划分为搜寻信息成本（简称信息成本）、谈判成本和执行成本进行分析。

契约关系是否能够达到长期稳定，是由契约双方的意愿决定的。在假设农户已经选择农业生产性服务的前提下，从图 7-1 可以看出，想要达到农户与农业生产性服务者契约稳定性，取决于时间 2 至时间 5 过程中农户对再次交易的交易成本以及服务效果满意度的考虑。当时间 2 至时间 5 的交易成本低于时间 1 至时间 5 的交易成本时，农户续约或者长期合作的可能性更大，反之将会终止合作。因此，契约过程中产生的交易成本如何影响农户农业生产性服务契约稳定性是本部分研究的重点。

图 7-1　农业生产性服务中的交易关系

在农业生产性服务交易中，交易前的信息成本主要包括农户搜寻潜在交易对象和了解市场信息的成本，农户搜寻信息所花费的时间和精力越多，信息成本就会越高。有研究表明，交易双方如果有亲缘、地缘关系，农户花费时间去寻找交易的信息成本较少（贾燕兵，2013），在调研中也发现，农户与亲戚或者本村的服务者服务关系比较稳定。因此，农户在农业生产性服务再次谈判的过程中，初次合作农户与服务者的关系、信任程度、价格合理性以及合约的了解程度，都会影响农户再次合作信息成本的大小。据交易费用理论可知，农户搜寻信息成本越小，农户的交易费用越小，越有利于农户与农业生产性服务组织契约关系的稳定性，反之农户搜寻信息花费的成本越大，越阻碍农户与农业生产性服务组织的稳定关系。由此提出假说1：

H1：农户交易前信息成本花费越小，越有利于农户与农业生产性服务者契约关系的稳定性。

交易中的谈判成本主要体现在农户与不同服务对象就农业生产性服务的价格、面积、付款方式、服务保障等内容进行谈判，交易双方谈判的次数越多，谈判内容越多，谈判成本越高。如果在首次交易时，农户与农业生产性服务者谈判内容越详细，谈判越正式，谈判成本越高，农户会非常珍惜这个交易，尽力使交易能够长久保持下去。在实际农业生产性服务中，部分环节服务更多是个体户，没有正规的企业管理，多以口头合约为主，没有明确的服务条款，农户与部分环节服务者的谈判成本相对低一些，也因此农户换合作者的频率较高，难以形成稳定的契约关系。而全程托管服务与农户会签订合约，会更正式一些，谈判成本较高，再一次续约或长期合作会节约大量谈判成本，因此，农户会更倾向于继续合作。由此提出假说2：

H2：谈判成本越高，越有利于农户与农业生产性服务者契约关系的稳定性，以节约下一次的谈判成本。

交易后的执行成本主要体现在是否能够如约执行以及保证合约执行的监督成本。在实际调研中发现，由于农业生产的特殊性，农业生产性服务并非是在契约关系敲定后马上执行，通常在年末预定下一年的生产性服务，因此在农业生产性服务过程中，农户与服务者联系的频率、服务者执行的速度和服务监督的频率都会影响执行成本的大小。当农户每一次与新的农业生产性服务者合作时，由于存在很多不确定和不信任的态度，会花费大量的监督成本去考察服务者的服务执行情况。因此，执行成本越小，农户越倾向于继续合作，换言之，执行成本越大，越会阻碍农户与农业生产性服务者关系的稳定性。由此提出假说3：

H3：执行成本越高，越阻碍农户与农业生产性服务者契约关系的稳定性。

此外，在第三章的理论分析中也提到，农户对服务对象的满意程度也是衡量农户是否愿意促进契约关系稳定性的一个重要指标。关于满意度对农户行为意向影响最早出现在消费者领域，顾客满意度会影响其再次消费行为（Anderson et al.，1994；Patterson，1997）。近几年，在农业技术选择领域也被广泛关注，研究表明社员对合作社农技服务满意度会影响农户的选择行为（张强强等，2017），值得注意的是李想（2014）研究发现，农户对农业技术采用满意度对其再次采用意向有正向影响。同理，在农业生产性服务中，也是服务与被服务的关系，如果农户对服务者服务不满意将在日后不予考虑，这与购物或享受服务顾客有类似特性。同时，服务满意度可能会缓解因交易费用带来的负向影响。理性小农理论表明，农户最终目标是获得利益最大化，农户在选择农业生产性服务时会对效果有一定期望值，当实际效果超出了期望值后，这种溢出效应就会削弱交易费用对农业生产性服务产生的一些消极影响。因此，本研究认为农户根据上一次农业生产性服务体验会形成对服务的评价，这种评价会影响农户再次合作的判断。由此提出假说4：

H4：农户对农业生产性服务满意度越高，越倾向与农业生产性服务者契约关系的稳定性，同时，服务满意度会在交易费用对农户农业生产性服务契约稳定性影响中起到正向调节作用（图7-2）。

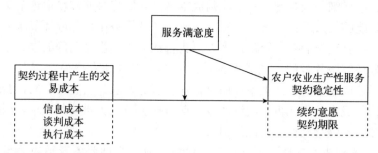

图7-2　交易费用对农户农业生产性服务契约稳定性影响分析框架

7.2　变量选取与模型设定

7.2.1　关键指标测度及检验

（1）关键指标测度

① 交易成本。契约过程产生的交易成本，分别用信息成本、谈判成本、执行成本来表示。根据第四章对交易成本的测度可知经过因子分析的旋转后，得到最优潜变量组合。

② 服务满意度。服务满意度是农户是否续约的重要考虑变量，因此本研究在交易成本基础上引入了服务满意度。服务满意度借鉴 Bruwer（2014）和 Jin 等（2015）的研究，设计了5个观测变量"农户对服务者的服务效果满意程度""农户对现在的服务整体满意程度""服务者的服务态度满意程度""农户认为粮食产量提高的程度""农户认为服务者服务方式科学情况"。如表7-1所示，将服务满意度数据导入 SPSS19.0，采用最大方差法对5个指标进行因子分析。

表7-1　潜变量指标的 KMO 和 Bartlett's 球体检验

潜变量	KMO 样本充分性测量	Bartlett's 球体检验			提取平方和载入		
		近似卡方值	自由度	显著性概率（Sig.）	特征值	方差贡献率（%）	累积（%）
服务满意度 B1	0.675	751.591	10	0.000	1.842	61.402	61.402

因子分析结果显示，通过了巴特立球体检验，KMO 均大于 0.5 的阈值条件，且巴特立球体检验的结果在 $P＝0.000$ 的水平上显著。这说明量表具有较好的相关性，表明测量数据适合进行因子分析。同时，在做因子分析过程中，剔除因子载荷系数小的指标，剩余 3 个指标，分别为"农户对服务者的服务效果满意程度""农户对现在的服务整体满意程度""服务者的服务态度满意程度"（表 7-2）。并通过因子分析得到因子得分，作为进一步分析的变量。

表 7-2　关键性指标问卷测量题项及定义

潜变量	观测变量	定义
契约稳定性 C1	c11：下一年农户参与农业生产性服务续约强度	完全不愿意＝1，不愿意＝2，一般＝3，愿意＝4，非常愿意＝5
	c12：农户和服务方达成长期雇佣关系的意愿强度	完全不愿意＝1，不愿意＝2，一般＝3，愿意＝4，非常愿意＝5
信息成本 A1	a11：农户与服务者关系相处的程度	非常好＝1，挺好＝2，一般＝3，不好＝4，非常不好＝5
	a12：农户与服务者信任程度	非常信任＝1，信任＝2，一般＝3，不信任＝4，非常不信任＝5
	a13：服务者收取的价格合理程度	非常合理＝1，合理＝2，一般＝3，不合理＝4，非常不合理＝5
	a14：农户对服务内容和条款的了解程度	非常了解＝1，了解＝2，一般＝3，不了解＝4，非常不了解＝5
谈判成本 A2	a21：农户目前与服务者契约类型选择情况	口头合同＝1，书面合同＝2
	a22：服务组织保障产量情况	不保＝1，保产＝2
	a23：农业生产性服务交易付款方式选择情况	全额＝1，分期付款＝2
执行成本 A3	a31：农户认为从预约到服务上等待的时间长短程度	非常不长＝1，不长＝2，一般＝3，长＝4，非常长＝5
	a32：农户认为联系服务者花费时间情况	非常不多＝1，不多＝2，一般＝3，很多＝4，非常多＝5
	a33：农户在服务过程中联系农业生产性服务者的难易程度	非常容易＝1，容易＝2，一般＝3，不容易＝4，非常不容易＝5

（续）

潜变量	观测变量	定义
	b11：农户对服务者的服务效果满意程度	非常不满意＝1，不满意＝2，一般＝3，满意＝4，非常满意＝5
服务满意度 *B1*	*b12*：农户对现在的服务整体满意程度	非常不满意＝1，不满意＝2，一般＝3，满意＝4，非常满意＝5
	b13：服务者的服务态度满意程度	非常不满意＝1，不满意＝2，一般＝3，满意＝4，非常满意＝5

（2）问卷的信度与效度检验

运用SPSS19.0软件对调研数据进行信度和效度检验。信度是判断测量指标可信程度的，一般采纳克朗巴哈α系数来衡量。效度通常在验证性因子分析基础上，验证潜变量测度问项的合理性。最终检验测量量表的信度、效度和内部一致性系数等。

① 数据的信度检验。在因子分析基础上，对保留的13个指标进行信度分析。从表7-3可以看出，数据的信度检验结果Cronbach's Alpha的平均值是0.669，总体信度在0.35～0.7（孙涛等，2020），达到标准要求，且各测量变量的Cronbach's Alpha基本上大于0.6，满足研究所需。

表7-3　信度分析

测量指标	题项代码	项删除后的 Cronbach's Alpha	Cronbach's Alpha
信息成本 *A1*	*a11*	0.547	0.661
	a12	0.555	
	a13	0.649	
	a14	0.603	
谈判成本 *A2*	*a21*	0.500	0.748
	a22	0.509	
	a23	0.892	
执行成本 *A3*	*a31*	0.623	0.685
	a32	0.621	
	a33	0.601	
服务满意度 *B1*	*b11*	0.561	0.681
	b12	0.606	
	b13	0.632	

② 验证性因子分析。验证性因子分析可以验证潜变量测度问项的合理性，依据各项拟合指标对理论中涉及的和实际测度中应用的指标变量匹配程度进行检验。在验证性因子分析中常用的指标如表7-4所示。

表7-4 验证性因子评价指标体系及拟合结果

评价指标		评价标准	结果
绝对拟合指数	$\chi^2/\mathrm{d}f$	1~3，较好；3~5，可接受	可接受
	GFI	大于0.9	理想
	RMSEA	小于0.08尚可，小于0.05较好	尚可
相对拟合指数	AGFI	大于0.9，越接近1越好	理想
	NFI	大于0.9，越接近1越好	一般
	IFI	大于0.9，越接近1越好	理想
	TLI	大于0.9，越接近1越好	一般
	CFI	大于0.9，越接近1越好	理想
信息指数	PNFI	大于0.5	理想
	PCFI	大于0.5	理想

拟合指标是指在验证理论模型和实际测度数据是否匹配时，对总体协方差矩阵和样本协方差的变异进行对比分析。表7-5报告了验证性因子分析相关模型拟合指标值。从表7-5代表的关键性指标与表7-4进行比较可以看出，验证性因子分析模型整体拟合情况较好，说明通过了结构检验。

表7-5 整体验证性因子分析模型拟合指标值

χ^2	$\mathrm{d}f$	$\chi^2/\mathrm{d}f$	GFI	AGFI	NFI	CFI	RMSEA
162.684	57	2.854	0.973	0.956	0.947	0.965	0.046

同时，通过验证性因子分析，将测度交易成本和服务满意度4个潜变量13个测量问项全部带入Amose模型，表7-6中结果报告了各个潜变量之间的相关性系数，且各个潜变量标准化的因子载荷符合要求，表现为统计上的显著性。从模型的拟合结果看，模型变量间的协方差拟合基本全部在1%水平上显著，仅有一个测量问项协方差在5%水平上显著，这表明测量的问项间存在相关关系，数据符合进一步分析的要求。

表7-6 潜变量各指标的协方差分析

Variable		Estimate	S.E.	C.R.	P
信息成本	谈判成本	0.106	0.007	2.515	0.012

（续）

Variable		*Estimate*	*S. E.*	*C. R.*	*P*
信息成本	执行成本	0.369	0.008	6.233	***
谈判成本	执行成本	0.136	0.006	2.815	0.005
信息成本	服务满意度	0.816	0.012	13.062	***
谈判成本	服务满意度	0.205	0.007	5.025	***
执行成本	服务满意度	0.454	0.009	7.012	***

7.2.2 变量选取

（1）被解释变量

契约稳定性。选取"下一年农户参与农业生产性服务续约强度""农户和服务方达成长期雇佣关系的意愿强度"这两个潜变量来代表契约关系稳定性（表7-7）。为方便实证分析，本部分将续约意愿和长期合作意愿赋值为0、1，愿意为1，不愿意为0。

表7-7 模型中变量解释及描述性统计

变量名称	符号	变量赋值	均值	标准差
农业生产性服务契约续约意愿	*C1a*	愿意续约=1，不愿意续约=0	0.62	0.49
农业生产性服务长期雇佣关系的意愿	*C1b*	愿意长期=1，不愿意长期=0	0.43	0.50
信息成本	*A1*	信息成本潜变量因子综合得分	0.00	1.00
农户与服务者关系相处的程度	*a11*	非常好=1，挺好=2，一般=3，不好=4，非常不好=5	2.36	0.65
农户与服务者信任程度	*a12*	非常信任=1，信任=2，一般=3，不信任=4，非常不信任=5	2.09	0.59
服务者收取的价格合理程度	*a13*	非常合理=1，合理=2，一般=3，不合理=4，非常不合理=5	2.34	0.68
农户对服务内容和条款的了解程度	*a14*	非常了解=1，了解=2，一般=3，不了解=4，非常不了解=5	2.28	0.65
谈判成本	*A2*	谈判成本潜变量因子综合得分	0.00	1.00
农户目前与服务者契约类型选择情况	*a21*	口头合同=1，书面合同=2	1.26	0.44
服务组织保障产量情况	*a22*	不保=1，保产=2	1.23	0.42
农业生产性服务交易付款方式	*a23*	全额=1，分期付款=2	1.22	0.42
执行成本	*A3*	执行成本潜变量因子综合得分	0.00	1.00

（续）

变量名称	符号	变量赋值	均值	标准差
农户认为从预约到服务上等待的时间长短程度	a31	非常不长＝1，不长＝2，一般＝3，长＝4，非常长＝5	2.17	0.59
农户认为联系服务者花费时间情况	a32	非常不多＝1，不多＝2，一般＝3，很多＝4，非常多＝5	2.20	0.62
农户在服务过程中联系农业生产性服务者的难易程度	a33	非常容易＝1，容易＝2，一般＝3，不容易＝4，非常不容易＝5	2.14	0.61
服务满意度	B1	服务满意度潜变量因子综合得分	0.00	1.00
农户对服务者的服务效果满意程度	b11	非常不满意＝1，不满意＝2，一般＝3，满意＝4，非常满意＝5	3.86	0.57
农户对现在的服务整体满意程度	b12	非常不满意＝1，不满意＝2，一般＝3，满意＝4，非常满意＝5	3.83	0.62
服务者的服务态度满意程度	b13	非常不满意＝1，不满意＝2，一般＝3，满意＝4，非常满意＝5	4.02	0.45
控制变量				
家庭有无农机	Machinery	家庭有农机＝1，家庭无农机＝0	0.51	0.50
耕地细碎化程度	Fragmentation	土地地块数量实际值	5.23	4.86
土地地形特征	Terrain	坡地或洼地＝0，平地＝1	0.77	0.42
老龄化程度	Aging	55岁及以上老年人数量与家庭总人口数的比值	0.40	0.37
自然灾害	Disaster	近五年当地旱涝等自然灾害发生的次数	1.92	1.32
服务对象认识程度	Risk	熟悉的人＝0，陌生人＝1	0.15	0.36
种植规模	Land	实际值	40.86	45.77
养殖规模	Farmscale	是否有养殖业：有养殖＝1，没有养殖＝0	0.20	0.40
户主性别	Gender	1＝男，2＝女	1.05	0.23
户主受教育程度	Education	受教育年限实际值	7.09	2.78
家庭人口数	Population	实际值	35.04	37.70
非农收入占比	Nonfarm	家庭非农收入占家庭总收入的比值	2.10	0.51
家庭收入在本村水平	Incomelevel	偏上＝1，中等＝2，偏下＝3	1.88	0.76
省份变量	Province	黑龙江＝1，吉林＝2，辽宁＝3	1.05	0.23

（2）解释变量

由前文可知，关键变量就是交易成本中的信息成本、谈判成本、执行成本，以及服务满意度。这四个核心变量，首先，都是通过因子分析法，对应的潜变量进行降维处理，从中提取的一个因子综合得分，作为代理指标；其次，分别将潜变量带入模型中，估计每个观测变量的实际影响。

此外，考虑到农户对农业生产性服务契约关系稳定性的其他影响因素，选取交易特性、家庭基本特征以及家庭收入特征作为控制变量。其中，交易特性变量包括资产专用性、风险性和规模性；家庭基本特征变量包括户主性别、农户年龄、户主受教育年限、农户家庭人口数；家庭收入特征变量包括家庭非农收入占比，以及家庭收入在本村水平。同时，考虑到地区之间的差异，本研究还引入了省份虚拟变量。

7.2.3 模型设定

（1）Mvprobit 模型

本研究选取的能够代表农户与农业生产性服务者契约稳定关系的两个变量分别为农业生产性服务续约意愿和农户对农业生产性服务长期合作意愿。可以发现，这两个被解释变量是有递进关系的，如果农户愿意续约，才会进一步想要长期合作。这时如果选择普通的二元 Logit，或者 Probit 方法只能分别估计结果，不能横向比较，也不能看出整体的关系，考虑到被解释变量存在的相互联系，需要对上述两种被解释变量进行联立估计。因此本部分选择可同时处理多个二元选择的 Mvprobit 模型，其一般形式为

$$y_{1i}^* = \beta_1' X_{1i} + \varepsilon_{1i} \qquad (7-1)$$
$$y_{2i}^* = \beta_2' X_{1i} + \varepsilon_{2i} (*)$$
$$\cdots\cdots$$
$$y_{mi}^* = \beta_m' X_{mi} + \varepsilon_{mi} \qquad (7-2)$$

被解释变量方程设定为

$$y_m = \begin{cases} 1 & y_m^* > 0 \\ 0 & \text{其他} \end{cases} \quad m = 1, 2, \cdots \qquad (7-3)$$

其中，$y_m = 1$、$y_m = 0$ 分别表示愿意和不愿意以第 M 种方式延续契约关系。m 代表方程个数，也是第 M 种契约关系延续行为；i 代表自变量个数，反映了影响契约关系延续的 N 个因素；ε_{mi} 为服从多元正态分布的误差项，且各均值为 0，方差为 1。对（*）式进行极大似然估计，可得各 β 值。

（2）稳健性回归：结构方程模型

结构方程模型（Structual equation model，SEM）是一种基于路径分析思想的统计方法，它由结构模型和测量模型组成，是一种广泛适用的验证性因子分析方法（吴明隆，2010）。结构方程模型用于分析潜变量之间的因果关系，

为外生潜变量与内生潜变量相互之间影响路径研究提供了框架。

本章基于"交易费用—契约选择"理论框架，利用 SEM 分析潜变量（交易成本、服务满意度、契约关系稳定性）与观测变量以及各潜变量之间内在联系的优势，弥补了常规线性方程模型之间解释自变量对因变量作用关系的弊端，并且 SEM 能够模拟多因子的内外逻辑关系，为探讨农户农业生产性服务契约稳定性研究提供了有效分析工具。具体模型如下

$$\eta = B\eta + \tau\xi + \zeta \qquad (7-4)$$
$$y = \Lambda_y\eta + \varepsilon \qquad (7-5)$$
$$x = \Lambda_x\xi + \delta \qquad (7-6)$$

式（7-4）至式（7-6）中，ξ 表示外生潜变量交易成本、服务满意度，η 表示内生潜变量农户契约关系的稳定性；τ 为结构系数矩阵，表示外生潜变量 ξ 对内生潜变量 η 的影响；B 为结构系数矩阵，表示内生潜变量 η 的构成要素之间的影响关系；ζ 为结构方程的残差项，为内生潜变量未能解释的部分的补充；y 表示衡量农业生产性服务契约关系稳定性的各个指标，是内生潜变量的观测变量；x 表示衡量信息成本、谈判成本、执行成本、服务满意度的指标，是外生潜变量的观测变量。

7.3 交易费用对农户农业生产性服务契约稳定性影响的实证分析

7.3.1 交易费用对农户农业生产性服务契约稳定性影响的实证分析

本节运用 Mvprobit 模型，分析交易费用对农户农业生产性服务契约稳定性的影响，重点关注契约过程中产生的交易成本的影响。其中模型 1 是将信息成本、谈判成本、执行成本通过因子分析聚类成一个因子进行分析，模型 2 是将信息成本、谈判成本和执行成本的潜变量都带入模型中具体进行分析。估计结果 $Atrho21$ 在 1‰水平上显著，可以说明农业生产性服务续约意愿和农业生产性服务长期合作意愿存在相互促进关系，运用此方法非常合理。具体估计结果见表 7-8。

表 7-8　交易费用对农户农业生产性服务契约稳定性影响的估计结果

变量名称	模型 1				模型 2			
	续约意愿		长期合作意愿		续约意愿		长期合作意愿	
	Coef.	*Std. Err.*	*Coef.*	*Std. Err.*	*Coef.*	*Std. Err.*	*Coef.*	*Std. Err.*
A1	−0.304 8***	0.060 0	−0.211 2***	0.058 4				
A2	0.153 9***	0.052 2	0.159 6***	0.046 6				

（续）

变量名称	模型 1				模型 2			
	续约意愿		长期合作意愿		续约意愿		长期合作意愿	
	Coef.	*Std. Err.*	*Coef.*	*Std. Err.*	*Coef.*	*Std. Err.*	*Coef.*	*Std. Err.*
A3	−0.024 5	0.048 6	−0.103 7**	0.047 5				
B1	0.356 2***	0.063 0	0.287 0***	0.062 2	0.366 2***	0.065 6	0.294 6***	0.066 3
a11					−0.344 2***	0.090 3	−0.472 9***	0.090 1
a12					−0.148 4**	0.076 3	−0.106 3**	0.058 5
a13					−0.222 4***	0.077 0	−0.216 0***	0.076 3
a14					−0.065 0	0.083 3	0.026 9	0.081 9
a21					0.488 9**	0.202 2	0.174 2**	0.078 3
a22					0.144 8	0.205 0	0.197 6	0.183 4
a23					0.181 1**	0.093 5	0.123 4**	0.067 9
a31					−0.090 1	0.089 8	−0.216 6**	0.094 0
a32					−0.126 1	0.084 2	−0.178 9**	0.083 1
a33					−0.133 9	0.089 3	−0.291 9***	0.089 3
Machinery	−0.019 9	0.110 3	−0.112 2	0.103 7	−0.004 4	0.111 5	−0.093 7	0.105 7
Fragmentation	0.006 8	0.012 8	0.010 2	0.011 6	0.004 1	0.013 0	0.006 7	0.011 9
Terrain	0.282 1***	0.101 6	0.209 6*	0.109 5	0.293 0***	0.112 7	0.194 4*	0.111 8
Aging	−0.000 3	0.148 1	−0.340 9**	0.142 0	−0.019 1	0.149 7	−0.369 1**	0.144 8
Disaster	−0.007 6	0.037 3	−0.098 8***	0.035 7	−0.003 2	0.038 1	−0.111 9***	0.036 6
Risk	−0.600 6***	0.141 1	−0.393 7***	0.141 1	−0.572 7***	0.145 4	−0.266 3**	0.136 0
Land	−0.042 1	0.087 7	−0.100 1	0.081 0	−0.030 9	0.088 7	−0.107 4	0.082 7
Farmscale	−0.041 5	0.123 9	−0.026 8	0.118 3	−0.019 2	0.126 1	−0.017 5	0.121 5
Gender	0.080 8	0.211 7	0.202 3	0.199 4	0.002 6	0.215 5	0.080 1	0.205 1
Education	0.020 7	0.017 5	0.018 5	0.016 5	0.019 4	0.017 8	0.014 9	0.017 0
Population	0.023 3	0.041 1	−0.011 3	0.039 6	0.027 1	0.041 6	−0.003 6	0.040 5
Nonfarm	−0.001 3	0.001 4	−0.001 0	0.001 4	−0.001 3	0.001 4	−0.001 0	0.001 4
Incomelevel	0.052 4	0.097 3	0.115 1	0.092 6	0.083 4	0.099 0	0.158 1	0.095 5
Province	已控制	已控制	已控制	已控制	已控制	已控制	已控制	已控制
Atrho21			0.650 2***(0.065 8)				0.642 4***(0.067 8)	
ρ_{21}			0.571 8***(0.044 2)				0.566 7***(0.046 1)	
Log likelihood			−969.449 4				−943.270 1	
Prob>chi2			0.000 0				0.000 0	
N			893				893	

注：*、**、***分别表示在 10%、5%、1%的水平上显著，括号内代表标准误。

（1）交易费用对农户农业生产性服务契约续约意愿的实证分析

影响农户农业生产性服务续约意愿因素中，交易成本中信息成本、谈判成本均有显著影响。其中信息成本对农户续约意愿在1％水平上呈负向影响，也就是说，信息成本越大农户越不愿意续约，反之，信息成本花费越小，农户越倾向于续约，具体而言，农户与农业生产性服务者相处得越好、农户对服务者的信任程度越高、农户认为农业生产性服务收取的价格越合理，都会促进农户对农业生产性服务续约意愿的选择，而农户对内容的了解程度对其续约意愿没有影响，这可能是因为在进行完整的农业生产性服务后，农户已经对内容有了一定的了解，因此对内容的了解程度不会对契约续约意愿产生影响。谈判成本在1％水平上对农户农业生产性服务续约意愿呈正向影响，说明农户在上一次花费的谈判成本越高，越促进农户对农业生产性服务的续约意愿，这是因为，农户上一次谈判的费用越高，其对契约关系嵌入越深，再一次续约时就会节约谈判成本。具体来看，正式契约会比口头契约更促进农户对农业生产性服务续约意愿，同时分期付款的方式也对农户农业生产性服务的续约意愿有一定的促进作用。而执行监督成本没有通过验证，说明执行成本对农户农业生产性服务续约意愿没有影响，这可能是因为农户在交易执行中花费的成本主要是监督成本，在调研时发现，农户很少会进行监督，虽然有时也会跟着去看，但他并不认为这是一种监督行为。因此，在农户看来执行成本并不大，因此也并未对续约意愿造成影响。

此外，服务满意度、交易特性中土地地形特征和交易风险对农户续约选择意愿有显著影响，且均在1％水平上呈现正向影响。这就是说，服务满意度越高，土地特征越平坦，服务对象与农户越熟悉，农户越倾向于续约。而其他变量影响并不大。

（2）交易费用对农户农业生产性服务契约长期合作意愿的实证分析

影响农业生产性服务长期合作意愿因素中，交易成本中信息成本、谈判成本、执行成本对农户长期合作意愿均有显著影响。其中信息成本对农户农业生产性服务长期合作意愿在1％水平上有负向影响，具体来说与续约意愿一致，农户与农业生产性服务者相处得越好、农户对服务者的信任程度越高、农户认为农业生产性服务收取的价格越合理，越会促进农户对农业生产性服务长期合作意愿的选择。谈判成本对农户农业生产性服务长期合作意愿在1％水平上有正向影响，具体来看，农户签订正式契约和分期付款会对农户农业生产性服务长期合作意愿有促进作用。特别值得注意的是，执行成本对农户长期合作意愿有抑制影响，这与假说3一致。由此说明农户在考虑长期合作意愿时比考虑续约意愿更谨慎一些，执行成本对农户续约意愿没有显著影响，而对长期合作意愿呈明显的负向影响，具体来看，农户在考虑是否与农业生产性服务者长期合作时，农户在生产性服务过程中预约等待的时间、联系农业生产性服务花费的时间和在执行过程中找到农业生产性服务者的难易程度都会影响农户长期合作的意愿，也就是说，执行成本花费的时间越多，越抑制农户与农业生产性服务者长期合作意愿。

此外，土地地形特征、老龄化程度以及自然风险和交易风险对农户农业生产性服务长期合作意愿有显著影响。也就是说，土地越平坦，老龄化程度越低，农户面临的风险性越小，农户越倾向于和农业生产性服务者长期合作。

7.3.2 服务满意度对农户农业生产性服务契约稳定性影响的调节分析

本节进一步讨论服务满意度在交易费用对农户农业生产性服务契约续约意愿及长期合作意愿影响中的调节作用。从模型3估计结果可以看出，Atrho21在1‰水平上显著，可以说明农户农业生产性服务续约意愿和农户农业生产性服务长期合作意愿存在相互促进关系，运用此方法非常合理。具体估计结果见表7-9。

表7-9 服务满意度对农户农业生产性服务契约稳定性影响的调节作用估计结果

变量名称	模型3			
	续约意愿		长期合作意愿	
	Coef.	*Std. Err.*	*Coef.*	*Std. Err.*
A1	−0.301 6***	0.061 8	−0.223 5***	0.059 6
A2	0.154 0***	0.054 2	0.182 5***	0.049 3
A3	−0.049 4	0.049 6	−0.096 3**	0.048 1
B1	0.402 3***	0.068 7	0.352 9***	0.069 3
A1×B1	0.059 3	0.047 5	0.157 9***	0.048 6
A2×B1	0.154 1**	0.069 2	0.113 8**	0.052 8
A3×B1	0.122 8***	0.046 0	0.070 2*	0.041 1
Machinery	−0.030 5	0.111 6	−0.104 3	0.104 8
Fragmentation	0.007 7	0.013 0	0.010 4	0.011 7
Terrain	0.280 8**	0.112 7	0.229 2**	0.110 6
Aging	−0.001 0	0.149 6	−0.347 2**	0.143 8
Disaster	−0.012 3	0.037 8	−0.093 3**	0.036 3
Risk	−0.626 9***	0.144 1	−0.388 5***	0.143 3
Land	−0.039 6	0.088 3	−0.101 2	0.081 4
Farmscale	−0.045 3	0.125 6	−0.043 4	0.119 5
Gender	0.054 9	0.211 8	0.217 1	0.202 7
Education	0.018 5	0.017 6	0.019 5	0.016 6

（续）

变量名称	模型 3			
	续约意愿		长期合作意愿	
	$Coef.$	$Std.Err.$	$Coef.$	$Std.Err.$
$Population$	0.027 1	0.041 4	−0.012 5	0.040 1
$Nonfarm$	−0.001 5	0.001 4	−0.001 0	0.001 4
$Incomelevel$	0.039 7	0.098 4	0.098 5	0.093 5
$Province$	已控制	已控制	已控制	已控制
$Atrho21$		0.650 4**(0.066 2)		
ρ_{21}		0.571 9***(0.044 5)		
$Log\ likelihood$		−956.514 8		
$Prob>chi2$		0.000 0		
N		893		

注：*、**、***分别表示在10%、5%、1%的水平上显著，括号内的数值为标准误。

表7-9估计结果显示，首先，服务满意度在信息成本对农户农业生产性服务续约意愿影响中没有显著调节作用，而在信息成本对农户农业生产性服务长期合作意愿的负向影响中在1%水平上呈正向调节作用，说明在短期内农户更看重眼前利益，服务满意度在续约意愿上的调节作用并不明显，但是从长远看，服务满意度越高，对信息成本的正向调节作用显著，会积极促进农户对农业生产性服务长期合作意愿的选择。

其次，估计结果表明，服务满意度在谈判成本对农户农业生产性服务续约意愿和长期合作意愿正向影响中均有增强性调节作用，也就是说，服务满意度在谈判成本对契约稳定性的积极影响中有促进作用，说明高谈判成本与服务满意度是互相促进的关系，服务满意度越高，可能之前的谈判成本越高，越能促进农户与农业生产性服务者契约关系的稳定性。

最后，服务满意度在执行成本对农户农业生产性服务续约意愿及长期合作意愿负向影响中具有正向调节作用，调节分别在1%和10%水平上显著，说明服务满意度能够削弱执行成本对农户农业生产性服务稳定性的负向影响，所以说农业生产性服务者提高服务质量和效果，会有效削弱交易成本产生的负向影响，会提高农户与农业生产性服务者契约关系的稳定性。

7.3.3 交易费用对农户农业生产性不同服务类型契约稳定性影响的实证分析

不同类型的农业生产性服务其产生的交易费用不同，本部分进一步进行农户对不同类型农业生产性服务契约关系稳定性的异质性分析。下文分别对表7-10模型4和模型5进行估计，模型4和模型5分别为交易费用对农户部分环节服务契约稳定性及服务满意度调节作用的分析；模型6和模型7表示交易费用对农户全程托管服务契约稳定性及服务满意度的调节作用；模型8和模型9，分别将信息成本、谈判成本和执行成本的潜变量带入模型对农户不同类型农业生产性服务进行分析，以考察具体的指标估计。从模型4至模型9的估计结果可以看出，$Atrho21$ 均在1%水平上显著，可以说明农户对农业生产性服务续约意愿和农户对农业生产性服务长期合作意愿存在相互促进关系，运用此方法非常合理。

表7-10　交易费用对农户农业部分环节服务契约关系稳定性影响的估计结果

变量名称	模型4：交易费用影响估计				模型5：服务满意度调节估计			
	续约意愿		长期合作意愿		续约意愿		长期合作意愿	
	Coef.	Std. Err.	Coef.	Std. Err.	Coef.	Std. Err.	Coef.	Std. Err.
A1	−0.235 4***	0.071 7	−0.163 3**	0.073 0	−0.221 9***	0.073 3	−0.151 6**	0.073 7
A2	−0.061 9	0.142 4	−0.107 8	0.131 6	−0.134 9	0.152 8	−0.066 2	0.144 6
A3	−0.011 9	0.057 5	−0.188 1***	0.057 7	−0.022 3	0.058 9	−0.100 1*	0.058 4
B1	0.337 3***	0.077 9	0.356 6***	0.083 1	0.568 3**	0.174 7	0.337 2**	0.141 2
A1×B1					0.069 5	0.058 4	0.113 1*	0.064 5
A2×B1					0.340 3	0.257 3	0.127 3	0.206 5
A3×B1					0.127 9**	0.062 0	0.111 9*	0.061 4
Machinery	−0.125 9	0.128 2	−0.072 8	0.125 1	−0.141 3	0.129 4	−0.060 8	0.126 0
Fragmentation	0.008 9	0.013 9	0.009 4	0.013 0	0.008 5	0.014 0	0.009 6	0.013 0
Terrain	0.139 0	0.130 7	0.102 2	0.131 1	0.157 3*	0.091 7	0.124 6	0.132 0
Aging	−0.127 4	0.171 0	−0.444 2***	0.171 3	−0.167 3	0.172 9	−0.468 9***	0.173 0
Disaster	−0.003 7	0.044 5	−0.130 6***	0.043 8	−0.001 4	0.044 7	−0.128 0***	0.044 1
Risk	−0.787 2***	0.174 0	−0.736 2***	0.194 7	−0.807 4***	0.176 3	−0.720 6***	0.197 4
Land	−0.071 4	0.098 9	−0.157 0	0.095 8	−0.056 6	0.099 3	−0.151 1	0.096 0
Farmscale	−0.048 3	0.150 2	−0.076 8	0.149 7	−0.047 1	0.151 9	−0.112 5	0.151 3
Gender	0.291 5	0.252 3	0.357 9	0.241 6	0.311 2	0.255 3	0.373 1	0.243 0
Education	0.026 0	0.019 8	0.022 0	0.019 2	0.021 5	0.020 0	0.018 6	0.019 3
Population	0.049 4	0.045 7	−0.009 2	0.045 8	0.046 1	0.046 0	−0.013 2	0.046 0
Nonfarm	−0.000 7	0.001 5	−0.000 5	0.001 5	−0.000 8	0.001 5	−0.000 5	0.001 5
Incomelevel	0.064 3	0.113 0	0.141 6	0.111 2	0.056 4	0.114 4	0.118 5	0.112 0
Province	已控制	已控制	已控制	已控制	已控制	已控制	已控制	已控制
Atrho21		0.667 6*** (0.080 5)				0.670 9*** (0.081 5)		
ρ_{21}		0.582 4*** (0.053 1)				0.585 6*** (0.053 6)		

（续）

变量名称	模型 4：交易费用影响估计				模型 5：服务满意度调节估计			
	续约意愿		长期合作意愿		续约意愿		长期合作意愿	
	Coef.	Std. Err.	Coef.	Std. Err.	Coef.	Std. Err.	Coef.	Std. Err.
Log likelihood		−724.310 3				−720.519 4		
Prob>chi2		0.000 0				0.000 0		
N		654				654		

注：*、**、***分别表示在10%、5%、1%的水平上显著。

（1）交易费用对农户部分环节服务契约稳定性及服务满意度调节作用的实证分析

① 交易费用对农户部分环节服务契约关系稳定性的影响估计。从表 7 - 10 模型 4 可以看出，影响农户部分环节服务契约稳定性（续约意愿和长期合作意愿）因素中，信息成本对农户部分环节服务契约续约意愿有显著影响，这表明在农户部分环节服务续约意愿中信息成本是农户最关心的交易成本，也是对农户部分环节服务续约意愿影响最大的因素。这与部分环节服务性质一致，在部分环节服务中多数交易都是口头交易，所以谈判成本和执行成本的花费会很少。而在农户考虑长期合作意愿时，执行成本对农户部分环节服务的阻碍作用就开始显现出来了，这说明农户考虑长期合作时会更加理性，会充分考虑交易成本。

此外，服务满意度对农户部分环节服务契约稳定性在1%水平上呈正向影响。影响农户部分环节服务续约意愿控制变量因素中，交易风险代理变量服务对象认识程度对农户续约意愿有显著影响，且均在1%水平上呈现负向影响。这就是说，交易风险越大，农户越不愿意进行部分环节服务续约；反之，服务对象与农户越熟悉，农户越倾向于部分环节服务续约。而其他变量影响并不大。影响农户部分环节服务长期合作意愿因素中，人力资本代理变量老龄化程度、自然风险以及交易风险对农户部分环节服务长期合作意愿有显著影响。也就是说，老龄化程度越低，自然风险越小，服务对象与农户越熟悉，越倾向于部分环节服务长期合作。

② 服务满意度在交易费用对农户部分环节服务契约关系稳定性影响中的调节作用。从表 7 - 10 模型 5 可以看出，执行成本对农户部分环节服务续约意愿并没有显著影响，但加入服务满意度的调节项后，服务满意度在执行成本对农户部分环节服务续约意愿的影响中具有正向的调节作用，说明服务满意度对执行成本具有很强的调节效应。同时，从农户对选择部分环节服务长期合作意愿可以看出，服务满意度在信息成本和执行成本对农户部分环节服务长期合作

意愿的负向影响中均有正向调节作用，但对谈判成本的调节作用不大。这可能是因为，对于部分环节服务来说，其花费的谈判成本较小，并未对其长期合作意愿产生影响。

（2）交易费用对农户全程托管服务契约关系稳定性及服务满意度调节作用的实证分析

① 交易费用对农户全程托管服务契约关系稳定性的影响估计。从表 7-11 模型 6 可以看出，影响农户全程托管服务续约意愿因素中，交易成本中信息成本对农户全程托管服务续约意愿有显著影响。这表明农户考虑续约意愿的时候，高额的信息成本会阻碍农户对全程托管服务的续约意愿选择。相较于部分环节服务，谈判成本对农户全程托管服务具有显著正向影响。影响全程托管服务长期合作意愿因素中，交易成本中信息成本、谈判成本对农户全程托管服务长期合作意愿均有显著影响。执行成本对农户全程托管服务长期合作意愿有显著的负向影响，主要是因为在全程托管服务中，受到服务范围的限制，往往在很多时候需要农户主动联系服务者进行生产性服务，因此会产生一些执行成本，可以从结果看出，执行成本对农户长期合作意愿的影响比续约意愿要强。

表 7-11　交易费用对农户农业全程托管服务契约关系稳定性影响的估计结果

变量名称	模型 6				模型 7			
	续约意愿		长期合作意愿		续约意愿		长期合作意愿	
	Coef.	Std. Err.	Coef.	Std. Err.	Coef.	Std. Err.	Coef.	Std. Err.
A1	−0.398 6***	0.101 6	−0.247 0***	0.089 4	−0.431 3***	0.106 7	−0.350 5***	0.101 0
A2	0.262 0**	0.104 7	0.242 0***	0.092 1	0.297 3***	0.110 0	0.291 5***	0.097 1
A3	−0.030 3	0.074 1	−0.175 2***	0.068 4	−0.070 1	0.077 0	−0.155 0**	0.072 8
B1	0.377 5***	0.097 6	0.327 2***	0.088 7	0.334 5***	0.125 7	0.635 9***	0.147 1
A1×B1					0.002 3	0.077 1	0.297 1***	0.080 4
A2×B1					0.197 2**	0.095 9	0.159 6*	0.087 6
A3×B1					0.143 6**	0.066 8	0.151 1**	0.065 7
Machinery	−0.130 8	0.219 0	−0.023 1	0.193 2	−0.162 9	0.228 5	−0.027 5	0.199 5
Fragmentation	0.012 8	0.019 3	0.030 5	0.018 5	0.013 9	0.019 4	0.038 4	0.020 5
Terrain	0.499 5***	0.176 6	0.209 1	0.166 1	0.473 6***	0.179 3	0.192 7	0.170 7
Aging	0.208 7***	0.056 8	0.232 4*	0.132 0	0.225 0	0.259 8	0.208 5	0.237 3
Disaster	−0.002 3	0.063 1	−0.106 6	0.059 0	−0.012 3	0.065 5	−0.084 0	0.061 7
Risk	−0.347 7***	0.118 8	−0.052 9	0.203 9	−0.413 7*	0.226 1	−0.025 2	0.212 3
Land	−0.051 1	0.162 0	−0.012 0	0.142 7	−0.034 9	0.165 9	−0.066 4	0.147 2
Farmscale	0.128 6	0.209 0	0.069 4	0.190 1	0.093 4	0.215 9	0.097 7	0.195 7

（续）

变量名称	模型 6				模型 7			
	续约意愿		长期合作意愿		续约意愿		长期合作意愿	
	Coef.	Std. Err.	Coef.	Std. Err.	Coef.	Std. Err.	Coef.	Std. Err.
Gender	−0.013 0	0.371 8	−0.216 7	0.353 4	−0.147 5	0.389 2	−0.198 0	0.371 8
Education	0.026 1	0.033 4	0.020 3	0.030 9	0.030 4	0.033 7	0.005 9	0.031 5
Population	−0.001 3	0.079 8	−0.058 7	0.071 9	−0.021 8	0.082 2	−0.043 9	0.075 0
Nonfarm	−0.002 5	0.003 2	−0.000 3	0.002 9	−0.003 9	0.003 3	−0.000 7	0.003 0
Incomelevel	0.053 7	0.173 4	0.074 6	0.152 7	0.015 8	0.177 3	0.082 8	0.155 9
Province	已控制	已控制	已控制	已控制	已控制	已控制	已控制	已控制
Atrho21		0.669 5***(0.112 4)				0.699 9***(0.117 2)		
ρ_{21}		0.584 6***(0.074 0)				0.604 3***(0.074 4)		
Log likelihood		−338.222 3				−322.758 2		
Prob>chi2		0.000 0				0.000 0		
N		342				342		

注：*、**、***分别表示在 10%、5%、1%的水平上显著。

　　此外，影响农户全程托管服务续约意愿控制变量因素中，服务满意度依旧对全程托管服务续约意愿在 1%水平上呈正向影响。人力资本代理变量老龄化程度和地理资产专用性土地地形特征对农户全程托管服务续约意愿均在 1%水平上呈正向影响，说明老龄化程度越高、土地越平坦的农户越倾向与全程托管服务组织续约，而交易风险代理变量服务对象认识程度对农户全程托管服务续约选择意愿在 1%水平上有显著负向影响，这就是说，服务对象与农户越陌生，交易风险越大，对农户与全程托管服务组织续约具有阻碍作用。同时，影响农户全程托管服务长期合作意愿控制变量因素中，仅老龄化程度对农户全程托管服务长期合作意愿有显著影响。也就是说，老龄化程度越高，越倾向于全程托管服务长期合作。

　　② 服务满意度在交易费用对农户全程托管服务契约关系稳定性中的调节作用。从表 7-11 模型 7 可以看出，服务满意度在谈判成本对农户全程托管服务续约意愿的影响中具有增强性调节作用，在执行成本对农户全程托管服务续约意愿的影响中起到了正向影响；同时服务满意度在信息成本、谈判成本和执行成本对农户全程托管服务长期合作意愿的影响中均呈现显著的调节作用，这说明服务满意度在农户全程托管服务过程中具有很强的正向调节效应。

　　（3）交易费用对农户不同类型农业生产性服务契约关系稳定性的对比分析

　　从上述的分析中可以看出，交易成本对不同类型的农业生产性服务契约关系稳定性的影响不同，同时服务满意度对交易成本在农户部分环节服务和全程托管服务中调节效果不一。如表7-12所示，具体分析交易成本对不同类型农业生产性服务契约关系稳定性的影响差异。

表7-12　交易费用对农户农业生产不同服务类型契约关系稳定性影响对比估计

变量名称	模型8：部分环节外包				模型9：全程托管服务			
	续约意愿		长期合作意愿		续约意愿		长期合作意愿	
	Coef.	Std. Err.	Coef.	Std. Err.	Coef.	Std. Err.	Coef.	Std. Err.
a11	−0.321 0***	0.105 4	−0.445 8***	0.107 5	−0.377 0**	0.160 1	−0.662 0***	0.153 0
a12	−0.078 6	0.125 8	−0.080 6	0.130 3	−0.607 7***	0.214 5	−0.120 7***	0.040 2
a13	−0.195 6**	0.092 8	−0.276 6***	0.100 4	−0.336 9***	0.125 7	−0.158 2	0.116 9
a14	−0.026 9	0.102 2	0.093 2	0.104 3	−0.136 6	0.135 9	0.101 3	0.123 7
a21	4.861 7	10.143 3	0.634 9*	0.329 7	0.228 5	0.309 2	0.313 8	0.286 5
a22	0.292 6	0.435 9	0.177 8	0.374 1	0.214 5	0.291 2	0.499 1	0.268 8
a23	0.411 1	0.262 0	0.330 7	0.261 3	0.592 9***	0.190 0	0.673 2***	0.172 0
a31	−0.071 3	0.100 6	−0.165 2	0.163 7	−0.218 1	0.164 4	−0.325 5***	0.111 8
a32	−0.056 2	0.099 2	−0.027 7	0.104 6	−0.209 7**	0.107 0	−0.353 6***	0.123 7
a33	−0.093 0	0.104 1	−0.226 3**	0.106 6	−0.067 2	0.152 0	−0.397 8***	0.144 3
B1	0.314 8***	0.081 9	0.322 5***	0.088 7	0.378 2***	0.106 4	0.381 8***	0.102 7
Machinery	−0.165 3	0.132 0	−0.115 7	0.128 2	−0.257 2**	0.124 6	−0.030 3	0.209 4
Fragmentation	0.007 8	0.014 2	0.005 6	0.013 3	0.009 9	0.020 5	0.032 8	0.020 2
Terrain	0.148 0	0.133 8	0.072 9	0.135 0	0.516 2***	0.184 6	0.217 5*	0.127 9
Aging	−0.137 7	0.174 1	−0.479 6***	0.174 4	−0.177 8**	0.088 9	−0.270 4*	0.145 5
Disaster	−0.015 9	0.046 0	−0.154 8***	0.045 3	−0.024 3	0.066 7	−0.144 0**	0.063 3
Risk	−0.751 5***	0.179 5	−0.662 7***	0.203 9	−0.268 7	0.240 5	−0.307 6	0.227 1
Land	−0.041 9	0.100 9	−0.140 5	0.097 6	−0.069 5	0.171 5	−0.114 9	0.157 1
Farmscale	−0.004 9	0.153 5	−0.006 7	0.154 2	0.167 0	0.220 3	0.195 1	0.206 5
Gender	0.231 6	0.259 6	0.274 4	0.248 9	−0.192 0	0.386 9	−0.549 0	0.383 0
Education	0.017 5	0.020 3	0.009 2	0.019 9	0.026 9	0.035 0	−0.021 9	0.033 4
Population	0.050 1	0.046 5	−0.007 6	0.046 9	0.009 9	0.083 1	−0.005 5	0.077 4
Nonfarm	−0.000 9	0.001 5	−0.000 3	0.001 6	−0.002 8	0.003 5	−0.001 2	0.003 1
Incomelevel	0.093 0	0.115 9	0.197 6*	0.114 9	0.139 2	0.179 9	0.166 5	0.163 7
Province	已控制	已控制	已控制	已控制	已控制	已控制	已控制	已控制
Atrhα21	0.661 7*** (0.083 9)				0.659 2*** (0.123 4)			
ρ21	0.579 5*** (0.055 7)				0.577 9*** (0.082 2)			
Log likelihood	−693.939 9				−312.261 7			
Prob>chi2	0.000 0				0.000 0			
N	654				342			

注：*、**、***分别表示在10%、5%、1%的水平上显著。

从信息成本对农户不同类型农业生产性服务续约意愿来看，农户与农业生产性服务者相处程度和农业生产性服务收取价格合理程度对农户部分环节服务及全程托管服务续约意愿均有显著影响，也就是说，农户与农业生产性服务者相处得越好，农业生产性服务价格越合理，会对农户部分环节服务和全程托管服务续约意愿均产生积极影响；而相比于部分环节服务，农户对农业生产性服务的信任程度会对农户全程托管服务续约意愿有明显的影响，其中信任程度越高，农户越愿意对全程托管服务续约，这说明相较于部分环节服务，服务者的信任程度对农户全程托管服务续约意愿的影响更大，这主要是因为全程托管与农户最终收益息息相关，而部分环节服务只是服务某一个环节，最终的产量更多是自己把控。

从信息成本对农户部分环节服务和全程托管服务长期合作意愿来看，相同影响是，农户与农业生产性服务者相处程度对农户部分环节服务和全程托管服务长期合作意愿均具有显著影响，也就是说农户与农业生产性服务者相处得越好，会积极影响农户对部分环节服务和全程托管服务长期合作意愿的选择。存在差异的是农户认为农业生产性服务价格合理程度仅对农户部分环节服务契约长期合作意愿具有显著影响，这可能是因为，对于部分环节服务其服务价格并不稳定，据调研了解，每一年部分服务价格根据环节的不同会有轻微波动，也会逐年上涨，而全程托管服务的价格就相对稳定一些，这有可能是造成差异的原因。

从谈判成本对农户部分环节服务及全程托管服务续约意愿和长期合作意愿来看，农业生产性服务付款方式对农户全程托管服务契约稳定性具有显著影响，结果表明交易付款方式为分期付款会对农户全程托管服务续约意愿和长期合作意愿产生积极影响。值得注意的是，正式契约会对农户部分环节服务长期合作意愿具有显著正向影响，这并不难理解，部分环节服务以口头契约为主，但如果要进行长期合作还需要有一定的保障。

执行成本中农户联系服务者花费的时间长度会影响农户选择全程托管服务续约意愿，也就是联系服务者花费的时间越多，会阻碍农户对全程托管服务续约意愿的选择。从执行成本对农户部分环节服务和全程托管服务长期合作意愿影响可以看出，农户联系服务者的容易程度对部分环节服务和全程托管服务均有显著影响，越容易联系，越对长期合作意愿有促进作用。存在差异的是，农户认为从预约到服务上等待的时间长短程度与联系服务者花费时间长短仅对农户全程托管服务契约长期合作意愿有显著影响，其中农户预约到等待的时间长、农户联系服务者花费的时间多，对农户全程托管服务具有阻碍影响，这可能是因为全程托管服务的执行成本要高于部分环节服务，因此执行成本对全程托管服务长期合作意愿的影响会大。

7.4　交易费用对农户农业生产性服务契约稳定性影响的稳健性检验

根据前文对交易成本和服务满意度的验证性因子分析，确定了交易成本测量的一阶 3 个维度 10 个测量变量和服务满意度 3 个观测变量。本部分通过运用 AMOS22.0 软件将结构方程模型进行拟合，得到标准化的路径系数图以及测量模型的拟合指标结果统计表，并对模型进行修正，最后对结果进行讨论，从而进一步验证交易成本、服务满意度的潜变量对契约关系稳定性的影响。

（1）模型拟合结果

交易成本和服务满意度对农业生产性服务契约关系稳定性的估计结果如下，得到标准化路径系数如图 7-3 所示。

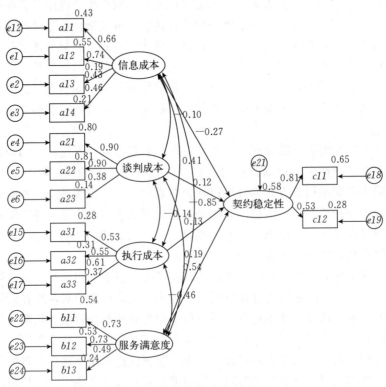

图 7-3　农户农业生产性服务契约关系稳定性影响的标准化系数估计

农户农业生产性服务契约关系稳定性实证影响的系数估计结果如表 7-13 所示，交易成本中信息成本、谈判成本、执行成本潜变量因子和服务满意度潜变量对农业生产性服务契约关系稳定性均通过了显著性检验，表明信息成本、谈判成本、执行成本以及服务满意度对农户农业生产性服务契约关系稳定性有显著影响。

表 7 - 13　农户选择农业生产性服务契约稳定性的参数估计结果

Variable		Estimate	S.E.	C.R.	P
契约关系稳定性	信息成本	−0.371	0.184	−2.019	0.043
契约关系稳定性	谈判成本	0.176	0.058	3.055	0.002
契约关系稳定性	执行成本	−0.249	0.109	−2.29	0.022
契约关系稳定性	服务满意度	0.751	0.206	3.642	***
a12	信息成本	0.739			
a13	信息成本	0.433	0.062	10.88	***
a14	信息成本	0.456	0.059	11.771	***
a11	信息成本	0.659	0.059	16.746	***
a21	谈判成本	0.896			
a23	谈判成本	0.376	0.036	10.879	***
a22	谈判成本	0.898	0.054	17.671	***
a31	执行成本	0.527			
a32	执行成本	0.554	0.121	9.231	***
a33	执行成本	0.609	0.155	7.758	***
b11	服务满意度	0.734			
b12	服务满意度	0.731	0.061	17.61	***
b13	服务满意度	0.488	0.039	13.214	***
c11	契约关系延续	0.807			
c12	契约关系延续	0.528	0.073	11.518	***

根据初始结构方程模型路径图，运用 AMOS22.0，得到初始模型的拟合值，初始模型拟合结果如表 7 - 14 所示，结合评价标准可以看出，其中指标基本符合要求，$\chi^2/\mathrm{d}f$ 如果在 1～3 更好，RMSEA 在 0.05 以内可能会更理想，此外 NFI 和 TLI 没有超过 0.9，因此，需要进一步对模型进行修正。

表 7 - 14　初始模型结构方程整体适配度的拟合结果

χ^2	$\chi^2/\mathrm{d}f$	GFI	RMSEA	AGFI	NFI	IFI	TLI	CFI	PNFI	PCFI
396.140	4.952	0.942	0.067	0.913	0.894	0.913	0.885	0.913	0.681	0.695

（2）模型的修正和最终确定

因样本数据经过科学性检验，问卷信度很好，因此潜变量的可测变量指标不进行修改，只对协方差修正指数 MI 进行修正，按照每次释放一个参数的原则并结合实际调研情况依次对模型进行修正，一共增加了四个残差相关路径，最终得到最优模型（图 7 - 4）。

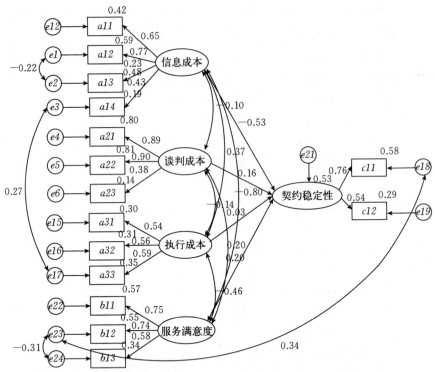

图 7 - 4　农业生产性服务契约关系稳定性影响的修正后标准化系数估计

从表 7 - 15 可以看出，χ²/df 明显变小，且小于 3。同时，各拟合指数在原有基础上得到了改善，特别是近似误差均方根（RMSEA）初始值是 0.067，调整后为 0.047，小于 0.5，达到理想状态，同时 NFI 和 TLI 指标也从小于 0.9 上升到 0.9 以上。其他指数均达到模型可接受标准。这表明本研究提出的农户农业生产性服务契约关系稳定性影响模型修正后具有良好的拟合度。

表 7 - 15　修正后结构方程整体适配度的拟合结果

χ²	χ²/df	GFI	RMSEA	AGFI	NFI	IFI	TLI	CFI	PNFI	PCFI
226.518	2.981	0.968	0.047	0.949	0.939	0.959	0.943	0.958	0.680	0.694

同时，对样本数据进行标准化，得到优化模型各个路径系数估计（表 7 - 16）。可以看出，通过修正显著性发生了一点变化，从 P 值可以看出，优化模型路径关系大多数存在显著性差异，只有执行成本—契约稳定性路径关系没有通过

显著性检验。

表7-16 修正后交易费用对农业生产性服务契约稳定性影响的参数估计结果

Variable		Estimate	S.E.	C.R.	P
契约关系稳定性	信息成本	-0.530	0.134	-4.81	***
契约关系稳定性	谈判成本	0.163	0.055	4.155	***
契约关系稳定性	执行成本	-0.029	0.097	-0.506	0.613
契约关系稳定性	服务满意度	0.199	0.144	1.755	0.079
a12	信息成本	0.771			
a13	信息成本	0.484	0.063	11.49	***
a14	信息成本	0.434	0.055	11.425	***
a11	信息成本	0.646	0.057	16.091	***
a21	谈判成本	0.893			
a23	谈判成本	0.376	0.036	10.934	***
a22	谈判成本	0.902	0.054	18.019	***
a31	执行成本	0.544			
a32	执行成本	0.561	0.117	9.36	***
a33	执行成本	0.593	0.137	8.29	***
b11	服务满意度	0.752			
b12	服务满意度	0.739	0.059	17.735	***
b13	服务满意度	0.582	0.041	14.554	***
c11	契约关系稳定性	0.759			
c12	契约关系稳定性	0.54	0.082	11.13	***

（3）结果分析

根据图7-4，本部分提出的交易成本和服务满意度影响农户农业生产性服务契约关系稳定性的理论模型得到稳健性检验。从表7-16可以看出，交易成本中的信息成本对农户选择农业生产性服务契约关系的稳定性存在显著负向影响，且路径系数为0.530，说明农户在交易过程中花费的信息成本越小，越倾向于继续合作；而交易费用中谈判成本对农户农业生产性服务契约关系的稳定性在1％水平上呈正向影响，表明对于谈判成本来说，农户花费的谈判成本越高，代表双方关系越稳定，合作关系越牢固。与此同时，结果表明，服务满意度对农业生产性服务契约关系的稳定性具有正向影响，说明农户对农业生产性服务越满意，越倾向继续合作，与理论分析一致。而交易成本中执行成本没有通过验证，说明执行成本对农户契约关系的稳定性没有影响，这可能是因为农户在交易执行中花费的成本并不大，与实证估计一致。

农户交易前的信息成本的四个观测变量农户与服务者关系相处的程度（a11）、农户与服务者信任程度（a12）、服务者收取的价格合理程度（a13）、农户对服务内容和条款的了解程度（a14）均在1%水平上显著，路径系数分别为0.646、0.771、0.484、0.434。这表明，在农户选择农业生产性服务契约稳定性关系形成过程中，农户交易前的信息成本受到a11、a12、a13、a14的共同作用，且农户与服务者相处得越好、对服务者越信任是农户降低信息成本的主要因素。

农户交易中谈判成本受到农户目前与服务者契约类型选择情况（a21）、服务组织保障产量情况（a22）、农业生产性服务交易付款方式选择情况（a23）三个观测变量共同作用，均在1%的水平上显著，且路径系数分别为0.893、0.902、0.376。这表明，在农户与农业生产性服务者契约关系稳定形成过程中，农户谈判成本主要受到服务契约类型的选择、服务组织是否有保障和农业生产性服务交易付款方式的影响，其中服务契约类型的选择、服务组织是否有保障是影响谈判成本的主要因素。

而农户的服务满意度则主要受到农户对服务者的服务效果满意程度（b11）、农户对现在的服务整体满意程度（b12）和服务者的服务态度满意程度（b13）三个观测变量共同作用且均在1%水平上显著，路径系数分别为0.752、0.739、0.582。这表明农户对农业生产性服务契约关系稳定性的考虑中，农户对服务满意度的考虑主要受服务效果满意程度、农户对现在的服务整体满意程度和服务者的服务态度满意程度的影响，其中服务效果满意程度、农户对现在的服务整体满意程度是影响服务满意度的主要因素。

7.5 本章小结

本章利用东北三省选择农业生产性服务达成契约协议的微观调研数据，运用 Mvprobit 模型分析了交易成本对农户农业生产性服务契约关系稳定性的影响，验证了服务满意度在交易成本对农户农业生产性服务契约关系稳定性中的正向调节作用；并进一步探讨了交易费用对不同类型的农业生产性服务契约稳定性的影响和服务满意度的调节作用；最终，运用结构方程模型对关键变量进行了稳健性检验。

通过 Mvprobit 模型实证分析得出如下结论：

第一，交易成本对农户农业生产性服务契约关系稳定性具有显著影响，其中信息成本影响最大，谈判成本次之，执行成本最小。信息成本对农户农业生产性服务契约关系稳定性具有阻碍作用，农户与农业生产性服务者相处得不好，农户对服务者的信任程度低，农户认为农业生产性服务收取的价格不合理，都会阻碍农户与农业生产性服务者契约的稳定性；谈判成本对农户农业生产性服务契约的稳定性具有促进作用，其中正式契约会比口头契约更促进农户农业生产性服务契约稳定性，分期付款的方式也对农户农业生产性服务契约稳定性有一定的促进作用，这说明在农户与农业生产性服务者的契约关系中，谈判成本花费越大，代表双方关系越稳定，合作关系越牢固；执行成本仅对农户农业生产性服务长期合作意愿具有阻碍作用，其中农户在生产性服务过程中预约等待的时间、联系农业生产性服务者花费的时间和在执行过程中找到农业生产性服务者的难易程度都会影响农户长期合作的意愿。这说明农户考虑与农业生产性服务者长期合作时，执行成本的影响逐渐显露，执行成本越大，农户越不愿意与农业生产性服务者长期合作。

第二，服务满意度对农户农业生产性服务契约关系稳定性具有促进作用，同时，服务满意度在交易成本对农户农业生产性服务契约稳定性中具有显著的调节作用。服务满意度在谈判成本对农户农业生产性服务契约稳定性的正向影响中起到了增强性的调节作用，削弱了信息成本对农户农业生产性服务契约稳定性的负向影响；同时服务满意度在执行成本对农户农业生产性服务长期合作意愿的负向影响中起到正向调节作用。这说明提高农户的服务满意度有助于缓解交易成本带来的负向影响，促进农户与农业生产性服务者关系的稳定性。

第三，交易成本对不同类型农业生产性服务契约稳定性影响具有显著差异。在信息成本中，农业生产性服务价格越合理，对农户部分环节服务比对全程托管服务长期合作意愿影响更大，这可能是因为全程托管服务的价格波动较小，特别是长期合作，会趋于稳定，因此不在考虑范围内。而相较于部分环节服务契约稳定性而言，农户对农业生产性服务者的信任程度会对农户全程托管服务契约稳定性有明显的影响，其中信任程度越高，农户全程托管服务的契约关系会越稳定。这可能是因为全程托管服务对农户的产量影响会更大，因此承担的风险也较大，对服务者的信任会降低生产风险，而部分环节服务都是针对某一个环节，其经营权还是掌握在自己的手里，风险相对较小。在谈判成本中，相较于一次性付款，农业生产性服务分期付款对全程托管服务契约稳定性具有促进影响，说明经济压力对于一些农户来说仍是负担。同时，正式契约会对部分环节服务长期合作意愿具有显著正向影响，说明在考虑部分环节服务长期合作意愿时仍然需要一定的保障。在执行成本中，相较于部分环节服务，农户认为联系服务者花费时间长短会对农户全程托管服务契约稳定性具有一定影响，同时，农户认为从预约到服务上等待的时间长度对农户全程托管服务契约长期合作意愿具有显著影响。

第四，交易特性中，土地地形特征、老龄化程度以及风险性对农户契约关系稳定性影响显著。其中土地地形越平坦、交易风险越小，农户农业生产性服务续约意愿选择的可能性越大，同时土地地形越平坦，老龄化程度越低，面临自然风险和交易风险越小，农户选择长期合作的意愿越强。从不同类型的农业生产性服务契约关系稳定性比较来看，老龄化程度高的农户更偏向于全程托管服务的续约行为。这是由全程托管的性质决定的，会给老龄化程度高的农户提供更全面的服务。风险性的自然灾害和服务对象认识程度变量对部分环节服务长期合作意愿影响较大，对全程托管服务长期合作意愿影响不大。

8 农业生产性服务对农户福利效应的影响研究

农业生产性服务能否增加农民收入，提高农民福利，其研究结论并未达成一致。本章在前面研究的基础上，重点厘清农业生产性服务对农户福利影响及其内在机制，有助于拓展农业生产性服务效果研究的理论空间和经验事实。首先，本章基于收益最大化理论，通过构建福利效应模型，从劳动力分配均衡视角讨论农业生产性服务对农户福利效应的理论分析；其次，运用 ESR 模型，在反事实框架下分析农业生产性服务对农户福利效应的影响，同时，进一步分析农业生产性服务不同服务类型对农户福利效应的影响；最后，从要素禀赋视角探讨农户福利效应差异。

8.1 理论分析框架的构建

在关于农业生产性服务效果的研究中，多数学者关注农业生产性服务对农业产出的影响，主要从三个方面展开：第一，从农作物单产视角分析农业生产性服务对农业产出的影响（陈超等，2012；张忠军等，2015）；第二，从技术效率层面研究农业生产性服务的影响效应（Picazo‐Tadeo et al.，2006；孙顶强等，2016）；第三，从成本收益视角分析生产性服务对农业生产的影响，但尚未取得一致性结论。如 Tang 等（2018）认为，生产性服务能够有效提高农户水稻生产成本效率，进而降低生产成本。而 Sun 等（2018）以水稻生产为例，研究发现病虫害管理外包虽然能够提高水稻单产，但增加了生产成本。

可以看出，从农业产出结果讨论农业生产性服务效果，在学术界尚未达成一致结论。孙顶强等（2016）认为生产性服务对农业生产具有不利影响，是通过有效替代家庭劳动力，增加非农就业收入进而为家庭收入创造空间的。杨志海（2019）提出，从农户福利效应来分析生产性服务效果更为合理，只要保障农户福利不受损，他们对农业生产性服务的需求才会继续增加。

从理性小农理论分析，农户自愿参加农业生产性服务的最终目的不是追求农业产出最大化，而是充分合理利用家庭资源，实现家庭总收入最大化。也就是说，农户会通过专业化分工将要素重新配置，增加农户的效用，提高他们的福利水平。

本章认为玉米种植户在纵向分工过程，选择劳动力分配情况是农户决策的考量因素，尤其是劳动力在农业生产、务工之间的时间分配，是农户家庭获得范围经济且家庭福利最大化的重要结果。因此，本章主要探究农业生产性服务对农户福利效应的影响，并从农业生产性服务对农户玉米种植收入产生的变化来验证农户福利效应机理，同时对不同类型农业生产性服务及不同要素禀赋农户的福利效应差异进行分析。本章研究的理论模型如图8-1所示。

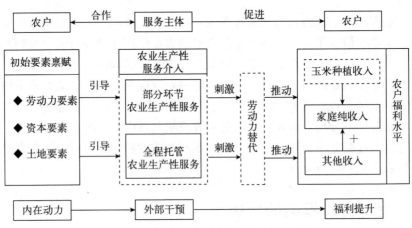

图8-1　农业生产性服务对农户福利影响的理论框架

在农户雇佣农业生产性服务过程中，虽然生产性服务能够提高农业生产率，但是玉米价格的不确定性导致农户种植收入增加的不确定性很大，这种市场风险的变化无常，无疑会给经营主体带来巨大的挑战（张燕媛等，2016）。由此，大多数农户玉米收入的增值要小于雇佣农业生产性服务的费用多支出的差值，也就是说参与农业生产性服务并不能为增加农户的种植收入带来确定性。

根据收益最大化理论，构建福利效应模型，从劳动力分配均衡、收益均衡方面进行解释。假设农户经营的土地规模不变，且农户与农业生产性服务主体都是理性人。在没有选择农业生产性服务时的生产函数和农户收益表达式如下

$$Y = f(x_i, L) \tag{8-1}$$

$$R = YP - \sum x_i p_i - wL \tag{8-2}$$

其中，x_i 表示各种生产资料投入，L 表示劳动力投入，Y 表示产量，P 表示产品价格，p_i 表示各种生产资料价格，w 表示劳动力工资率（劳动力价格）。

当农户选择农业生产性服务后，农户的生产函数、农户收益表达式为

$$Y' = f(S, L, l) \tag{8-3}$$

$$S = f_s(x_{si}, \gamma_s) \tag{8-4}$$

$$R' = Y'P - \left(\sum x_{si} p_i + \gamma_s \right) - w(L-l) \qquad (8-5)$$

其中，S 表示生产性服务投入，l 表示替代劳动力投入。同时，x_{si} 表示生产性服务生产资料投入，γ_s 表示生产性服务短期收益，即农户购买服务的费用。

此时，若达到农业生产性服务均衡，需要满足三个均衡条件：一是农户收益不下降；二是假定农业生产性服务前后生产资料投入不变；三是满足农户劳动力收益期望均衡，即农户预期替代劳动力收益不低于购买农业生产性服务的收益。具体表达式如下

$$R' - R \geqslant 0 \qquad (8-6)$$
$$x_{si} = x_i \qquad (8-7)$$
$$wL \geqslant \gamma_s + w(L-l) \qquad (8-8)$$

由式（8-6）和式（8-7）可以推出

$$(Y'-Y)P - \gamma_s + wl \geqslant 0 \qquad (8-9)$$

此时式（8-9）中的 $(Y'-Y)P - \gamma_s$ 可以理解为农户购买生产性服务收益的增量，即直接效益。wl 可以看作购买服务后合理配置富余劳动力而产生的工资性或其他经营收入。

从式（8-8）推导得到 $\gamma_s \leqslant wl$。当实现全程托管服务时，即 $L=l$，则 $\gamma_s \leqslant wL$ 满足均衡条件。

因此对于理性的农户来说，之所以会选择农业生产性服务，是因为找到了工资率更高或效用更大的就业机会，或者说重新配置他们的农业生产要素，能够获得更多的其他收入。

根据上述分析，提出假说 1 和假说 2：

H1：参与农业生产性服务比未参与农业生产性服务农户的福利效应影响更大。

H2：农业生产性服务是通过合理配置富余劳动力，增加其他经营性收入或者工资性收入，进而影响农户整体家庭福利。

不同类型的农业生产性服务对农户福利效应存在差异。农业生产性服务可根据服务环节的不同分成两种类型，即部分环节服务和全程托管服务。全程托管服务是指在不流转土地的情况下，将农业生产的耕、种、防、收的全部环节委托给服务组织进行统一管理的一种农业生产经营方式（孙晓燕等，2012）；部分环节服务是指农户生产过程中提供耕、种、防、收某一环节的服务。由于部分环节服务，只是某一环节参与生产性服务，仍然需要农户投入时间和精力，而全程托管服务农户是将整个生产过程全部交给农业生产性服务者。所以全程托管服务与部分环节服务相比较最大的优势，就是可以有效节约农户的劳动力，通过减少农户在农业生产中的时间而为其提供更多的机会成本，增加他

们获得其他收入的时间，由此提出假说3：

H3：选择全程托管服务比选择部分环节服务农户对农户福利影响更大。

农业生产性服务对不同要素禀赋农户的福利效应存在差异。经营者对农业生产性服务的需要源于自身要素禀赋不足的弥补（黄祖辉等，2012），不同要素禀赋的农户对参与农业生产性服务要素配置不同，因此其对农户福利影响不同。本部分选取劳动力数量、劳动力投入和老龄化程度指标来衡量劳动力要素，选取生产成本费用和生产性资产投资指标表示资本要素，选取种植规模和土地地形特征考察土地要素。其中劳动力数量越多、劳动力投入越少和老龄化程度越低的农户在选择农业生产性服务时受到劳动力制约的影响越小，从生产性服务中释放的劳动力创造的价值更大，进而提升农户福利；对于参与农业生产性服务的农户来说，资本要素投入的多少会直接影响农户福利效应。资本要素投入越多，其成本越高，农户的期望收入越小，换言之，资本要素投入越少，农户的福利效应会越大；此外，对于拥有种植面积大、土地平坦的土地要素资源的农户，更有利于农业生产性服务者开展高质量的规模经营，可以提高产量，对农户福利有积极的影响。通过以上分析，提出假说4：

H4：参与农业生产性服务的农户，劳动力要素资源越丰富，资本要素投入越小，土地要素越有利对农户福利的影响越大。

8.2 变量选取与模型设定

8.2.1 变量选取

（1）因变量

根据本章的模型设定，回归分析方程中分别包含农户的生产性服务决策、农户福利水平与农户玉米种植收入三个因变量。农业生产性服务决策模型如第六章分析，将选择农业生产性服务行为赋值为1，未选择农业生产性服务赋值为0。

对于农户福利水平指标，学者们多数采用了农户年生活消费支出、家庭年纯收入、年末金融资产余额、家庭人均纯收入与贫困发生率等指标（李锐等，2004；褚保金等，2009；李庆海等，2012；陈飞等，2015）。通过借鉴以往的指标量化，考虑到农户的生活消费支出和家庭成员闲暇状况等都离不开农户家庭纯收入，同时考虑数据的可靠性和可获得性，本章选择了农户家庭年纯收入作为衡量农户福利水平的指标。

为了进一步分析农业生产性服务对农户福利影响的内在机理，本章将农户家庭纯收入划分为玉米种植收入和其他收入。值得注意的是，本研究重点研究的是玉米的农业生产性服务，因此在本章只分析玉米种植收入，除去玉米种植收入，就是其他收入，即农户的其他生产经营性收入或者工资性收入。通过引入农户玉米收入作为因变量，考察农业生产性服务对农户玉米收入效应的影响，进而验证农业生产性服务对农户福利影响的内在机理。

（2）解释变量

本章的解释变量主要包括农户要素禀赋、农户基本特征、工具变量和虚拟变量这几个方面。其中农户要素禀赋是需要考察的关键变量。借鉴孙小燕等（2019）将农户要素禀赋划分为劳动力要素、资本要素、土地要素。其中劳动力要素选取劳动力数量、劳动力投入和老龄化程度指标，资本要素包括生产成本费用和生产性资产投资两个变量，土地要素选取种植规模和土地地形特征指标进行衡量。

农户基本特征在借鉴 Gillespie 等（2010）、陆歧楠等（2017）基础上选取了农户性别、年龄、受教育程度、风险偏好、社会网络、借贷状况变量。值得说明的是，风险偏好测量与吕杰等（2020）相同，此处不再赘述。同时，社会网络变量较为复杂，指标难以测度，一直是学术界有争议的话题。本部分借鉴叶静怡等（2014）的"拜年网"的测度方法，更具有说服力，因此社会网络选取"春节时期来家里拜访的亲戚朋友数量"来进行测度。此外，为了保证模型的可识别性，选取了服务者与农户的认识程度指标作为工具变量。选择该变量作为工具变量的原因是，服务者的认识程度对农户农业生产性服务选择行为具有重要影响作用，但该变量并不直接影响农户的家庭收入。考虑到不同省份之间的差异，本部分还引入省份虚拟变量对这一因素进行控制。各变量的定义域描述性统计结果如表8-1所示。

表8-1　变量定义与描述性统计

变量	符号	变量说明	均值	标准差
被解释变量				
农户福利水平	*Welfare*	家庭纯收入（万元）	6.18	5.54
玉米种植收入	*Plantincome*	种植玉米纯收入（万元）	2.41	2.06
农业生产性服务选择行为	*Agri-service*	农户种植玉米过程中是否选择生产性服务：1＝是，0＝否	0.82	0.38
劳动力要素				
劳动力数量	*Labor number*	家庭劳动力大于16岁的数量（人）	3.13	1.10
劳动力投入	*Labor input*	玉米生产亩均劳动投工量（工日）	16.47	24.03
老龄化程度	*Aging*	55岁及以上老年人数量与家庭总人口数的比值	0.39	0.37
资本要素				
生产成本费用	*Production cost*	所有生产成本费用：如农业生产性服务费用、农资费用、人工费用等（元/亩）	361.81	83.67

（续）

变量	符号	变量说明	均值	标准差
生产性资产投资	*Productive asset*	有无农机及用途：0＝无农机，1＝有农机且自用，2＝有农机半租赁半自用，3＝有农机闲置	0.63	0.69
土地要素				
种植规模	*Land*	玉米实际种植面积（亩）	44.52	52.14
土地地形特征	*Terrain*	0＝坡地或洼地，1＝平地	0.77	0.42
农户基本特征				
性别	*Gender*	户主性别：1＝男，2＝女	1.05	0.23
年龄	*Age*	户主实际年龄（岁）	55.28	10.29
受教育程度	*Education*	户主受教育年限（年）	7.09	2.80
风险偏好	*Risk appetite*	取值范围为0～1，0＝极端风险偏好，1＝极端风险规避	0.75	0.42
社会网络	*Social network*	春节时期来家里拜访的亲戚朋友数量（人）	5.02	4.17
借贷状况	*Borrow*	是否有借贷：是＝1，否＝0	0.23	0.42
工具变量				
服务者认识程度	*Awareness*	0＝熟悉的人，1＝陌生人	0.21	0.41
地区虚拟变量				
省份变量	*Province*	黑龙江＝1，吉林＝2，辽宁＝3	1.86	0.76

8.2.2 描述性分析

表8-2显示选择农业生产性服务农户与未选择农业生产性服务农户在各个变量上的均值差异。在劳动力要素方面，选择农业生产性服务的农户与未选

表8-2 选择农业生产性服务农户与未选择农户均值差异

变量	符号	选择农业生产性服务农户（*n*＝790）		未选择农业生产性服务农户（*n*＝171）		差异
		均值	标准误	均值	标准误	
农户福利	*Welfare*	6.19	0.19	6.04	0.43	0.15***
玉米种植收入	*Plantincome*	2.19	0.59	3.43	0.24	−1.24***
劳动力数量	*Labor number*	3.15	0.04	3.06	0.08	0.09
劳动力投入工日	*Labor input*	11.72	0.67	38.43	2.48	−26.71***
老龄化程度	*Aging*	0.42	0.01	0.29	0.03	0.13***
生产成本费用	*Production cost*	379.95	2.58	278.03	6.19	101.91***

（续）

变量	符号	选择农业生产性服务农户 （n＝790）		未选择农业生产性服务农户 （n＝171）		差异
		均值	标准误	均值	标准误	
生产性资产投资	*Productive asset*	0.54	0.03	1.06	0.03	－0.52***
种植规模	*Land*	34.54	1.43	90.63	5.55	－56.09***
土地地形特征	*Terrain*	2.66	0.03	2.27	0.07	0.39
性别	*Gender*	1.06	0.01	1.03	0.01	0.03
年龄	*Age*	56.25	0.36	50.82	0.80	5.42***
受教育程度	*Education*	7.07	0.10	7.21	0.20	－0.14
风险偏好	*Risk appetite*	0.77	0.014	0.67	0.03	0.10***
社会网络	*Social network*	5.02	0.14	5.02	0.35	0.00
借贷状况	*Borrow*	0.23	0.02	0.21	0.03	0.02

注：*、**、***分别表示在10％、5％、1％的水平上显著。

择农业生产性服务在劳动力投入和老龄化程度上具有显著差异，其中选择农业生产性服务农户的劳动力投入工日更小，老龄化程度更高。在资本要素方面，选择农业生产性服务农户生产成本费用要高于未选择的农户，同时生产性资产投资较小。在土地要素方面，选择农业生产性服务的农户种植规模明显小于未选择农业生产性服务的种植面积，而土地地形特征没有显著差异。在农户基本特征方面，可以看出选择农业生产性服务的农户和未选择农业生产性服务的农户在年龄和风险偏好变量上存在显著差异。

值得注意的是，选择农业生产性服务农户，其家庭纯收入为6.19万元，而未选择农业生产性服务农户家庭纯收入为6.04万元。可见，参加农业生产性服务能够明显提高农户福利。同时，从玉米种植收入均值显著性可以看出，选择农业生产性服务的玉米种植收入远低于未选择农业生产性服务农户的玉米种植收入，由此可以推断出，农业生产性服务是通过解放劳动力，增加农户其他收入，进而影响农户的整体福利效应。当然，简单的均值比较只能粗略地反映出差异，为了更加准确地考察农户的福利效应，需要采用更为严谨的计量分析方法。

8.2.3　模型设定

作为理性经济人，农户选择农业生产性服务以实现效用（或福利）最大化。假定农户 i 参与生产性服务所获得的潜在收益为 A_{im}^*，未参与生产性服务的潜在净收益为 A_{in}^*，那么农户选择参与的条件为 $A_{im}^* - A_{in}^* = A_i^* > 0$，即农户参与农业生产性服务所获得的净收益大于未参与农业生产性服务时所获得的净收益。A_i^* 是无法直接观测的潜变量，不过可以由包含一系列可观测的外生变量的函数表示，由此可以把农户是否参与农业生产性服务的决策模型表示为

$$A_i = \begin{cases} 1, & A_i^* > 0 \\ 0, & A_i^* \leqslant 0 \end{cases} \qquad (8-10)$$

式（8-10）中，A_i 为农户是否参与农业生产性服务的决策，$A_i = 1$ 表示农户参与农业生产性服务，$A_i = 0$ 表示农户未参与农业生产性服务。那么可以通过构建模型以评估生产性服务对农户福利的影响效应。

本研究使用 Maddala（1983）提出的内生转换回归（endogenous switching regression，ESR）模型来分析农业生产性服务对农户福利效应的影响。ESR 模型在处理选择性偏差和内生性问题上有三个优势：第一，在解决农业生产性服务的自选择问题和内生性问题时，同时考虑可观测因素和不可观测因素的影响；第二，使用全信息最大似然估计，可以避免有效信息的遗漏问题；第三，可以实现反事实分析。

ESR 模型一般包含两个阶段的估计：第一阶段，使用 Probit 模型或 Logit 模型估计农户农业生产性服务的选择方程；第二阶段，建立农户福利水平决定方程，估计农户选择农业生产性服务导致的福利水平变化。具体来说，ESR 模型同时估计以下三个方程：

行为方程（是否选择农业生产性服务）为

$$A_i = \gamma Z_i + k I_i + \mu_i \qquad (8-11)$$

结果方程 1（处理组，即选择农业生产性服务农户的福利水平方程）为

$$Y_{im} = \beta_m X_{im} + \varepsilon_{im} \qquad (8-12)$$

结果方程 2（控制组，即未选择农业生产性服务农户的福利水平方程）为

$$Y_{in} = \beta_{in} X_{in} + \varepsilon_{in} \qquad (8-13)$$

式（8-11）中 A_i 表示农户是否选择农业生产性服务的二元选择变量；Z_i 是影响农户是否选择农业生产性服务的各类因素；μ_i 是误差项；I_i 是工具变量向量，以保证 ESR 模型的可识别性。值得注意的是，本研究选择了服务者与农户的认识程度作为工具变量，将其纳入农户生产性服务决策模型，原因在于改变了仅影响农户的生产性服务决策，不直接影响农户的福利水平。式（8-12）与式（8-13）中，Y_{im} 与 Y_{in} 分别表示选择农业生产性服务和未选择农业生产性服务农户两个样本组的福利水平，X_{im} 与 X_{in} 是影响农户福利的各种因素，ε_{im} 与 ε_{in} 为结果方程的误差项。

ESR 模型的估计结果给出了各类因素对选择农业生产性服务农户与未选择农业生产性服务农户福利水平的差别化影响。不过，要评估生产性服务对农户福利的总体影响，则需要利用 ESR 模型的估计系数，进一步运用反事实分析框架，通过将真实情景和反事实假设情景下的选择农业生产性服务农户与未

选择农业生产性服务农户的福利水平期望值进行比较，从而估计农业生产性服务对农户福利影响的平均处理效应。

选择农业生产性服务农户的福利期望值（处理组）为

$$E[Y_{im}|A_i=1]=\beta_m X_{in}+\sigma_{pn}\lambda_{in} \qquad (8-14)$$

未选择农业生产性服务农户的福利期望值（控制组）为

$$E[Y_{in}|A_i=0]=\beta_{in}X_{in}+\sigma_{pn}\lambda_{in} \qquad (8-15)$$

选择农业生产性服务农户若没有选择服务情形下的福利期望值为

$$E[Y_{in}|A_i=1]=\beta_{in}X_{in}+\sigma_{pn}\lambda_{in} \qquad (8-16)$$

未选择农业生产性服务农户若选择服务情形下的福利期望值为

$$E[Y_{im}|A_i=0]=\beta_m X_{in}+\sigma_{pn}\lambda_{in} \qquad (8-17)$$

那么，实际选择农业生产性服务的农户福利状况的平均处理效应，即处理组的平均处理效应（average treatment effect on treated，ATT），可以用式（8-14）与式（8-16）之差表示，即

$$ATT_i=E[Y_{im}|A_i=1]-E[Y_{in}|A_i=1]=(\beta_m-\beta_n)X_{in}+(\sigma_{pn}-\sigma_{pn})\lambda_{in}$$
$$(8-18)$$

相应地，未选择农业生产性服务的农户福利状况的平均处理效应，即控制组的平均处理效应（average treatment effect on untreated，ATU），可以用式（8-15）与式（8-17）之差表示，即

$$ATU_i=E[Y_{in}|A_i=0]-E[Y_{im}|A_i=0]=(\beta_n-\beta_m)X_{in}+(\sigma_{pn}-\sigma_{pn})\lambda_{in}$$
$$(8-19)$$

通过分析 ATT 和 ATU 的平均值可以考察农业生产性服务对农户福利的平均处理效应，以及不同类型农业生产性服务和不同要素禀赋农户群组对农户福利差异的影响。

8.3 农业生产性服务对农户福利效应的实证分析

8.3.1 农业生产性服务与农户福利模型联立估计实证分析

农户农业生产性服务与福利模型联立估计结果如表 8-3 所示。表 8-3 中第 2、3 列是农户生产性服务决策的影响因素估计结果，第 4 列至第 7 列是参与农业生产性服务农户与未参与农业生产性服务福利水平的影响因素估计结果。其中 ρ_1 和 ρ_0 分别是决策模型与参与农业生产性服务农户福利模型、未参与农业生产性服务农户福利模型误差项的相关系数。可以发现，两个相关系数的估计值均在 1% 统计上显著，这表明样本存在自选择问题，参与农业生产性服务与未参与农业生产性服务农户的划分并不是随机产生的，而是农民根据外包前后自身效用变化作出的"自选择"。如果不进行纠正，估计得到的结果将

是有偏差的。由此说明，对样本农户数据采用 ESR 模型进行计量分析是合适的。

表 8-3　农户农业生产性服务决策方程模型与农户福利模型联立估计结果

变量	生产性服务决策模型		参与农业生产性服务农户		未参与农业生产性服务农户	
	系数	标准误	系数	标准误	系数	标准误
Labor num	−0.076 9**	0.036 0	1.731 5***	0.173 2	0.289 6	0.335 3
Labor input	−0.016 0***	0.002 6	−0.018 4*	0.010 1	0.002 4	0.014 2
Aging	0.255 9**	0.104 7	−1.632 8**	0.661 6	0.697 2	1.262 3
Production cost	−0.004 7***	0.001 0	−0.006 9**	0.002 8	−0.005 7	0.007 3
Productive asset	−0.380 0***	0.098 4	0.126 2	0.263 6	3.882 5***	0.977 8
Square of land	−0.327 9***	0.088 7	0.867 3***	0.271 2	2.122 1***	0.500 3
Terrain	0.135 6*	0.076 8	0.326 3	0.243 8	−0.052 9	0.370 1
Gender	−0.047 5	0.330 2	0.623 4	0.720 3	0.620 2	1.970 5
Age	0.002 2	0.008 4	−0.008 4	0.023 6	−0.021 7	0.043 9
Education	0.017 4	0.025 3	0.260 8***	0.061 5	0.187 6	0.131 2
Risk appetite	0.164 2	0.161 8	−0.137 1**	0.055 7	−0.245 9**	0.107 0
Social network	0.000 1	0.014 4	0.160 4***	0.042 2	0.229 1***	0.071 6
Borrow	0.195 2	0.157 3	0.715 0*	0.408 9	−0.293 0	0.837 6
Awareness	−0.936 0***	0.126 7				
Province	已控制	已控制	已控制	已控制	已控制	已控制
$\ln\sigma_1$			1.538 5***	0.025 2		
ρ_1			0.053 1***	0.159 4		
$\ln\sigma_0$					1.672 2***	0.076 9
ρ_0					−1.772 6***	0.312 6
LR			18.42***			
Log likelihood			−3 073.025			
N			961			

注：*、**、***分别表示在 10%、5%、1%的水平上显著。

（1）农户生产性服务福利估计结果分析

劳动力要素中，劳动力数量、劳动力投入和老龄化程度对参与农业生产性服务农户的家庭年纯收入具有显著影响，对未参与农业生产性服务农户的家庭年纯收入的影响未通过显著性检验。其中，劳动力数量的影响为正向，劳动力投入工日和老龄化程度变量的影响为负向。这表明，相比于未参与农业生产性服务的农户，参与农业生产性服务农户中劳动力资源状况对家庭年纯收入的影响更大，这与杨志海（2019）的研究结论一致。同时，考虑到劳动力工日投入越多，对家庭劳动力资源配置的约束作用越强，这一结论也间接表明劳动力资源状况对农户收入获取有重要影响。

资本要素中，生产成本费用对农户家庭年纯收入具有显著负向影响，说明农业收入依然是家庭收入的主要来源，而且居高不下的生产资料等成本费用是制约农户农业收入增长的重要因素之一（刘志刚等，2006）。同时，生产性资产投资对未参与生产性服务农户家庭年纯收入产生了积极的影响，而对参与生产性服务农户家庭年纯收入影响不显著。这说明，生产性投资一定程度上解放了劳动力，提高了农户的生产效率，从而提高了农民收入。

土地要素中，种植面积对参与农业生产性服务和未参与农业生产性服务农户的家庭年纯收入产生了先上升后下降的影响，这与何秀荣（2016）适度规模经营的理论相一致。同时也表明对于农户来说，农业收入依旧是家庭收入的重要来源。土地地形特征变量对农户家庭收入没有显著影响，这与杨志海（2019）的研究结论不一致。主要原因是，本研究的样本地处东北平原地带，农业收入受到地形影响不大。

农户基本特征中，风险偏好和社会网络对参与农业生产性服务及未参与农业生产性服务的家庭纯收入都有显著的正向影响。与风险规避者相比，风险偏好者的家庭年纯收入更高，这与陈其进（2015）的研究结论一致。偏好风险的个体更可能进行人力资本投资、非农工作和创业活动等，从而更有可能获得较高的收入。同时，社会网络对家庭纯收入有积极影响，这可能是因为社会网络不仅能够拓宽农户的信息获取渠道，还能帮助他们获得物资资本支持，从而提高其家庭收入（张博等，2015）。结果还显示，受教育程度和信贷状况会对参与农业生产性服务农户家庭纯收入产生积极的影响，对未参与农业生产性服务农户家庭纯收入影响不显著。这表明相对于未参与农业生产性服务的农户，受教育程度和信贷状况对参与农业生产性服务农户的家庭纯收入影响更大，原因可能是，受教育程度越高，生产决策者的获取劳动报酬机会更多（陈飞等，2015），同时有借贷经验的农户，往往具有更强投资头脑，能够有效利用参与农业生产性服务后节省的时间和劳动力，合理配置现有资源，谋取最大利益，获得更高收入的可能性更大。

（2）农业生产性服务决策模型估计结果分析

表8-3中的估计结果显示，劳动力要素中，劳动力数量对农户生产性服务决策产生了显著负向影响，这与杨志海（2019）研究结论一致。同时结果显示，劳动力投入工日对农户生产性服务选择决策具有负向影响。而老龄化程度对农户农业生产性服务选择行为具有正向积极影响。这说明拥有丰富劳动力资

源的农户面临的劳动力约束更小，其购买农业生产性服务的积极性就更低，而老龄化程度高的农户，其对劳动力要求高，所以更倾向购买农业生产性服务。

资本要素中，生产成本费用对农户生产性服务决策有显著负向影响，这说明农户遵循理性小农依据，当生产成本费用过高时，农户农业收入降低，因此会抑制对农业生产性服务的选择。结果还显示，生产性资产投资对农业生产性服务的估计系数为负，且在1%统计水平上显著，这说明家中有这种生产性投资会抑制农户选择农业生产性服务。

土地要素中，种植面积与农户的农业生产性服务选择决策呈倒U形关系，这与李虹韦等（2020）结果一致。同时土地地形特征对农业生产性服务选择具有正向影响，说明土地越平坦，为农户开展机械化作业提供了可能性，因此农户越倾向选择农业生产性服务。

工具变量方面，为了检验其有效应，在引入控制变量的前提下，本研究将服务者与农户的认识程度变量对生产性服务选择行为和农户家庭纯收入进行回归，估计结果显示该变量对农户生产性服务选择行为具有显著影响，对农户家庭纯收入的影响未通过显著性检验。此外，皮尔森相关性分析结果也显示，服务者的认识程度与农业生产性服务选择行为是显著相关的，与农户家庭纯收入并无显著相关关系。因此，可以认为工具变量是有效的。服务者的认识程度变量在1%的统计水平上显著，且估计系数为负，说明服务者与农户关系越陌生，越会阻碍农户选择农业生产性服务；反之，服务者与农户关系越熟悉，农户选择农业生产性服务的可能性越大。

8.3.2 农业生产性服务对农户福利效应的影响机制分析

利用上述式（8-14）至式（8-17）进一步测算出农业生产性服务对农户家庭年纯收入和玉米种植收入影响的处理效应，结果见表8-4。其中①表示样本农户实际参与了农业生产性服务，②表示实际未参加农业生产性服务时的期望收入，③、④代表的是反事实情景下，③表示参与农业生产性服务农户未参与农业生产性服务时的期望收入，④表示未参与农业生产性服务农户参与生产性服务时的期望收入。

表8-4 农业生产性服务对农户收入处理效应差异分析

	农户类别	参与生产性服务	未参与生产性服务	ATT	ATU
农户家庭收入	选择生产性服务农户	①6.192 2	③3.127 5	3.064 7*** (0.158 9)	
	未选择生产性服务农户	④6.916 7	②6.041 4		0.875 3*** (0.231 9)

（续）

农户类别		参与生产性服务	未参与生产性服务	ATT	ATU
玉米种植收入	选择生产性服务农户	①2.189 1	③4.220 2	−2.031 1*** (0.057 1)	
	未选择生产性服务农户	④3.287 4	②3.426 9		−0.139 5 (0.099 4)

注：*** 表示在 1％的水平上显著，ATT、ATU 分别表示选择不同类型农业生产性服务、未选择农业生产性服务农户对应的平均处理效应。

　　总体来看，农业生产性服务对农户家庭纯收入有正向的处理效应，且在 1％统计水平上显著。其中，ATT 的估计结果表明，对于实际已参与农业生产性服务的农户而言，倘若他们不参与生产性服务，其家庭年纯收入将下降 49.49％，即由年均 61 922 元下降到 31 275 元。而 ATU 的估计结果表明，如果未参与生产性服务农户能够参加农业生产性服务，其家庭年纯收入将由 61 414 元增加至 69 167元，增加 12.62％。这说明，生产性服务能够改善农户福利。

　　同时，从农业生产性服务对玉米种植收入影响的处理效应 ATT 结果中可以看出，参与农业生产性服务与未参与生产性服务农户相比，并没有增加农户种植玉米收入，反而降低了种植玉米收入。由此可以验证假说 2，农业生产性服务通过有效配置要素资源，增加除种植玉米收入外的其他收入，进而改善农户整体福利。

8.3.3　不同农业生产性服务类型对农户福利效应的差异分析

　　本研究将农业生产性服务根据服务类型划分为部分环节服务和全程托管服务，不同类型的农业生产性服务，对农户家庭资源配置带来的影响也不同，尤其是全程托管服务，对专业化分工程度要求较高。同时，通过比较不同类型农业生产性服务对农户家庭纯收入和玉米种植纯收入的影响结果，可以进一步得出不同类型农业生产性服务对农户福利效应影响的内在机制。因此，本部分进一步运用内生转换回归模型在反事实框架下分别考察不同农业生产性服务类型对农户福利和玉米种植收入影响处理效应，估计结果见表 8-5。

表 8-5　不同类型农业生产性服务对农户收入影响的处理效应差异

农户类别		参与服务	未参与服务	ATT	ATU
农户家庭收入	选择部分环节服务农户	6.027 6	4.105 2	1.922 4*** (0.174 4)	
	未选择部分环节服务农户	6.582 3	6.080 4		0.502 0** (0.216 2)

（续）

农户类别		参与服务	未参与服务	*ATT*	*ATU*
玉米种植收入	选择部分环节服务农户	2.132 8	3.815 5	−1.682 8*** (0.058 6)	
	未选择部分环节服务农户	3.167 6	3.427 2		−0.259 7** (0.102 1)
农户家庭收入	选择全程托管服务农户	6.571 7	4.197 0	2.374 6*** (0.340 9)	
	未选择全程托管服务农户	9.101 0	6.147 7		2.953 3*** (0.271 6)
玉米种植收入	选择全程托管服务农户	2.356 0	4.146 2	−1.790 2*** (0.132 2)	
	未选择全程托管服务农户	1.662 6	3.429 4		−1.766 8*** (0.096 9)

注：**、***分别表示在5%、1%的水平上显著，*ATT*、*ATU*分别表示选择不同类型农业生产性服务、未选择农业生产性服务农户对应的平均处理效应。

估计结果显示，部分环节服务和全程土地托管服务对农户家庭纯收入影响的平均处理效应在1%统计水平上显著，且均为正向。其中，*ATT*的估计结果表明，倘若农户未参与部分环节服务和全程托管服务，他们的家庭期望收入分别下降31.89%和36.13%；*ATU*的估计结果表明，倘若未参与服务的农户选择部分环节和全程托管服务，那么他们的期望收入将分别增加8.26%、48.04%。由此可以发现，相较于部分环节服务，选择全程托管服务的农户对家庭纯收入的处理效应更高。这可能是因为，参与全程托管服务农户将节约的劳动力投入其他农业生产或者非农就业中，获得更高收益。

此外，部分环节服务和全程土地托管服务对玉米种植收入影响的平均处理效应在1%水平上呈负向显著，这可以得出与前部分一致的结论，农户无论参与部分环节服务还是全程托管服务，都对种植玉米的收入没有显著提高，而是通过要素合理配置，提高家庭整体收入。具体来看，*ATT*的估计结果显示，选择部分环节服务和全程托管服务的农户与未选择的农户玉米种植收入差异分别为−1.682 8和−1.790 2，由此可以看出，从不同类型生产性服务来看，部分环节服务比全程托管服务在玉米种植收入上损失更小。由此说明，全程托管服务虽然解放了劳动力，但是高额的服务价格并没有使农户提高种植收入。

8.3.4 农业生产性服务对不同要素禀赋农户福利的处理效应分析

为进一步分析农业生产性服务对不同要素禀赋农户福利影响的差异，本研究借鉴曾亿武等（2018）的做法，首先计算出分组变量的均值，然后据此将样本分为"大于均值"和"小于均值"两个样本组进行对比分析。由于受数据类型限制，本研究选择农户要素禀赋中连续变量劳动力数量、劳动力投入工日、老龄化程度、生产成本费用以及土地面积对农户进行分组。其中，土地面积根据东北实际经营规模情况，将土地面积划分为经营规模 30 亩以下和经营规模 30 亩以上两类。

表 8-6 劳动力要素投入估计结果显示，较少劳动力数量的农户参与农业生产性服务的收入增加效应高于较多劳动力数量的农户，这与杨志海（2019）研究结论不一致，主要原因可能是，本研究的劳动力数量包括 60 岁以上的老人，增加了劳动力数量的平均值，因此大于均值的劳动力数量老龄化比例严重，导致收入效应降低。老龄化程度和劳动力投入工日变量估计结果也可以反映出农户劳动力要素投入对农户收入具有重要影响，劳动力投入工日越少和老龄化程度越低的农户参与生产性服务的收入高于未参加生产性服务农户，同时收入效应高于劳动力投入工日多和老龄化程度高的农户。这说明较少的劳动力要素投入对提高非农产业配置比例的可能性更大，因此对于农业劳动力投入少的农户家庭收入增加概率更高。

表 8-6　农业生产性服务对不同要素禀赋农户的福利效应比较

要素禀赋		参与生产性服务	未参与生产性服务	ATT
劳动力数量	小于均值	4.808 3	−4.922 7	9.731 0***（0.281 3）
	大于均值	8.665 8	9.688 6	−1.022 8***（0.113 4）
劳动力投入工日	小于均值	6.181 4	3.112 2	3.069 1***（0.379 4）
	大于均值	6.225 9	6.529 1	−0.303 2**（0.150 3）
老龄化程度	小于均值	7.394 8	2.241 8	5.153 0***（0.291 2）
	大于均值	5.988 8	7.789 1	−1.800 3***（0.076 9）
生产成本费用	小于均值	5.886 2	5.170 0	0.716 1***（0.185 1）
	大于均值	7.432 1	8.004 2	−0.572 1***（0.273 8）
种植面积	小于30亩	5.582 0	6.434 3	−0.852 2***（0.100 2）
	大于30亩	7.814 5	7.176 5	0.637 9*（0.352 9）

注：*、**、***分别表示在 10%、5%、1% 的水平上显著，ATT 表示选择不同类型农业生产性服务对应的平均处理效应。

从生产成本费用估计结果可以看出，生产成本费用较低的农户参与农业生产性服务家庭收入高于未参与农业生产性服务，然而对于生产成本费用较高的农户参与农业生产性服务其家庭纯收入会低于未参与农业生产性服务的农户。值得注意的是，生产成本费用高的农户参与农业生产性服务估计的家庭收入为

7.432 1，远高于生产成本费用较低的 5.886 2，然而生产费用高的农户家庭收入增加效应差异较小。由此可以看出，高生产成本费用投入会提高农作物产量，但增加的收入远低于多投入的生产成本，由此如何实现低成本、高产量，是需要关注的重点问题。

从土地要素投入可以看出，种植面积的大小，反映了农户家庭物资资本的多少，这就意味着农户种植面积越大，农业收入越高，而种植面积较小时，农业经营对农户收入的贡献可能较低，同时也意味着生产性服务对这类农户资源配置的影响可能并不大。估计结果显示，种植面积高于 30 亩的农户参与农业生产性服务比未参与农业生产性服务的农户收入效应高，同时高于种植面积小于 30 亩的农户参与农业生产性服务的家庭收入。从 ATT 的结果看，较大种植面积农户参与农业生产性服务的家庭纯收入增加效应为 0.637 9，远高于较小种植面积农业生产性服务 −0.852 2。这充分说明了农业生产性服务的福利效应具有显著的异质性，随农户要素投入不同而存在巨大差距。

8.4　本章小结

本章在构建农业生产性服务对农户福利效应影响的理论模型基础上，利用东北三省 961 份玉米种植户调查数据，采用内生转换回归模型，在反事实框架下分析了农业生产性服务对农户福利影响效应。主要研究结论如下：

第一，劳动力要素、资本要素和土地要素对农户福利效应均有显著影响。首先，劳动力要素中劳动力数量对农户福利效应具有积极影响，而劳动力投入工日和老龄化程度变量对农户的福利影响有抑制作用。这说明劳动力要素仍是约束农户家庭收入的重要因素之一。其次，资本要素中，受到生产资料等成本费用的制约，生产成本费用对农户福利效应具有阻碍作用，而生产性资产投资对农户福利效应具有促进作用，说明生产性投资可以有效提高生产效率，增加农民收入。最后，土地要素中，种植规模对农户福利呈倒 U 形影响，而根据东北地区地形的实际特点，土地地形对农户福利影响不大。此外，农户基本特征中风险偏好、社会网络、受教育程度和信贷状况对农户福利均有稳健影响，其中风险偏好型、社会网络强、受教育程度高、有借贷经验对农户福利效应具有促进作用，提高家庭收入的可能性更大。

第二，总体来看，农业生产性服务能够改善农户福利，表现在反事实情景下，实际选择农业生产性服务的农户若未选择服务，其福利水平将下降；实际未选择农业生产性服务的农户若选择农业生产性服务，其福利水平将提高。进一步分析发现，农业生产性服务通过有效地配置要素资源，增加除种植玉米收入外的其他收入，进而提高农户整体福利。具体表现为，在反事实情境下，农户实际选择农业生产性服务比假设其未选择农业生产性服务，降低了玉米种植收入。

第三，不同类型的农业生产性服务的福利效应存在差异，且均能有效改善农户福利，其中全程托管服务福利效应最高，部分环节服务次之。此外，部分环节服务和全程托管服务对玉米种植收入均有抑制影响，具体来看，部分环节服务比全程托管服务在玉米种植收入上损失更小。

第四，进一步验证发现，选择农业生产性服务的福利效应还存在禀赋差异。其中劳动力数量少、劳动力投入工日少、老龄化程度低、生产成本费用低，以及种植面积大的农户，在反事实情景下，实际选择农业生产性服务比假设未选择服务的福利效应高，具有积极影响。

9　研究结论与政策建议

前面章节分别从交易费用视角对农户农业生产性服务行为与契约选择进行了理论分析和实证检验。本章重点总结研究的主要结论,据此提出相关政策建议,并为后续的进一步研究提供一些参考。

9.1　研究结论

本研究主要基于交易费用理论视角,构建"分工深化—交易费用—契约匹配"框架,围绕分析回答交易费用在农业生产性服务过程中,如何影响农户的农业生产性服务选择行为、契约类型选择行为及契约稳定性这一科学问题,旨在研究揭示交易费用在农业生产性服务中影响的内在机理。本研究基于系统深入的理论梳理和分析阐释,根据问题的分解进行专题调查研究,注重定性分析与定量分析相结合的方法,通过理论演绎并探索应用有关计量方法或数理模型展开研究,主要研究结论如下:

第一,威廉姆森分析范式下的交易特性对农户选择农业生产性服务行为具有显著影响,且对不同类型农业生产性服务选择行为有明显差异,主要体现在地形特征、老龄化程度和养殖规模。具体来看,资产专用性对农户农业生产性服务选择行为影响显著,其中物质资产专用性对农户选择农业生产性服务具有阻碍作用,地理资产专用性和人力资产专用性对农户选择农业生产性服务均有正向促进作用。值得注意的是,地理资产专用性地形特征和人力资产专用性老龄化程度对农户选择全程托管服务比部分环节服务影响更明显。风险性对农户选择农业生产性服务具有抑制作用,风险性越大,农户选择农业生产性服务的阻碍作用越大。在规模性中,种植规模对农户选择农业生产性服务具有显著的倒 U 形影响,养殖规模对农户农业生产性服务选择行为具有积极影响,特别是对全程托管服务选择影响较大,对部分环节服务影响不明显。此外,农户家庭特征和家庭收入特征对农户农业生产性服务选择行为影响显著。实证结果表明,家庭人口数越少,非农收入占比越大,家庭收入在本村水平越高的农户,选择农业生产性服务的概率越大。

第二,威廉姆森分析范式下的交易特性对不同规模农户选择农业生产性服务表现出显著差异。其中,资产专用性中,土地细碎化程度、土地地形特征、老龄化程度对不同规模农户农业生产性服务选择行为均有显著差异影响。土地细碎化程度对规模逐渐变大的农户影响农业生产性服务选择行为呈现先上升后下降的趋势，土地地形特征和老龄化程度对不同规模农户选择农业生产性服务均呈现正向影响，其中对大规模农户影响最大，对中规模和小规模农户影响不明显。而家庭有无农机变量对不同规模农户农业生产性服务选择行为没有差异，均在1‰水平上呈负向显著。风险特性方面，经营风险对中规模和小规模农户农业生产性服务选择行为具有显著的阻碍作用，对大规模农户影响不明显；而交易风险对不同规模农户农业生产性服务选择行为没有差异，均具有抑制影响。规模性的实证结果显示，养殖规模仅对小规模农户农业全程托管服务选择具有促进作用。

第三，交易特性中风险性、规模性和契约过程中的搜寻信息成本对农户农业生产性服务契约类型选择行为具有显著差异，同时个人信任水平在交易费用对农户农业生产性服务契约类型选择中起到了调节作用。在修正了样本选择偏差后，具体得到以下四点结论。其一，风险性中尤其是交易风险在农户农业生产性服务契约选择行为中仍然是关键因素，当在交易过程中面临较大的道德风险时，选择正式契约优于口头契约。其二，规模越大的农户，其在交易中面临的交易风险越大，选择正式契约的概率更高。其三，较高的搜寻信息成本会阻碍选择正式契约。其四，个人信任水平越高的农户，越倾向选择口头契约。同时，个人信任水平在交易费用对农户生产性服务契约类型选择中具有显著调节作用，其中在信息成本对农户选择正式契约负向影响中有正向调节作用，在风险性和规模性对农户农业生产性服务正式契约正向影响中有抑制性调节作用。

第四，交易成本对农户农业生产性服务契约稳定性有显著影响，其中信息成本影响最大，谈判成本次之，执行成本最小。具体来看，信息成本对农业生产性服务契约关系稳定性具有阻碍作用，农户与农业生产性服务者相处得不好，农户对服务者的信任程度低，农户认为农业生产性服务收取的价格不合理，都会阻碍农户农业生产性服务契约的稳定性；谈判成本对农业生产性服务契约的稳定性具有促进作用，其中正式契约会比口头契约、分期付款会比一次性付款更能促进农户农业生产性服务契约稳定性；执行成本仅对农业生产性服务长期合作意愿具有阻碍作用，其中农户在生产性服务过程中预约等待的时间、联系农业生产性服务者花费的时间和在执行过程中找到农业生产性服务者的难易程度都会影响农户长期合作的意愿。这说明农户考虑与农业生产性服务者长期合作时，执行成本的影响逐渐显露，执行成本越大，越不愿意与农业生产性服务者长期合作。此外，土地地形越平坦、交易风险越小对农业生产性服务续约意愿选择的可能性越大，同时土地地形越平坦，老龄化程度越低，面临自然风险越小，农户选择长期合作的意愿越强。

第五，服务满意度对农户农业生产性服务契约关系稳定性具有促进作用，同时，服务满意度在交易成本对农户农业生产性服务契约稳定性中具有显著的调节作用。服务满意度在谈判成本对农户农业生产性服务契约稳定性的正向影响中起到了增强性的调节作用，削弱了信息成本对农户农业生产性服务契约稳定性的负向影响；同时服务满意度在执行成本对农户农业生产性服务长期合作意愿的负向影响中起到正向调节作用。这说明提高农户的服务满意度有助于缓解交易成本带来的负向影响，提高农户与农业生产性服务者关系的稳定性。

第六，交易成本对不同类型农业生产性服务契约稳定性影响具有显著差异，特别是谈判成本和执行成本对不同类型农业生产性服务续约意愿及长期合作意愿表现出差异影响。其中信息成本中，农业生产性服务价格合理程度对农户部分环节服务长期合作意愿影响更大，农户对农业生产性服务信任程度越低，会抑制农户全程托管服务契约稳定性。在谈判成本中，农业生产性服务分期付款对全程托管服务契约稳定性具有促进影响，正式契约会对部分环节服务长期合作意愿具有显著正向影响，说明在考虑部分环节服务长期合作意愿时仍然需要一定的保障。在执行成本中，农户联系服务者花费时间长短会对农户全程托管服务契约稳定性具有一定影响，而农户从预约到服务上等待的时间长度对农户全程托管服务契约长期合作意愿具有显著影响。此外，老龄化程度高的农户更偏向于全程托管服务的续约行为。风险性的自然灾害和交易风险对部分环节服务长期合作意愿影响较大，对全程托管服务长期合作意愿影响不大。

第七，劳动力要素、资本要素和土地要素对农户福利效应均有显著影响。首先，劳动力要素中劳动力数量对农户福利效应具有积极影响，而劳动力投入工日和老龄化程度变量对农户的福利有抑制作用。其次，资本要素中，受到生产资料等成本费用的制约，生产成本费用对农户福利效应具有阻碍作用，而生产性资产投资对农户福利效应具有促进作用。最后，土地要素中，种植规模对农户福利呈倒 U 形影响。此外，农户基本特征中风险偏好、社会网络、受教育程度和信贷状况对农户福利均有稳健影响，其中风险偏好型、社会网络强、受教育程度高、有借贷经验对农户福利效应具有促进作用，提高家庭收入的可能性更大。

第八，农业生产性服务能够改善农户福利，且通过增加非农就业收入或其他经营性收入，增加农户整体福利。同时，参与不同类型的农业生产性服务农户的福利效应存在差异，且均能有效改善农户福利，其中参与全程托管服务的农户福利效应最高，参与部分环节服务农户次之。此外，参与部分环节服务和全程托管服务对玉米种植收入均有抑制影响，具体来看，参与部分环节服务农户比参与全程托管服务农户在玉米种植收入上损失更小。劳动力数量少、劳动力投入工日少、老龄化程度低、生产成本费用低，以及种植面积大的农户，在反事实情景下，实际农户选择生产性服务比假设未选择服务的福利效应高，具有积极影响。

9.2 政策建议

我国农业生产性服务正处于一个快速发展和升级的重要阶段，是促进小农户与现代农业发展有机衔接的重要抓手。然而目前我国农业生产性服务市场并不规范，其与小农户的契约联系还不够紧密。如何促进农户选择农业生产性服务，建立稳定的契约关系是本研究关注的重点。立足于交易费用视角，针对研究结论，对农业生产性服务组织和政府提出以下几点政策建议：

第一，规范部分环节服务市场，加强全程托管服务市场建设。首先，从研究中发现，虽然部分环节服务已经非常普遍，然而部分环节服务市场发展并不规范，其服务价格不一且多数服务者是个体户，没有经过专业培训，对服务效果也没有保障。所以政府可以从两方面规范部分环节服务市场发展：一是对农业生产性服务者加强技术培训，宣传农业生产方面的知识，努力培养高素质的专业技术服务者，让农业生产性服务逐步走向专业化；二是规范部分环节服务价格，针对每个区域出台相应服务价格标准，防止部分环节服务市场的霸权主义和恶性竞争。其次，目前全程托管服务仍然是新兴的农业生产性服务方式，其服务范围虽然在逐年增加，但仍满足不了农户的需要。许多合作社、种粮大户等都处在观望阶段，这时需要政府的大力支持和鼓励：一方面在宏观上为全程托管服务的发展创造良好的外部环境，如在计划审批、工商登记、资金贷款等方面提供便利；另一方面可以有针对性地对农业生产性服务者提供服务补贴，通过这种方式，调动积极性。

第二，健全风险保障机制，降低农户参与农业生产性服务交易风险和经营风险。研究表明，农户面临的经营风险和交易风险会影响农户对农业生产性服务的选择。可以从两方面进行风险保障：一方面，虽然自然风险往往具有不可控性，会造成很大损失，但农业生产性服务组织可以进一步与保险机构合作，将损失转移到第三方平台，通过第三方平台，制定并完善合理的保险制度，建立完善的农业保险理赔监督机制，以降低农户在选择农业生产性服务，特别是全程托管服务时需要面临的经营风险；另一方面，农业生产性服务组织可以通过构建以熟人为依托的农业生产性服务中介机构，为农户提供完备的信息和沟通渠道，并指导农户签订规范的正式合同，增强农户与服务主体的信任，从而遏制机会主义，减少行为决策的不确定成本，有效化解交易风险，促进农户对农业生产托管服务的选择。

第三，政府应积极推广正式契约，提高农业生产性服务合同规范水平。研究发现，口头契约虽然在短期内可以节约农户的交易费用，但是想要建立农户与农业生产性服务者的长期契约关系，还是需要正式契约来进行法律保障，因为非正式制度难以有效防范机会主体行为倾向及其风险。因此，政府应积极推广正式契约，并且进一步规范合同内容。可以针对每个地区不同特点设计合同内容、服务价格及保障范围，公开透明，防止信息不对称等机会主义行为，同时农业生产性服务组织可以采取"保底收益＋分红"等方式，真正做到与农户风险共担，改善农民福利。

第四，减少契约过程产生的交易成本，提高农户农业生产性服务契约稳定性。首先，针对搜寻信息成本，农业生产性服务组织可以根据服务区域农户的数量进行小组划分，建立农户联络员负责联络、协调农户与农业生产性服务组织之间的关系，与农户良好相处，获得信任，以减少信息不对称现象，降低搜寻信息成本；其次，针对谈判成本，研究表明分期付款方式会提高农户农业生产性服务契约稳定性，因此，农业生产性服务组织，特别是全程托管服务，在收取服务费用的时候，可以采取合理的分期付款方式，或建立粮食银行，用粮食进行抵押，会缓解一部分农户的经济压力，促进农户与农业生产性服务组织契约稳定关系形成。最后，针对执行成本，全程托管服务组织应缩短农户从预约服务到等待服务的时间，合理安排时间和人力，因为农业生产的特殊性，对种植和收获时间要求都比较严格，因此高效率地进行服务，对于农户来说是影响长期合作很关键的因素。同时，要经常主动与农户进行联系，经常观察农业生产的情况，以减少农户的监督执行成本，促进农户与农业生产性服务组织建立长久的合作关系。

强化农业生产性服务质量，提高农户服务满意度。研究发现，农户对农业生产性服务的服务满意度会促进农户农业生产性服务契约稳定性，同时对交易过程中交易成本具有一定的调节效应。因此，农业生产性服务者关注服务满意度是至关重要的。具体做法如下：首先，在进行农业生产性服务过程中要严格规范进行技术服务，将农业生产性服务逐步标准化；其次，要培养农户对农业生产性服务的认知和忠诚度，要定期对农户进行专业培训，增强其代入感；最后，可以经常组织一些活动来培养农户与服务者之间的感情。

参 考 文 献

阿林·杨格，贾根良，1996. 报酬递增与经济进步 [J]. 经济社会体制比较 (2)：52 - 57.

安海燕，洪名勇，2015. 农户农地流转契约形式选择及其影响因素分析——基于 545 份问卷调查数据 [J]. 湖南农业大学学报 (社会科学版)，16 (5)：12 - 17.

蔡荣，祁春节，2007. 农业产业化组织形式变迁——基于交易费用与契约选择的分析 [J]. 经济问题探索 (3)：28 - 31.

曹峥林，姜松，王钊，2017. 行为能力、交易成本与农户生产环节外包——基于 Logit 回归与 csQCA 的双重验证 [J]. 农业技术经济 (3)：64 - 74.

曾亿武，郭红东，金松青，2018. 电子商务有益于农民增收吗？——来自江苏沭阳的证据 [J]. 中国农村经济 (2)：49 - 64.

陈超，李寅秋，廖西元，2012. 水稻生产环节外包的生产率效应分析——基于江苏省三县的面板数据 [J]. 中国农村经济 (2)：86 - 96.

陈飞，翟伟娟，2015. 农户行为视角下农地流转诱因及其福利效应研究 [J]. 经济研究，50 (10)：163 - 177.

陈宏伟，穆月英，2019. 农业生产性服务的农户增收效应研究——基于内生转换模型的实证 [J]. 农业现代化研究，40 (3)：403 - 411.

陈军民，王娟，2019. 家庭农场农地流转契约关系缔结选择的实证研究 [J]. 江苏农业科学，47 (7)：291 - 296.

陈其进，2015. 风险偏好对个体收入的影响——来自中国城镇劳动力市场的证据 [J]. 南方经济 (8)：92 - 106.

陈思羽，李尚蒲，2014. 农户生产环节外包的影响因素——基于威廉姆森分析范式的实证研究 [J]. 南方经济 (12)：105 - 110.

陈文浩，谢琳，2015. 农业纵向分工：服务外包的影响因子测度——基于专家问卷的定量评估 [J]. 华中农业大学学报 (社会科学版) (2)：17 - 24.

陈锡文，韩俊，2002. 关于农业规模经营问题 [J]. 农村工作通讯 (7)：9 - 10.

陈曜，罗进华，2004. 对中国农村土地流转缓慢原因的研究 [J]. 上海经济研究 (6)：29 - 35.

陈义媛，2019. 中国农业机械化服务市场的兴起：内在机制及影响 [J]. 开放时代 (3)：169 - 185，8 - 9.

陈郁青，2015. 我国农业生产性服务贡献的地区差距——基于 2005—2013 年省际面板数据的实证 [J]. 江苏农业科学 (12)：575 - 579.

陈昭玖，胡雯，2016. 农地确权、交易装置与农户生产环节外包——基于"斯密—杨格"定理的分工演化逻辑 [J]. 农业经济问题，37 (8)：16 - 24，110.

褚保金，卢亚娟，张龙耀，2009. 信贷配给下农户借贷的福利效果分析 [J]. 中国农村经济
　　(6)：51-61.

大卫·李嘉图，1976. 政治经济学及赋税原理 [M]. 北京：商务印书馆.

邓大才，2007. 农地流转的交易成本与价格研究——农地流转价格的决定因素分析 [J]. 财
　　经问题研究 (9)：89-95.

邓宏图，崔宝敏，2008. 制度变迁中土地产权的性质与合约选择：一个有关合作经济的案
　　例分析 [J]. 管理世界 (6)：61-67，94.

邓宏图，米献炜，2002. 约束条件下合约选择和合约延续性条件分析——内蒙古塞飞亚集
　　团有限公司和农户持续签约的经济解释 [J]. 管理世界 (12)：121-128，152.

董欢，郭晓鸣，2014. 生产性服务与传统农业：改造抑或延续——基于四川省 501 份农户
　　家庭问卷的实证分析 [J]. 经济学家 (6)：84-90.

杜志雄，2013. 农业生产性服务业发展的瓶颈约束：豫省例证与政策选择 [J]. 东岳论丛
　　(1)：144-149.

冯晓龙，仇焕广，刘明月，2018. 不同规模视角下产出风险对农户技术采用的影响——以
　　苹果种植户测土配方施肥技术为例 [J]. 农业技术经济 (11)：120-131.

郜亮亮，黄季焜，2011. 不同类型流转农地与农户投资的关系分析 [J]. 中国农村经济
　　(4)：9-17.

龚道广，2000. 农业社会化服务的一般理论及其对农户选择的应用分析 [J]. 中国农村观察
　　(6)：25-34，78.

郭斌，吕涛，李娟娟，2013. 农地转出方选择流转对象的影响因素分析——基于土地可持
　　续利用视角 [J]. 经济问题 (1)：104-109.

韩德超，张建华，2008. 中国生产性服务业发展的影响因素研究 [J]. 管理科学 (6)：
　　81-87.

韩振国，刘启明，李拾娣，等，2014. 社会资本与治理视角下"公司＋农户"养殖模式契
　　约稳定性分析 [J]. 农村经济 (8)：41-46.

郝爱民，2011. 农业生产性服务业对农业的影响——基于省级面板数据的研究 [J]. 财贸经
　　济 (7)：97-102，136.

郝爱民，2013. 农业生产性服务业对农业的外溢效应与条件研究 [J]. 南方经济 (5)：
　　38-48.

郝爱民，2015. 提升农业生产性服务业外溢效应的路径选择 [J]. 农业现代化研究 (4)：
　　580-584.

何刚龙，2014. 农资零售商如何应对新的市场形势 [J]. 农家参谋 (种业大观) (12)：
　　26-27.

何秀荣，2016. 关于我国农业经营规模的思考 [J]. 农业经济问题，37 (9)：4-15.

何一鸣，罗必良，2011. 产业特性、交易费用与经济绩效——来自中国农业的经验证据
　　(1958—2008 年) [J]. 山西财经大学学报，33 (3)：57-62.

何一鸣，张苇锟，罗必良，2019. 农业交易特性、组织行为能力与契约形式的匹配——来
　　自 2759 个家庭农户的证据 [J]. 产经评论，10 (6)：31-45.

衡霞，程世云，2014. 农地流转中的农民权益保障研究——以土地托管组织为例 [J]. 农村
　　经济（2）：66-70.

洪名勇，尚名扬，2013. 信任与农户农地流转契约选择 [J]. 农村经济（4）：23-27.

洪名勇，2018. 空间、声誉与农地流转契约选择研究 [J]. 江西财经大学学报（5）：79-88.

胡凌啸，武舜臣，2019. 土地托管的内涵与实现：理论剖析与实践归纳 [J]. 经济学家
　　（12）：68-77.

胡雯，严静娴，陈昭玖，2016. 农户生产环节外包行为及其影响因素分析——基于要素供
　　给视角和1 134份农户调查数据 [J]. 湖南农业大学学报（社会科学版），17（4）：8-14.

胡新艳，朱文珏，刘凯，2015b. 理性与关系：一个农地流转契约稳定性的理论分析框架
　　[J]. 农村经济（2）：9-13.

胡新艳，朱文珏，罗必良，2016. 产权细分、分工深化与农业服务规模经营 [J]. 天津社会
　　科学（4）：93-98.

胡新艳，朱文珏，罗锦涛，2015a. 农业规模经营方式创新：从土地逻辑到分工逻辑 [J].
　　江海学刊（2）：75-82，238.

胡宜挺，肖志敏，2014. 农户农业生产环节外包行为影响因素分析——基于内蒙古宁城县
　　玉米种植户调研数据 [J]. 广东农业科学，41（19）：226-231.

黄梦思，孙剑，陈新宇，2018. "农业龙头企业＋农户"模式中治理机制与农户续约意愿
　　[J]. 华中农业大学学报（社会科学版）（4）：81-88，169-170.

黄武，2010. 农户对有偿技术服务的需求意愿及其影响因素分析——以江苏省种植业为例
　　[J]. 中国农村观察（2）：54-62.

黄祖辉，高钰玲，2012. 农民专业合作社服务功能的实现程度及其影响因素 [J]. 中国农村
　　经济（7）：4-16.

黄祖辉，张静，Kevin Chen，2008. 交易费用与农户契约选择——来自浙冀两省15县30个
　　村梨农调查的经验证据 [J]. 管理世界（9）：76-81.

纪月清，王亚楠，钟甫宁，2013. 我国农户农机需求及其结构研究——基于省级层面数据
　　的探讨 [J]. 农业技术经济（7）：19-26.

冀名峰，李琳，2019. 关于加快发展农业生产性服务业的四个问题 [J]. 农村工作通讯
　　（8）：39-44.

贾燕兵，2013. 交易费用、农户契约选择与土地承包经营权流转 [D]. 成都：四川农业大
　　学.

姜长云，2011. 农业生产性服务业发展的模式、机制与政策研究 [J]. 经济研究参考（51）：
　　2-25.

姜长云，2016. 关于发展农业生产性服务业的思考 [J]. 农业经济问题（5）：8-15，110.

孔祥智，徐珍源，史冰清，2009. 当前我国农业社会化服务体系的现状、问题和对策研究
　　[J]. 江汉论坛（5）：13-18.

孔祥智，2018. 农民合作、土地托管与乡村振兴——山东省供销社综合改革再探索 [J]. 东
　　岳论丛，39（10）：18-24，191.

兰勇，蒋黾，杜志雄，2020. 农户向家庭农场流转土地的续约意愿及影响因素研究 [J]. 中

国农村经济 (1)：65-85.

李虹韦，钟涨宝，2020. 农地经营规模对农户农机服务需求的影响——基于资产专用性差异的农机服务类型比较 [J]. 农村经济 (2)：31-39.

李青乘，仇童伟，李宁，2016. 产权情景、社会信任与土地产权的社会认同 [J]. 江海学刊 (4)：92-99.

李庆海，李锐，汪三贵，2012. 农户信贷配给及其福利损失——基于面板数据的分析 [J]. 数量经济技术经济研究，29 (8)：35-48，78.

李锐，李宁辉，2004. 农户借贷行为及其福利效果分析 [J]. 经济研究 (12)：96-104.

李显戈，姜长云，2015. 农户对农业生产性服务的可得性及影响因素分析——基于1 121个农户的调查 [J]. 农业经济与管理 (4)：21-29.

李宪宝，高强，2013. 行为逻辑、分化结果与发展前景——对1978年以来我国农户分化行为的考察 [J]. 农业经济问题，34 (2)：56-65，111.

李想，2014. 粮食主产区农户技术采用及其效应研究 [D]. 北京：中国农业大学.

李星光，刘军弟，霍学喜，2020. 社会信任对农地租赁市场的影响 [J]. 南京农业大学学报（社会科学版），20 (2)：128-139.

廖西元，申红芳，王志刚，2011. 中国特色农业规模经营"三步走"战略——从"生产环节流转"到"经营权流转"再到"承包权流转"[J]. 农业经济问题 (12)：15-22.

林仲豪，2008. 关系型契约的特征、内容及履约机制 [J]. 改革与战略 (5)：9-11.

刘爱珍，漆雁斌，邓鑫，2019. 生产环节外包能提高水稻生产技术效率吗？——来自四川省649户稻农的实证 [J]. 南方农村，35 (2)：4-10.

刘承芳，张林秀，樊胜根，2002. 农户农业生产性投资影响因素研究——对江苏省六个县市的实证分析 [J]. 中国农村观察 (4)：34-42，80.

刘家成，钟甫宁，徐志刚，等，2019. 劳动分工视角下农户生产环节外包行为异质性与成因 [J]. 农业技术经济 (7)：4-14.

刘洁，祁春节，2009. "公司＋农户"契约选择的影响因素研究：一个交易成本分析框架 [J]. 经济经纬 (4)：106-109.

刘丽，吕杰，2017. 土地流转契约选择及其稳定性 [J]. 山东社会科学 (11)：153-158.

刘灵辉，2020. 家庭农场土地流转合同期满续约过程中的利益博弈 [J]. 西北农林科技大学学报（社会科学版），20 (2)：79-87.

刘强，杨万江，孟华兵，2017. 农业生产性服务对我国粮食生产成本效率的影响分析——以水稻产业为例 [J]. 农业现代化研究 (1)：8-14.

刘强，杨万江，2016. 农户行为视角下农业生产性服务对土地规模经营的影响 [J]. 中国农业大学学报 (9)：188-197.

刘荣茂，马林靖，2006. 农户农业生产性投资行为的影响因素分析——以南京市五县区为例的实证研究 [J]. 农业经济问题 (12)：22-26.

刘向东，2004. 流通费用与交易费用的区别与联系——兼论流通费用范畴的发展 [J]. 中国人民大学学报 (2)：46-52.

刘益，陶蕾，王颖，2009. 零售商的供应关系稳定性、信任与关系风险间的关系研究 [J].

预测，28（1）：36-41，55.

刘志刚，吕杰，2006. 辽宁省玉米生产成本收益分析 [J]. 社会科学辑刊（3）：116-120.

卢现祥，朱巧玲，2006. 交易费用测量的两个层次及其相互关系研究述评 [J]. 数量经济技术经济研究（7）：97-108.

卢现祥，朱巧玲，2017. 新制度经济学 [M]. 北京：北京大学出版社.

芦千文，高鸣，2020. 中国农业生产性服务业支持政策的演变轨迹、框架与调整思路 [J]. 南京农业大学学报（社会科学版），20（5）：142-155.

芦千文，姜长云，2017. 农业生产性服务业发展模式和产业属性 [J]. 江淮论坛（2）：44-49，77.

芦千文，2019. 中国农业生产性服务业：70年发展回顾、演变逻辑与未来展望 [J]. 经济学家（11）：5-13.

陆岐楠，张崇尚，仇焕广，2017. 农业劳动力老龄化、非农劳动力兼业化对农业生产环节外包的影响 [J]. 农业经济问题，38（10）：27-34.

罗必良，何一鸣，2015. 博弈均衡、要素品质与契约选择——关于佃农理论的进一步思考 [J]. 经济研究，50（8）：162-174.

罗必良，刘成香，吴小立，2008. 资产专用性、专业化生产与农户的市场风险 [J]. 农业经济问题（7）：10-15，110.

罗必良，万燕兰，洪炜杰，等，2019. 土地细碎化、服务外包与农地撂荒——基于9省区2 704份农户问卷的实证分析 [J]. 经济纵横（7）：63-73.

罗必良，2014. 农业经营制度的理论轨迹及其方向创新：川省个案 [J]. 改革（2）：96-112.

罗必良，2016. 农地确权、交易含义与农业经营方式转型——科斯定理拓展与案例研究 [J]. 中国农村经济（11）：2-16.

罗必良，2017. 论服务规模经营——从纵向分工到横向分工及连片专业化 [J]. 中国农村经济（11）：2-16.

罗明忠，邓海莹，2020. 风险偏好何以影响农机社会化服务契约选择？——以小麦收割环节为例 [J]. 农林经济管理学报，19（1）：1-9.

罗明忠，唐超，邓海莹，2019. 从业经历与农业经营方式选择：生产环节外包的视角 [J]. 南方经济（12）：68-81.

骆亚卓，李新春，谭上飞，2018. 契约、关系及机会主义防御：资产专用性、不确定性与建设项目治理选择 [J]. 经济与管理，32（4）：41-46.

吕朝凤，陈汉鹏，Santos López-Leyva，2019. 社会信任、不完全契约与长期经济增长 [J]. 经济研究，54（3）：4-20.

吕杰，薛莹，韩晓燕，2020. 风险规避、关系网络与农业生产托管服务选择偏向——基于有限理性假设的分析 [J]. 农村经济（3）：118-126.

马克思，1867. 资本论 [J]. 郭大力，王亚楠，译. 上海：上海三联书店.

马歇尔，1964. 经济学原理 [J]. 北京：商务印书馆.

马彦丽，2019. 农地股份合作社的固定租金契约优于分成契约——兼论农地股份合作社的功能定位和发展空间 [J]. 农业经济问题 (3)：108 - 120.

孟召将，2012. 农产品质量信息传递的产权激励研究 [J]. 管理学刊，25 (3)：85 - 88.

尼克拉斯·卢曼，2005. 信任：一个社会复杂性的简化机制 [M]. 上海：上海人民出版社.

庞春，2010. 服务经济的微观分析——基于生产与交易的分工均衡 [J]. 经济学（季刊），9 (3)：961 - 984.

钱文荣，2003. 农户家庭的土地流转行为与意愿研究——浙江省奉化市的农户调查与计量分析 [J]. 浙江经济 (4)：20 - 23.

屈小博，霍学喜，2007. 交易成本对农户农产品销售行为的影响——基于陕西省 6 个县 27 个村果农调查数据的分析 [J]. 中国农村经济 (8)：35 - 46.

申红芳，陈超，廖西元，等，2015. 稻农生产环节外包行为分析——基于 7 省 21 县的调查 [J]. 中国农村经济 (5)：44 - 57.

生秀东，2007. 订单农业的契约困境和组织形式的演进 [J]. 中国农村经济 (12)：35 - 39，46.

宋海英，姜长云，2015. 农户对农机社会化服务的选择研究——基于 8 省份小麦种植户的问卷调查 [J]. 农业技术经济 (9)：27 - 36.

孙顶强，卢宇桐，田旭，2016. 生产性服务对中国水稻生产技术效率的影响——基于吉、浙、湘、川 4 省微观调查数据的实证分析 [J]. 中国农村经济 (8)：70 - 81.

孙涛，欧名豪，2020. 计划行为理论框架下农村居民点整理意愿研究 [J]. 华中农业大学学报（社会科学版）(2)：118 - 126，168.

孙小燕，刘雍，2019. 土地托管能否带动农户绿色生产？[J]. 中国农村经济 (10)：60 - 80.

孙晓燕，苏昕，2012. 土地托管、总收益与种粮意愿——兼业农户粮食增效与务工增收视角 [J]. 农业经济问题，33 (8)：102 - 108，112.

谈存峰，李双奎，陈强强，2010. 欠发达地区农业社会化服务的供给、需求及农户意愿——基于甘肃样本农户的调查分析 [J]. 华南农业大学学报（社会科学版）(3)：1 - 8.

田红宇，冯晓阳，2019. 土地细碎化与水稻生产技术效率 [J]. 华南农业大学学报（社会科学版），18 (4)：68 - 79.

涂国平，冷碧滨，2010. 基于博弈模型的"公司＋农户"模式契约稳定性及模式优化 [J]. 中国管理科学 (3)：148 - 157.

万俊毅，欧晓明，2011. 社会嵌入、差序治理与合约稳定——基于东进模式的案例研究 [J]. 中国农村经济 (7)：14 - 24.

万俊毅，2008. 准纵向一体化、关系治理与合约履行——以农业产业化经营的温氏模式为例 [J]. 管理世界 (12)：93 - 102，187 - 188.

汪丁丁，1995. 从"交易费用"到博弈均衡 [J]. 经济研究 (9)：72 - 80.

王丽萍，罗发恒，陈美萍，2015. 广东肇庆蔬菜种植户的农业生产性服务需求及其影响因素 [J]. 贵州农业科学 (7)：206 - 210.

王嫚嫚，刘颖，蒯昊，等，2017. 土地细碎化、耕地地力对粮食生产效率的影响——基于江汉平原 354 个水稻种植户的研究 [J]. 资源科学，39 (8)：1488 - 1496.

王祥玉，张红霄，徐静文，等，2020. 农地流转契约对流转农户收入的影响分析 [J]. 南京林业大学学报（自然科学版），44（4）：205-214.

王玉斌，李乾，2019. 农业生产性服务、粮食增产与农民增收——基于 CHIP 数据的实证分析 [J]. 财经科学（3）：92-104.

王志刚，申红芳，廖西元，2011. 农业规模经营：从生产环节外包开始——以水稻为例 [J]. 中国农村经济（9）：4-12.

温锐，范博，2013. 近百年来小农户经济理论与实践探索的共识与前沿——"小农·农户与中国现代化"学术研讨简论 [J]. 中国农村经济（10）：91-95.

吴宏伟，侯为波，卓翔芝，2011. 传统农业区农业生产性服务业现状、问题和发展思路——以安徽省为例的实证分析 [J]. 农村经济（9）：44-47.

吴明隆，2010. 结构方程模型：AMOS 的操作与应用 [M]. 2 版. 重庆：重庆大学出版社.

肖卫东，杜志雄，2012. 农业生产性服务业发展的主要模式及其经济效应——对河南省发展现代农业的调查 [J]. 学习与探索（9）：112-115.

徐志刚，张骏逸，吕开宇，2018. 经营规模、地权期限与跨期农业技术采用——以秸秆直接还田为例 [J]. 中国农村经济（3）：61-74.

徐忠爱，2011. 自我履约为什么重要——基于中国农业契约特征的分析和思考 [J]. 内蒙古社会科学，32（5）：100-106.

薛亮，2008. 从农业规模经营看中国特色农业现代化道路 [J]. 农业经济问题（6）：4-9，110.

薛莹，吕杰，韩晓燕，2020. 东北农业托管决策中自然风险和非农就业的双重作用机制及实证研究 [J]. 当代经济研究（9）：5-18.

亚当·斯密，1776. 国富论 [M]. 杨敬年，译. 西安：陕西人民出版社.

杨小凯，1998. 经济学原理 [M]. 北京：中国社会科学出版社.

杨小凯，黄有光，张玉纲，1999. 专业化与经济组织 [M]. 北京：经济科学出版社.

杨小凯，张永生，1999. 新兴古典发展经济学导论 [J]. 经济研究（7）：3-5.

杨雪梅，王征兵，刘婧，2018. 信任、风险感知与合作社社员参与行为 [J]. 农村经济（4）：117-123.

杨志海，2019. 生产环节外包改善了农户福利吗？——来自长江流域水稻种植农户的证据 [J]. 中国农村经济（4）：73-91.

姚洋，1998. 农地制度与农业绩效的实证研究 [J]. 中国农村观察（6）：3-12.

叶静怡，武玲蔚，2014. 社会资本与进城务工人员工资水平——资源测量与因果识别 [J]. 经济学（季刊），13（4）：1303-1322.

于海龙，张振，2018. 土地托管的形成机制、适用条件与风险规避：山东例证 [J]. 改革（4）：110-119.

张博，胡金焱，范辰辰，2015. 社会网络、信息获取与家庭创业收入——基于中国城乡差异视角的实证研究 [J]. 经济评论（2）：52-67.

张静，2009. 交易费用与农户契约选择——来自梨农调查的经验证据 [D]. 杭州：浙江大学.

张克俊，黄可心，2013. 土地托管模式：农业经营方式的重要创新——基于宜宾长宁县的调查 [J]. 农村经济（4）：33-36.

张露，罗必良，2018. 小农生产如何融入现代农业发展轨道？——来自中国小麦主产区的经验证据 [J]. 经济研究，53 (12)：144-160.

张强强，霍学喜，刘军弟，2017. 合作社农技服务社员满意度及其影响因素分析——基于299户果农社员的调查 [J]. 湖南农业大学学报 (社会科学版)，18 (4)：8-15.

张五常，1999. 交易费用的范式 [J]. 社会科学战线 (1)：1-9.

张五常，2000. 佃农理论 [M]. 北京：商务印书馆.

张晓敏，姜长云，2015. 不同类型农户对农业生产性服务的供给评价和需求意愿 [J]. 经济与管理研究 (8)：70-76.

张燕媛，袁斌，陈超，2016. 农业经营主体、农业风险与农业保险 [J]. 江西社会科学，36 (2)：38-43.

张忠军，易中懿，2015. 农业生产性服务外包对水稻生产率的影响研究——基于358个农户的实证分析 [J]. 农业经济问题，36 (10)：69-76.

张忠军，2015. 土地细碎化对水稻生产性服务外包效应的影响研究 [D]. 南京：南京农业大学.

赵玉姝，焦源，高强，2013. 农技服务外包的作用机理及合约选择 [J]. 中国人口·资源与环境 (3)：82-86.

赵玉姝，焦源，高强，2013. 农业技术外包服务的利益机制研究 [J]. 农业技术经济 (5)：28-35.

赵玉姝，2014. 农户分化背景下农业技术推广机制优化研究 [D]. 青岛：中国海洋大学.

钟甫宁，纪月清，2009. 土地产权、非农就业机会与农户农业生产投资 [J]. 经济研究，44 (12)：43-51.

钟文晶，罗必良，2014. 契约期限是怎样确定的？——基于资产专用性维度的实证分析 [J]. 中国农村观察 (4)：42-51，95-96.

周广肃，谢绚丽，李力行，2015. 信任对家庭创业决策的影响及机制探讨 [J]. 管理世界 (12)：121-129，171.

朱磊，2018. 农资经销商的转型及其动因分析——基于豫县的实地调研 [J]. 西北农林科技大学学报 (社会科学版)，18 (2)：147-154.

庄晋财，卢文秀，李丹，2018. 前景理论视角下兼业农户的土地流转行为决策研究 [J]. 华中农业大学学报 (社会科学版) (2)：136-144.

庄丽娟，贺梅英，张杰，2011. 农业生产性服务需求意愿及影响因素分析——以广东省450户荔枝生产者的调查为例 [J]. 中国农村经济 (3)：70-78.

庄丽娟，贺梅英，2010. 我国荔枝主产区农户技术服务需求意愿及影响因素分析 [J]. 农业经济问题 (11)：61-66.

邹宝玲，罗必良，钟文晶，2016. 农地流转的契约期限选择——威廉姆森分析范式及其实证 [J]. 农业经济问题，37 (2)：25-32，110.

邹伟，吴群，2006. 基于交易成本分析的农用地内部流转对策研究 [J]. 农村经济 (12)：41-43.

ABEBE G K, BIJMAN J, KEMP R, et al. , 2013. Contract farming configuration：smallholders' preferences for contract design attributes [J]. Food policy, 40: 14 - 24.

AKINO M, HAYAMI Y, 1975. Efficiency and equity in public research: rice breeding in Japan's economic development [J]. American journal of agricultural economics, 57 (1): 1 - 10.

ANDERSON E W, FORNELL C, LEHMANN D R, 1994. Customer satisfaction market share, and profitability: findings from Sweden [J]. Journal of marketing, 58 (3): 53 -66.

BERGTOLD J S, SHANOYAN A, FEWELL J E, et al. , 2017. Annual bioenergy crops for biofuels production: farmers' contractual preferences for producing sweet sorghum [J]. Energy, 119: 724 - 731.

BROUTHERS K D, BROUTHERS L E, WERNER S, 2003. Transaction cost - enhanced entry mode choices and firm performance [J]. Strategic management journal, 24 (12): 1239 - 1248.

CANNON J P, ACHROL R S, GUNDLACH G T, 2000. Contracts, norms, and plural form governance [J]. Journal of the academy of marketing science, 28 (2): 180.

CHEUNG S, 1983. The contractual nature of the firm [J]. Journal of law and economics, 26 (1): 1 - 21.

COASE R, 1937. The nature of firm [J]. Economica, 4 (4): 386 - 405.

DAHLMAN C J, 1979. The problem of externality [J]. Journal of law & economics, 22 (1): 141 - 162.

DAS N, DE JANVRY A, SADOULET E, 2019. Credit and land contracting: a test of the theory of sharecropping [J]. American journal of agricultural economics, 101 (4): 1098 -1114.

DAVID R J, HAN SKIN - KAP, 2004. A systemayic assessment of the empirical support for transaction cost economics [J]. Strategic management journal (25): 39 - 58.

DEUTSCH M, 1958. Trust and suspicion [J]. Journal of conflict resolution, 2 (4): 265 -279.

DONG X Y, 1996. Two - tier land tenure system and sustained economic growth in post - 1978 rural China [J]. World development, 24 (5): 915 - 928.

FEDER G, JUST R E, ZILBERMAN D, 1985. Adoption of agricultural innovations in developing countries: a survey [J]. Economic development & cultural change, 33 (2): 255 -298.

GELAW F, SPEELMAN S, VAN HUYLENBROECK G, 2016. Farmers' marketing preferences in local coffee markets: evidence from a choice experiment in Ethiopia [J]. Food policy, 61: 92 - 102.

GILLESPIE J, NEHRING R, SANDRETTO C, et al. , 2010. Forage outsourcing in the dairy sector: the extent of use and impact on farm profitability [J]. Agricultural and resource economics review (3): 399 - 414.

GOLDBERG V P, 1976. Toward an expanded economic theory of contract [J]. Journal of economic issues, 10 (1): 45 - 61.

GREINER R, 2016. Factors influencing farmers' participation in contractual biodiversity conservation: a choice experiment with Northern Australian pastoralists [J]. Australian journal of agricultural and resource economics, 60 (1): 1 - 21.

GRILICHED Z, 1958. Research costs and social returns: hybrid corn and related innovations [J]. Journal of political economy, 66 (5): 419 - 431.

GROUT P A, 1984. Investment and wages in the absence of binding contracts: a nash bargaining approach [J]. Econometric, 52 (2): 449 - 460.

HAN H, LI H, 2018. The distribution of residual controls and risk sharing: a case study of farmland transfer in China [J]. Sustainability, 10 (6): 2041.

HART O, MOORE J, 2008. Contracts as reference points [J]. The quarterly journal of economics, 123 (1): 1 - 48.

HOBBS J E, 1997. Measuring the importance of transaction costs in cattle marketing [J]. American journal of agricultural economics, 79 (4): 1083 - 1095.

HOLDEN S T, GHEBRU H, 2005. Kinship, transaction costs and land rental market participation [D]. Oslo: Norwegian University of Life Sciences.

HUNG ANH N, BOKELMANN W, THI THUAN N, et al. , 2019. Smallholders' preferences for different contract farming models: empirical evidence from sustainable certified coffee production in Vietnam [J]. Sustainability, 11 (14): 3799.

JIN N, LEE S, LEE H, 2015. The effect of experience quality on perceived value, satisfation image and behavioral intention of water park patrons: new versus repeat visitors [J]. International journal of tourism research, 17 (1): 82 - 95.

JOHAN B, 2014. Service quality perception and satisfaction: buying behaviour prediction in an Australian festivals cape [J]. International journal of tourism research, 16 (1): 76 - 86.

KALIBA A R M, FEATHER STONE A M, NORMAN D W, 1997. A stall - feeding management for improved cattle in semiarid Central Tanzania: factors influencing adoption [J]. Agricultural economics, 17 (2 - 3): 133 - 146.

KAUFMAN B E, 2003. The organization of economic activity: insights from the institutional theory of John R. Commons [J]. Journal of economic behavior & organization, 52 (1): 71 - 96.

KLEIN B, 1978. Our partner: the professional trade [J]. Quintessenz journal, 8 (7): 27 - 29.

KLEIN B, 2000. The role of incomplete contracts in self - enforcing relationships [J]. Revue D' economies industrielle, 92 (1): 67 - 80.

LU H L, 2006. A two - stage value chain model for vegetable marketing chain efficiency evaluation: a transaction cost approach [J]. Contributed paper prepared for presentation at the International Association of Agricultural Economists Conference, Cold Coast, Australia.

MADDALA G S, 1983. Methods of estimation for models of markets with bounded price variation [J]. International economic review, 24 (2): 361 – 378.

MATTHEWS R C O, 1986. The economics of institutions and the sources of growth [J]. The economic journal, 96 (384): 903 – 918.

NORTH D C, 1984. Transaction costs, institutions, and economic history [J]. Zeitschrift für die gesamte staatswissenschaft, 140 (1): 7 – 17.

OCHIENG D O, VEETTIL P C, QAIM M, 2017. Farmers' preferences for supermarket contracts in Kenya [J]. Food policy, 68: 100 – 111.

PATTERSON P G, JOHNSON L W, SPRENG R A, 1997. Modeling the determinants of customer satisfaction for business – to – business professional services [J]. Journal of the academy of marketing science, 25 (1): 4 – 17.

PICAZO – TADEO A J, REIG – MARTiNEZ E, 2006. Outsourcing and efficiency: the case of Spanish citrus farming [J]. Agricultural economics, 35 (2): 213 – 222.

POSTNER H H, GILFIX D, 1978. Factor content of Canadian international trade: an input – output analysis [J]. Canadian journal of economics/revue Canadienne D'economique, 11 (3): 638.

RAES L, SPEELMAN S, AGUIRRE N, 2017. Farmers' preferences for pes contracts to adopt silvopasto – ral systems in Southern Ecuador, revealed through a choice experiment [J]. Environmental management, 60 (2): 200 – 215.

RIGDON E E, 1995. A necessary and sufficient identification rule for structural models estimated in practice [J]. Multivariate behavioral research, 30 (3): 359 – 383.

SIMON H, 1957. Models of man [M]. New York: Wiley.

SUN D, RICKAILLE M, XU Z, 2018. Determinants and impacts of outsourcing pest and disease management [J]. China agricultural economic review, 10 (3): 443 – 461.

TANG L, MA X, ZHOU Y, et al., 2019. Social relations, public interventions and land rent deviation: evidence from Jiangsu Province in China [J]. Land use policy, 86: 406 – 420.

TANG L, LIU Q, YANG W, et al., 2018. Do agricultural services contribute to cost saving? Evidence from Chinese rice farmers [J]. China agricultural economic review, 10 (2): 323 – 337.

TIROLE J, 1986. Procurement and renegotiation [J]. Journal of political economy, 94 (2): 235 – 259.

TELSER L G, 1980. A theory of self – enforcing agreements [J]. Journal of business, 53 (1): 27 – 44.

VAKIS R, SADOULET E, DE JANVRY A, 2003. Measuring transactions costs from observed behavior: market choices in Peru [J].

VASSALOS M, HU W, WOODS T, et al., 2016. Risk preferences, transaction costs, and choice of marketing contracts: evidence from a choice experiment with fresh vegetable producers [J]. Agribusiness, 32 (3): 379 – 396.

WANG X B, HAN L H, HUANG J K, et al. , 2016. Gender and off – farm employment: evidence from rural China [J]. China & world economy, 24 (3): 18 – 36.

WILLIAMSON O E, 1978. Markets and hierarchies: analysis and antitrust implications [J]. Accounting review, 86 (343): 619.

WILLIAMSON O E, 1985. The economic institutions of capitalism – transaction cost economics [J]. Mendeley. com: 185 – 194.

WILLIAMSON O E, 1987. The economic institutions of capitalism: firms, markets, and relational contracting [J]. American political science association, 32 (4) .

WILLIAMSON O E, 2005. Transaction cost economic and business administration [J]. Scandinavian journal of management, 21 (1): 19 – 40.

WILLIAMSON O E, 1996. The mechanism of governance [M]. New York: Oxford University Press.

YANG X, 2001. Economics: new classical versus neoclassical frameworks [M]. Oxford: Basil Blackwell.

YOUNG A A, 1928. Increasing returns and economic progress [J]. The economic journal, 38 (152): 527 – 542.

附录 改革开放以来农业生产性服务实践演变过程政策导向

时间	会议或文件	重点内容
1978 年	党的十一届三中全会	农村发展农工商一体化联合企业的政策导向
1982 年	中央 1 号文件	开展基层供销社吸收生产队和农民入股，允许商业部门与社队联合加工和委托社员进行加工
1983 年	《当前农村经济政策的若干问题》	首次提出"社会化服务"概念，强调改善农业生产条件，加强农业科学技术和教育工作
1984 年	《中共中央关于一九八四年农村工作的通知》	必须动员和组织各方面的力量，建立比较完备的商品生产服务体系，满足农民对技术、资金、供销、经营辅导等方面的要求；鼓励农民向企业投资入股或将资金集中起来联合兴办企业，开展技术、劳力、资金、资源等多种形式的结合，建立不同形式的经济联合组织或协调服务组织，组织生产者协会、运输合作社等
1985 年	《关于进一步活跃农村经济的十项政策》	科研推广单位、大专院校及城市企业，可以接受农村委托的研究项目，提供技术咨询服务，或者组成"科研—生产联合体"共担风险，共沾利益
1986 年	《关于一九八六年农村工作的部署》	农村商品生产的发展，要求生产服务社会化，完善合作制要从服务入手
1987 年	中央 1 号文件	加工企业在产地与农民联合经营或订立供销合同，要提供必要的生产服务，建立稳定的原料生产基地
1991 年	《国务院关于加强农业社会化服务体系建设的通知》	农业社会化服务是包括专业经济技术部门、乡村合作经济组织和社会其他方面为农、林、牧、副、渔各业发展所提供的服务
1993 年	《关于当前农业和农村经济发展的若干政策措施》	同农民建立产供销、种养加、农工商联合体，为农民提供稳定的产品销售渠道，并通过公司或龙头企业的系列化服务，把农户生产与国内外市场连接起来
1998 年	《中共中央 国务院关于一九九八年农业和农村工作的意见》	农民自主建立各种专业合作社、专业协会以及其他形式的合作与联合组织

（续）

时间	会议或文件	重点内容
1999 年	国务院办公厅转发农业部等部门《关于稳定基层农业技术推广体系的意见》	农业技术推广体系是农业社会化服务体系和国家对农业支持保护体系的重要组成部分，是实施科教兴农战略的重要载体
2001 年	《中共中央　国务院关于做好 2001 年农业和农村工作的意见》	引导龙头企业与农户在分工协作中互利互惠、共同发展，重点扶持龙头企业增强对农民的带动力
2003 年	《中共中央　国务院关于促进农民增加收入若干政策的意见》	深化农业科技推广体制改革，加快形成国家推广机构和其他所有推广组织共同发展；同时，支持农民合作组织开展信息、技术、培训、质量标准与认证、市场营销等服务
2004 年	《中共中央　国务院关于进一步加强农村工作提高农业综合生产能力若干政策的意见》	以推进科技进步为支撑，健全服务体系为保障，强化公益性职能，放活经营性服务的要求
2005 年	《中共中央　国务院关于推进社会主义新农村建设的若干意见》	要加快农业技术推广体系建设，积极探索对公益性职能与经营性服务实行分类管理的办法，完善农技推广的社会化服务机制
2006 年	《中共中央　国务院关于积极发展现代农业扎实推进社会主义新农村建设的若干意见》	健全公益性职能经费保障机制，改善推广条件，提高人员素质，推进农业科技进村入户
2007 年	《中共中央　国务院关于切实加强农业基础建设进一步促进农业发展农民增收的若干意见》	加强农业科技和服务体系建设是加快现代农业的客观需要，切实加强公益性农业技术推广服务
2008 年	《中共中央关于推进农村改革发展若干重大问题的决定》	推进农业经营体制机制创新，加快农业经营方式转变；建设覆盖全程、综合配套、便捷高效的社会化服务体系
2011 年	《关于加快推进农业科技创新持续增强农产品供给保障能力的若干意见》	培育和支持新型农业社会化服务组织，扶持农民专业合作社、供销社、专业技术协会、农民用水合作组织
2013 年	《中共中央　国务院关于加快发展现代农业进一步增强农村发展活力的若干意见》	建设中国特色现代农业，必须建立完善的农业社会化服务体系，坚持主体多元化、服务专业化、运行市场化的方向，加快建设公益性服务与经济性服务相结合，专项服务与综合服务相协调的新型农业社会化服务体系

（续）

时间	会议或文件	重点内容
2014 年	《关于全面深化农村改革加快推进农业现代化的若干意见》	推进农业科技创新，加快发展现代种业及农业机械化，发展规模经营，发展新型主题，强调进一步推动和完善农业生产性服务业的发展
2015 年	《关于加大改革创新力度加快农业现代化建设的若干意见》	全面深化改革，强化农业科技创新作用，引导农民以土地经营权入股合作社和龙头企业等构建新型农业经营体系
2016 年	《中共中央　国务院关于落实发展新理念加快农业现代化实现全面小康目标的若干意见》	支持新型农业经营主体和新型农业服务主体成为建设现代农业的骨干力量
2017 年	《关于加快发展农业生产性服务业的指导意见》	大力推进农业生产托管，要总结推广一些地方探索形成的"土地托管""农业公营制"等形式，把发展农业生产托管作为推进农业生产性服务、发展适度规模经营的主推服务方式
2018 年	《中共中央　国务院关于实施乡村振兴战略的意见》	促进小农户与现代农业发展有机衔接，要统筹兼顾培育新型农业经营主体和扶持小农户，培育各类专业化市场组织，推进农业生产全程社会化服务，帮助小农户节本增效
2019 年	《关于进一步做好农业生产社会化服务工作的通知》	积极推广农业生产托管为主的社会化服务模式，加大支持推进力度
2019 年	《关于促进小农户和现代农业发展有机衔接的意见》	健全面向小农的社会化服务，创新农业技术推广机制，促进公益性农技推广机构与经营性服务组织融合发展；同时，创新农业生产服务方式，发展单环节、多环节和全程托管等多种托管模式
2020 年	《新型农业经营主体和服务主体高质量发展规划（2020—2022 年）》	推动农业社会化服务组织多元融合发展，加快推进农业生产托管服务，适应不同地区、不同产业农户和新型农业经营主体的农业作业环节要求。支持专业服务公司、供销合作社专业化服务组织等服务主体

图书在版编目（CIP）数据

基于交易费用视角的农户农业生产性服务行为与契约选择研究：以东北玉米生产为例 / 薛莹等著 . —北京：中国农业出版社，2023.6
ISBN 978 - 7 - 109 - 30773 - 5

Ⅰ.①基…　Ⅱ.①薛…　Ⅲ.①农户－农业生产－研究－中国　Ⅳ.①F325

中国国家版本馆 CIP 数据核字（2023）第 100414 号

中国农业出版社出版

地址：北京市朝阳区麦子店街 18 号楼
邮编：100125
责任编辑：肖　杨
版式设计：杨　婧　责任校对：周丽芳
印刷：北京中兴印刷有限公司
版次：2023 年 6 月第 1 版
印次：2023 年 6 月北京第 1 次印刷
发行：新华书店北京发行所
开本：700mm×1000mm　1/16
印张：12
字数：230 千字
定价：75.00 元
